浙江省普通本科高校“十四五”重点立项建设教材
“十四五”时期水利类专业重点建设教材
高等院校应用型本科系列教材
高等院校通识课程系列教材

# 中国水文化概论

主编　张祝平

中国水利水电出版社
www.waterpub.com.cn
·北京·

## 内 容 提 要

本书是浙江省普通本科高校“十四五”首批新工科、新医科、新农科、新文科重点立项建设教材项目的成果。全书共十章，涵盖传统水文化、现当代水文化和新时代水文化，系统论述中国水文化的内涵、结构、特征、功能和实践要求，全面讲解中国水文化事象，包括中国古代水利制度文化、水利工程文化、水文化习俗，以及水利名人和重要水利典籍等，并对水文化与中华文明的密切关系作了大体分析，介绍了中国水文化简史，同时对中国各地水文化及中外水文化研究、教育、传播和人才培养的有关情况作了初步描述，特别是侧重于呈现中国共产党治水历史和新时代水文化建设的思想、实践与成就。通过学习本教材，可以掌握中国水文化的基本知识，了解水文化建设的基本理论和方法形态，具备从事水文化工作的基本知识和能力。

本书可作为水利高等院校和水利系统干部培训的基础理论教材，也可供国内外水文化研究者、爱好者学习参考。

**图书在版编目（CIP）数据**

中国水文化概论 / 张祝平主编. -- 北京 : 中国水利水电出版社, 2024. 5(2025.7重印). -- (浙江省普通本科高校“十四五”重点立项建设教材)（“十四五”时期水利类专业重点建设教材）(高等院校应用型本科系列教材)等.

ISBN 978-7-5226-2568-3

Ⅰ. K928.4

中国国家版本馆CIP数据核字第2024SC1429号

| | |
|---|---|
| 书　　名 | 浙江省普通本科高校“十四五”重点立项建设教材<br>“十四五”时期水利类专业重点建设教材<br>高等院校应用型本科系列教材<br>高等院校通识课程系列教材<br>**中国水文化概论**<br>ZHONGGUO SHUIWENHUA GAILUN |
| 作　　者 | 主编　张祝平 |
| 出版发行 | 中国水利水电出版社<br>（北京市海淀区玉渊潭南路 1 号 D 座　100038）<br>网址：www.waterpub.com.cn<br>E-mail：sales@mwr.gov.cn<br>电话：(010) 68545888（营销中心） |
| 经　　售 | 北京科水图书销售有限公司<br>电话：(010) 68545874、63202643<br>全国各地新华书店和相关出版物销售网点 |
| 排　　版 | 中国水利水电出版社微机排版中心 |
| 印　　刷 | 天津嘉恒印务有限公司 |
| 规　　格 | 170mm×240mm　16 开本　13.5 印张　264 千字 |
| 版　　次 | 2024 年 5 月第 1 版　2025 年 7 月第 2 次印刷 |
| 印　　数 | 2001—4000 册 |
| 定　　价 | **40.00** 元 |

# 前言

张祝平

## 一

“水是生存之本、文明之源”，古往今来，人类逐水而居，文明伴水而生。中国是一个水资源短缺、水灾害频繁的国家，人水和谐是中国先民亘古不息的古老追求，也因此开启了中华民族文明的序章——治水。历史学家汤因比指出，人类文明实际都是在挑战和应战中诞生[1]。一定程度上，中华民族生生不息发展壮大的历史，也是历代先民与洪涝、干旱作斗争和变水害为水利的历史。也正是在这个意义上说，中华五千年文明史就是一部治水兴水的历史。在处理人水关系的过程中，人们的思想观念、生产生活方式乃至国家的政治制度、社会的组织形式都在不断地发生变化，深深地打上了“水的烙印”，直接影响和推动了科学技术的进步、物质空间的建构及精神产品的创造，形成了独特而丰富的水文化。数千年来，中国水文化在不断地再造与重建，始终以实现人水和谐为价值旨归，层累了历代先民的治水智慧，内含着深厚的科技伦理思想、生态文明思想和以人为本的民生思想以及国家治理的思想智慧，是悠久的中华传统文化宝库中极具光辉的文化财富，承载着中华优秀传统文化、传承和发展中华文明，持续发挥着教化、规范、整合、调节的社会功能。此外，水文化作为一种典型的“活态文化”，先民创造的一系列使用水、管理水、治理水、维持水资源可持续利用的丰富多样的物质成果和精神成果，如都江堰、大运河、灵渠、坎儿井等水利工程，桑基鱼塘、稻鱼共生、太湖圩田等水利系统，放水节、大禹祭及各地的护水民约等水利民俗，既

[1] 转引自王占阳《有挑战就会有新文明的诞生》，《人民论坛》，2009 年第 3 期。

在当时改善了当地的水资源、水环境状况和人水关系，提升了社会生产力，形成了丰富的文化现象，且历经千百年依然发挥着重要水利作用，构成当今中国水利高质量发展的有机组成部分，也已经成为牢固树立中国水利自信、引领和推动中国水利事业在新起点上高质量发展的重要力量。

## 二

水文化客观地存在于人类社会中，诚如水和对水的控制在塑造人类历史方面发挥了不可估量的作用，人类与水有关的观念和文化活动也同样造就了历史[1]。2006 年，联合国将世界水日的主题确定为“水与文化”，在其发布的世界水日主题宣言中指出：“全世界有多少种文化传统就有多少看待、使用、赞颂水的方式。……世界上每一个地区都有一种崇敬水的途径，但是共同的是都认可它的价值及其在人类生活中的核心地位。文化传统、土著的实践及社会价值决定了在世界上不同地区的人们如何理解与管理水。”这就意味着，水文化具有客观性、普遍性，又因其文化传承性和突出的实践性而具有鲜明的时代性特征和地域性特色。因此，在历史的更替和社会的变迁中，水文化是一种遗产，不可再生、不可替代，需要保护好、传承好、利用好，通过挖掘、提炼其文化精髓来激励社会文明进步和水利事业发展；水文化也是一种流动的文化，需要融入时代潮流，融入治水实践，融入现代市场，不断激发文化的活力与潜能，彰显文化品格与时代价值，始终走在推陈出新的道路上，使水文化公共产品和服务进一步丰富，使水利行业文化软实力和社会影响力进一步提升；水文化还是一种治水兴水的有效手段，需要传承文明智慧，把人类创造的不同的治水、护水、节水、用水的知识和技术与人水和谐的价值理念统合起来，与实现国家治理现代化的目标要求统合起来，因地制宜统筹推进水利事业发展，助力水利现代化建设。

## 三

中国共产党高度重视水利建设，尤其重视民生水利。早在 1923

---

[1] 特叶·特沃蒂：《水文化与水历史探索·序一》，载郑晓云：《水文化与水历史探索》，中国社会科学出版社，2015 年。

年，中共三大就将“改良水利”纳入党的纲领；1932年，中共中央对外发布《中国共产党对于时局的主张》，其中就提出了“更利用一切内债外债的基金来开浚河道，修理坝闸，种植森林，以防水旱之灾”的主张。为了扩展水利建设，增进农业生产，中国共产党在土地革命时期就领导开展水利建设。比如，1931年，中华苏维埃政府专门成立了山林水务局，以推动苏区水利建设事业和生态保护的开展；1934年，毛泽东就指出“水利是农业的命脉，我们也应予以极大的注意”。抗战时期，边区政府每年制订年度经济建设计划都强调，要“广泛发展水利”“多修水利”“把修水利作为重要工作之一”，并制定了一系列水利建设的条例和暂行办法，明确规定水利设施的管理权利与义务，鼓励“大量的开渠造林，筑坝，以增加水利，防止水灾”，修建了靖边县杨桥畔水渠、清涧县折家坪镇水渠、延属分区的裴庄渠和子长渠等水利工程，使南泥湾从百姓口中的“烂泥湾”变为了陕北的“好江南”，极大地改善了边区的水资源和水环境，促进了边区的农业生产，改善了民生。1946—1949年解放战争期间，山东解放区与冀鲁豫解放区的人民在党的正确领导下，克服困难，修复黄河堤防，组织防汛，开启了“人民治黄”新篇章 。新中国成立初，面对黄河、淮河、海河等河流时常决口、泛滥成灾的情况，毛泽东先后发出“一定要把淮河修好”“要把黄河的事情办好”等号召，在全国范围内开展了大修水利的活动，极大地消除了水患对人民生活和经济发展的影响。同时，党和政府注重通过修建水利设施来发展生产，先后在黄河上修建了刘家峡水电站、三门峡水电站等水利设施，在改善了生活环境的同时，促进了经济发展，初步实现了“治水是为了用水”的目标。在新民主主义革命时期、社会主义革命和建设时期，党领导人民治水为保护人民群众生产生活安全、推进经济社会发展发挥了重要作用，为革命斗争的胜利、新生人民政权的巩固和社会主义事业的发展作出了巨大贡献，也积累了党领导人民治水兴水的宝贵经验，孕育了中国共产党“治水为民”的治水兴水思想，创造形成了一大批弥足珍贵的红色水利遗产，包括东华陂、裴庄渠（幸福渠）、南泥湾渠和官厅水库、三门峡水利枢纽工程、丹江口水利枢纽工程、红旗渠等具有红色基因的重要治水工程以及治水思想、治水制度等红色资源，承载着独特的国家记忆，蕴含着丰富的民族精神，蕴藏着宝贵的历史文化价值。

伴随中国改革开放后经济与社会的重大转型，水利战略地位不断强化，从支撑农业发展向支撑整个国民经济发展转变，可持续水利、民生水利得到更加重视和发展，水利事业取得长足进步❶。与此同时，水文化建设作为水利事业发展的重要组成部分逐步被提上议事日程。《水利部水文化建设规划纲要（2011—2020 年）》指出，“当前和今后一个时期，我国水利事业进入了一个加快改革发展的新阶段。加强水文化建设是推动水利又快又好发展的有力支撑。”首次以规范化文件的形式明确了水文化的文化形态及其重要地位。由此，有效推动形成了水文化建设及其与水利事业改革发展的良性互动格局。特别是党的十八大以来，习近平总书记站在实现中华民族永续发展的战略高度，亲自擘画、亲自部署、亲自推动治水事业，就治水发表了一系列重要讲话，作出了一系列重要指示批示，开创性提出“节水优先、空间均衡、系统治理、两手发力”治水思路；强调要“统筹考虑水环境、水生态、水资源、水安全、水文化和岸线等多方面的有机联系”；明确指出要“保护、传承、弘扬黄河文化”，“要把长江文化保护好、传承好、弘扬好”，指出“大运河是祖先留给我们的宝贵遗产，是流动的文化，要统筹保护好、传承好、利用好。”并强调，“要把大运河文化遗产保护同生态环境保护提升、沿线名城名镇保护修复、文化旅游融合发展、运河航运转型提升统一起来，为大运河沿线区域经济社会发展、人民生活改善创造有利条件”。全新的治水思路引领水利改革发展步入快车道，推进了中国特色水文化体系的建构，推动水利遗产调查保护、水文化宣传推广、水文化建设不断取得新进展新成效，谱写了中国式现代化建设的水利新篇章。

一百多年来，中国共产党领导下的治水实践，创造了巨大的物质财富和精神财富，见证了中国共产党人的初心和使命，以及中国水利人在党的领导下推动中国水利事业不断向前迈进的责任和担当，掀开了中国水利事业崭新的一页，孕育发展了新时代水利精神，积累、传承、丰富了中华民族共同的集体记忆和文化认同。新时代党领导人民

❶ 中共水利部党组：《党领导新中国水利事业的历史经验与启示》。

治水兴水的实践进一步表明，水文化是建设社会主义文化强国的重要组成部分，是中华优秀传统文化的重要传承，是人民群众对水利事业新期待的重要内容，也是推动新阶段水利高质量发展的应有之义；坚持以习近平关于治水的重要论述和习近平文化思想为指引，推进水文化建设，讲好中国水故事，对于延续历史文脉、弘扬中华文明、坚定文化自信，为实现中华民族伟大复兴的中国梦凝聚精神力量，具有重大而深远的意义。

## 四

推动水利高校水文化学科建设、深入开展水文化教育与研究，是加强水文化建设的重要内容，也是加强水文化建设的根本性、基础性、长远性工作。而水文化教材建设，则是水文化学科建设和课程教育及研究工作的基础与支撑。应该说，水文化相关的研究和应用在国内外都已经有很长的历史，但把水文化作为一个专门的领域开展专门的研究和建设，其时间并不长。2008 年，黄河水利出版社出版的《中华水文化概论》一书，可以说是我国较早专门系统介绍水文化知识的著作之一。该书由中国水利文学艺术协会组织河海大学、武汉大学、华北水利水电大学等高等院校的教授和水利行业的专家、学者共同编写，就水与社会、水与政治、水与经济、水与文化等方面的关系进行了初步探索，提出了由物态水文化、行为水文化、精神水文化、地域水文化、时代水文化等五大要素构建的水文化的基本架构，为水利院校开展水文化知识教育提供了有益的参考。但总体来看，本书所谓“水文化”，主要是指有关“水”的文化和知识，与支撑学科建设和课程建设所需要的教材要求还是有一定差距的。当然，这也与当时水文化研究还处于起步探索阶段有关。2013 年，水利部领导指示，将“水文化高校教材”的编写列入水利部精神文明建设领导小组办公室的工作日程，有力推动了教材建设工作，由中国水利水电出版社出版的包括《中华水文化通论（水文化大学生读本）》《水文化研究生读本》《水文化大众读本》《水文化职工教育读本》等水文化教育读本丛书陆续出版，积极推动了水文化教育的广泛开展，并在传播中国水文化和推进水文化研究中发挥了较好的作用，在水利高校师生和社会大众中都产生了较好的影响。但现在回过去看，这一系列丛书总体还是停留在介绍水和与水相关的文化知识的层面，依然没有脱离把有关水的文化等同于水文化的认知误区。一方面，是概念过于模糊宽泛，将涉水的文化事象都称之为水文化，失之宽泛，则不利于人们科学认知、理解、运用水文化；一方面又过于狭窄，把水文化主要局限于传统文化的范畴，对中国共产党领导人民治水的生动实践、伟大成就少有涉及，红色水利遗产和社会主义先进水文化相关内容的缺失，不利于人们准确把握中国水文化的体系化发展脉络、基本精髓、中国特色和时代价值，也容易造成理论与现实的脱节，减损水文化教育应有的活力与功能。加之，这一系列读本丛书，出版至今已近十年，与近十多年来水利事业高质量发展的新成就、水文化研究的新成果，以及水文化建设观念创新、理论创新、制度创新、实践创新的新突破、新成效、新进展相比，已经存在脱节，需要与时俱进重新建构起水文化教学的知识体系、运用体系和方法体系，努力建设与新时代推进中国式水利现代化相适应的中国特色水文化教材。

## 五

浙江水利水电学院是水利部和浙江省人民政府共建的水利本科院校，已有70多年的水利建设人才培养历史，是全国较早开设水文化课程教学的水利高校，在长期的课程建设和教学实践中，培育了一支比较专业的水文化课程教学团队，推动形成了水文化育人品牌。探索推进水文化学科建设我们一直在努力，坚持立足治水实践，编写出一本高质量的适应新时代水利人才培养需要、凸显水文化育人特色的教材，是我们一直想做的事情，但又是一件非常有难度的事情。促使我们最终下定决心来编写这本教材的主要原因之一是，2021年10月水利部印发《水利部关于加快推进水文化建设的指导意见》（以下简称《指导意见》）。其中明确提出，要“推动水利高校水文化学科建设。深入开展水文化教育培训，逐步把水文化知识纳入水利部门有关培训课程”。并对加强水文化建设的指导思想、基本原则、目标指向和建设重点进行了明确，尤其是对水文化的内涵、功能与类型作了比较清晰的界定。《指导意见》的制定出台进一步坚定了我们的信心、明晰了我们的思路、增强了我们的底气。直接原因是2022年下半年，浙江省在全省普通本科高校中开展了“十四五”首批新工科、新医科、新农科、新文科重点教材建设项目申报工作，我们水文化课程教学团队抓住机遇、趁势而上，积极谋划参与申报，并最终获得新文科重点教材建设项目立项。

我们以为，水文化是一门以治水实践为主线、以治水思想和制度为基础、以水工程与水文化有机融合为核心内容、以水利事业高质量发展为目标和归旨的交叉学科。本教材认真贯彻习近平关于治水的重要论述和习近平文化思想，以《指导意见》为重要依据，按照构建具有中国特色、中国风格、中国气派的哲学社会科学的发展方向，积极助推新文科建设，以推动水文化知识普及、水文化学科理论建设为主要目标。教材总体框架上古今贯通、中外兼顾，侧重于呈现新时代水文化建设思想、实践与成就，编写方法上将理论与案例、课堂与实践相结合，将公认的、已经形成定论的知识体系予以系统的总结归纳，注重吸收最新前沿理论成果，增加最新的水利治理和水文化实践成果，力求反映中国水文化的新变化、新特点、新进展、新趋势，力图打造一部创新性、前沿性、理论性、实践性、融合性相统一的教科书。在编写过程中，我们努力突出以下几方面的特色：

一是凸显新文科。教材属于“文＋工”交叉融合类型，既带有人文学科的文化属性，又具有工科色彩，特别在水利工程、水利技艺等方面，力求新文科的特点得以恰当融合和合理体现。

二是构建新体系。借鉴已有水文化教材（读本）的优长，在篇章结构上避免厚古薄今，在基本概念、基本理论上吸收最新的研究成果，构建新的更加科学、精准的水文化知识体系。

三是总结新成就。随着人类社会对水文化的认识不断深入，党和国家对水文化的重视不断加强，水文化实践也不断创新发展，教材认真总结在习近平新时代中国特色社会主义思想指导下的水利新实践、新成就，并予以呈现和传播。

四是服务新时代。力求教材充分体现中华优秀治水文化的丰富内涵和时代价值，立足服务于提升水利工程的文化品位，满足广大人民群众日益增长的精神文化需求，在篇幅上，侧重于新时代水文化，呼应新时代对水文化的新要求。

五是体现新价值。教材立足传统水文化，凸显水文化的现代转型和新时代水文化建设的思想、成就，充分彰显在中华优秀治水文化保护传承、当代治水文化发展繁荣、新阶段水文化弘扬传播等方面的新价值。

六是培养新人才。教材以新的教学组织形式，顺应新时期水利高校学生的特征变化以及数字化时代课堂教学、实践和个性化学习的需求，把实地研学游一体、理论实践结合、线上线下互动等融入新教材中来，以培养满足水利事业高质量发展需求的新型人才。

本教材紧紧围绕治水实践这个核心主题，深入学习贯彻习近平关于治水的重要论述，旨在传承弘扬中华优秀传统水文化，阐释中国共产党水利建设思想、治水兴水的伟大实践和重大意义，着重展示新时代水文化建设的原创性思想、变革性实践、突破性进展和标志性成果，既普及中国水文化基本知识，又增强文化自信。本教材主要的使用对象包括全国水利高等院校在校生、全国水利系统干部职工以及国内外水文化研究者、爱好者等。在教材的编写过程中，我们广泛征询了本领域专家学者和部分水利高校师生的意见建议，充分吸收了专家们和师生代表的修改建议；出版社的编辑同志全程参与了书稿的编撰工作，为本书的编撰出版付出了大量心血。由于中国水文化研究还在深入推进中，水文化理论体系和学科建设也还处在探索建构的过程中，加之我们的水平所限，本书定有诸多不足之处，也请大家多提宝贵意见。

当前，我国水利事业已进入高质量发展新阶段，水文化建设正在如火如荼地进行中，高素质水利人才培养任重道远。我们相信，通过水利高校教师和社会其他各界学者的努力，推动水利高校水文化学科建设的目标一定能够实现。到那时，水文化研究更加深入了，水文化理论和实践创新更加成熟、更加定型了，或通力合作、或个人专任，再编出一部更加完备、更具特色、更高质量的中国水文化概论教材，是完全可能的，这也是我们的真诚期望。

2023年10月9日

于杭州

# 目录

# 第一章 水文化与中华文明

水是生命之源，也是人类文明的源泉。人类在治水实践中形成了丰富的物质成果和精神成果，构建起底蕴深厚的水文化体系。中国是一个水资源丰沛的国家，水文化在中华文明中扮演了重要的角色。中华民族的发展史，一定意义上就是一部治水史。习近平总书记指出："在我们五千多年中华文明史中，一些地方几度繁华、几度衰落。历史上很多兴和衰都是连着发生的。要想国泰民安、岁稔年丰，必须善于治水。"❶

中国水文化历史悠久，源远流长，反映了中华民族对水资源的尊重和治水智慧的传承。治水从古至今一直是中国社会生存和发展的重要课题，在漫长的治水实践中，兴建水利工程不仅推动了农业的发展和社会经济的繁荣，还促进了水文化的形成与传承，对于中国社会的思想观念发展和文明进步起到了积极作用。同时，水文化深刻影响着中国社会的饮水文化、艺术形式、道德规范，水文化作为中华文化和民族精神的重要组成，也是引领和推动现代社会可持续发展的重要力量。

---

❶ 水利部编写组：《深入学习贯彻习近平关于治水的重要论述》，人民出版社，2023 年，第 1 页。

## 第一节　水文化的概念、基本结构与本质特征

人类在长期的兴水利、除水害实践中积淀了丰厚的物质财富和精神财富，构成水文化的总和。水文化是一种综合性的文化现象，包含了人们对水资源的认识和利用方式、宗教信仰、艺术表达以及社会习俗等，具体表现为物质、制度、精神等多元结构和样态，深刻影响着人们的思维方式、行为习惯和社会互动。

### 一、水文化的概念

理解水文化，首先要理解什么是文化，水文化是文化的下位概念，也就是子概念。在文化这一整体中，水文化是其重要的分支之一。水作为人类生存的基础和文化的一部分，与人类的生活方式、信仰体系、艺术创作等密切相关，共同塑造了一个地区或社会的独特文化形态。

#### （一）文化的概念

文化是人类社会实践的产物，是一个不断创造、积累和沉淀的过程。“文化”一词在中国语系中古已有之，本义指“以文教化”，化己及人，表示对人情操的陶冶、品德的锤炼，属精神领域的范畴。现在我们论及“文化”，已成为一个内涵丰富、外延宽广的多维概念。

先秦时，“文”与“化”是两个独立分开的概念，“文”与“化”并联使用最早出现在《周易》中。“观乎人文，以化成天下。”这里，“人文”与“化成天下”紧密联系，“以文教化”的思想已十分明确。西汉时，“文”与“化”合成一个整词。汉语中“文化”一词，最早出现于刘向《说苑·指武》：“圣人之治天下，先文德而后武力。凡武之兴，为不服也，文化不改，然后加诛。”这里“文”与“武”是相对的概念，强调“文治与教化”。中国传统的“文化”内涵，偏重于精神方面。

在西方，文化一词起源于拉丁文 cultura，英文写作 culture，原意是指耕作土地及对植物的培育，引申为对人的兴趣、品德、能力的培养。显然，中西方的“文化”一词在词义上有着明显的区别。古汉语中的“文化”强调对人的教化过程，偏重于精神世界的改造；“culture”本义强调的是人与自然的关系，是从人类的物质生产领域出发，逐渐引申到社会和精神领域。

《中国大百科全书（第三版）》对文化是这样定义的：“广义的文化包括物质文化、制度文化和精神文化，覆盖社会结构的全部领域；中义的文化特指精神文化，即社会的精神生活的领域，包括精神生产和精神消费，覆盖整个社会

意识和意识形态领域；狭义的文化则多与知识、学历和学力等有关，如‘有理想，有道德，有文化，有纪律’中的文化，就是专指实施和接受系统教育的情况。”我们一般所指称的文化，多取中义层面的文化。

总之，文化是一个复杂且多维度的概念，涵盖了人们的社会观念、行为和生活习惯，它不仅仅呈现的是个体的心理过程，更是社会共同体的集体认同和共享的物质和精神表现。

### （二）水文化的定义

事实上，“水文化”从古至今即存在于人类文化生活的各个方面。2006 年，联合国教科文组织将当年的世界水日主题确定为“水与文化”。2008 年，联合国教科文组织正式设立“水与文化多样性”项目，标志着国际社会对水文化的重视和推广。2009 年，水利部在济南召开了第一届水文化论坛；2011 年，制定颁布了《水文化建设规划纲要（2011—2020 年）》，标志着中国政府对水文化建设的全面推动。

学术界对“水文化”的概念理解是一个不断探索深入的过程，中外学者至今已对水文化进行了大量的研究。国际上，“水文化”的英语直译为 water culture，一般指的是“水栽培”这种农业技术。如果要表示我们所讲的“水文化”，则有两种英文翻译：一种是 water and culture，另一种是 water - culture。当表述不同民族、文化背景下的“水文化”时，还可翻译成 water and culture diversity。water and culture 或 water and culture diversity 指“水与文化”或“水与文化多样性”，water - culture 指“基于水的文化”或简单地译成“水的文化”。虽然差别比较细微，但中英文所表述的语境是不一样的。换言之，目前国际上并没有对“水文化”这一学术研究的统一概念与专门领域（李可可，2015）。

20 世纪 80 年代末，国内水文化研究先驱李宗新（1989）最早发文界定“水文化”——“人们在从事水事活动中必须共同遵循的价值标准、道德标准、行为取向等一系列共有观念的总和。或者说，是从事水事活动的人们所共有的向心力、凝聚力、归宿感、荣誉感等精神力量的总和”。郑晓云（2013）将“水文化”定义为“是人类在长期的历史发展过程中，与水产生互动而形成的相关文化”。概言之，“水文化是人类认识水、利用水、治理水的相关文化。它包括了人们对水的认识与感受、关于水的观念；管理水的方式、社会规范、法律；对待水的社会行为、治理水和改造水环境的文化结果等”。靳怀堾（2016）认为广义层面上，水文化“即人类在与水打交道的过程中所创造的物质财富和精神财富的总和”。狭义层面上，“水文化则是指精神层面而言，是指人类在与水打交道的过程中创造的精神成果，包括与水相关的思维方式、价值观念、文学艺术、宗教信仰、科学技术、伦理道德、风俗习惯等”。

2011 年，水利部颁布的《水文化建设规划纲要（2011—2020 年）》指出：

"逐步达到对水文化本质的总体认识，构建具有中国特色，内容较为完善的水文化理论体系，使水文化成为一门新型的学科。"明确了构建水文化理论体系的必要性，围绕学科建设推进水文化研究是一项长期性、经常性的工作。

2021年，水利部印发的《水利部关于加快推进水文化建设的指导意见》明确了："悠久的中华传统文化宝库中，水文化是中华文化的重要组成部分，是其中极具光辉的文化财富。黄河文化、长江文化、大运河文化等，见证了中华文化的起源、兴盛、交融，积累、传承、丰富了中华民族的集体记忆。以治水实践为核心，积极推进水文化建设，是推动新阶段水利高质量发展的应有之义。"进一步指出为适应新阶段水利高质量发展对水文化建设提出的更高要求，"迫切需要深入挖掘中华优秀治水文化的丰富内涵和时代价值，切实加强水利遗产的保护和利用，提升水利工程的文化品位，满足广大人民群众日益增长的精神文化需求；迫切需要加大水文化传播力度，增进全社会节水护水爱水的思想自觉和行动自觉，引导建立人水和谐的生产生活方式。"

2022年，水利部印发《"十四五"水文化建设规划》(以下简称《规划》)，旨在深入贯彻落实习近平总书记一系列关于文化工作的重要讲话指示批示精神，搭建起水文化建设顶层设计框架，是指导全国水利系统今后五年水文化建设的重要政策性文件。《规划》提出，"十四五"时期力争实现"水利遗产保护显著加强，水利工程建设文化品位明显提高，水文化公共产品和服务进一步丰富，水利行业文化软实力和社会影响力大幅度提升，水文化建设管理体制机制逐步完善"的总目标。推动中华优秀传统文化保护与传承，完成30处以上国家水利遗产认定；推动水利工程与文化深度融合，推出30处以上水工程与水文化有机融合案例；宣传推介著名历史治水人物，精心创作一批优秀文学文艺产品；旗帜鲜明地讲好中国故事水利篇，推进中国水文化走出去；提升水利职工干部文化素养。初步形成"政府主导、社会支持、群众参与"的水文化建设格局。《规划》明确，到2035年，基本建成完善的水文化规划体系和保障体系；建立较为完善的水利遗产保护和认定管理体系，重要水利遗产得到有效保护、传承和利用，建成较为完善的水利工程与文化融合体系，治水理念进一步深化，水文化保护传承弘扬工作全面融入新阶段水利高质量发展，水文化建设工作与建成文化强国目标要求基本适应。

综上，我们以为，水文化是一门以治水实践为主线、以治水思想和制度为基础、以水工程与水文化有机融合为核心内容、以水利事业高质量发展为目标和归旨的交叉学科。紧紧围绕治水实践，以服务加强水利遗产的挖掘和保护、提升水利工程的文化内涵和文化品位为学科建设的重要面向，推动历史学、社会学、传播学与水利工程及计算机科学技术等文工学科的融合发展。

水利院校作为新时代传承和弘扬水文化的重要阵地，要把握新时期水文化建设要求，明确水文化学科建设使命，以习近平新时代中国特色社会主义思想为指导，紧紧围绕“节水优先、空间均衡、系统治理、两手发力”治水思路，不断提升研究理念，创新研究成果，关注当代水利问题，讲好中国水文化故事，推进水文化研究的持续发展，为繁荣发展哲学社会科学贡献文化力量。因此，水文化的学科发展既要兼顾理论基础研究，又要服务新时代水利事业，为构建我国水安全战略提供借鉴，为提升国家水利治理能力现代化提供智力支撑。

(三) 水利文化和水利行业文化的概念

中国治水历史悠久，传统的中国水利主要包括防御洪水、农业灌溉、开挖运河。现代社会，水利的内容得到进一步拓展，除了传统的方面，还增加了水资源保护、水污染防治、水环境治理、水生态修复等。

2011 年，中共中央一号文件《关于加快水利改革发展的决定》指出：“水利是现代农业建设不可或缺的首要条件，是经济社会发展不可替代的基础支撑，是生态环境改善不可分割的保障系统，具有很强的公益性、基础性、战略性。加快水利改革发展，不仅事关农业农村发展，而且事关经济社会发展全局；不仅关系到防洪安全、供水安全、粮食安全，而且关系到经济安全、生态安全、国家安全。”

水利事业作为一个产业或一种行业，应该有具备自身特点的文化，即水利文化。水利文化起源于人类萌发除水患、兴水利的意识，是人类在兴利除害的治水实践中所创造出的物质和精神财富的总和，特别指与水利工程和水资源管理相关的文化。人类在治水实践中所总结的理念、精神和科学方法、技术手段等，又指导和帮助人类更好地利用和管理水资源，维护生态平衡，促进社会进步和可持续发展。

水利行业是一个具有悠久历史的古老行业。水利行业文化是指涉及水利行业的特定文化形态和价值观念，是水利行业内部的从业人员在长期的工作实践过程中形成的行业价值观念、行业标准、行业规范、行业道德、行业传统、行业习惯、行业礼仪等，是水利行业内部成文或不成文的规定、规则、习惯等。比如，在治水矛盾发生深刻变化、治水思路需要相应调整转变的新形势下，水利部凝练出“忠诚、干净、担当，科学、求实、创新”这一新时代水利精神，既传承了水利人特有的精神品质，更标明了水利行业的核心价值取向，丰富和发展了水利行业文化，为新时代广大水利干部职工提供了做人做事的基本准则和精神标尺。

## 二、水文化的基本结构

水文化的基本结构是指各类水文化内容之间彼此交错联系而形成的一种系

统的框架和结构。既有的研究中，较为常见的“三结构说”，即“把水文化的基本结构界定为物质水文化、制度水文化、精神水文化三个层次（靳怀堾，2015）”。从水文化内容的广博性而言，可以分为四大类：表层的景观水文化、中层的行为水文化、深层的心理水文化、时空水文化。

人是创造水文化的主体，涉水活动是水文化的源泉。水文化的基本结构构成涉及水文化的组成要素和相互关系。综合上述研究，本教材借鉴理论界经典的“三结构说”，将水文化的结构分为物质文化层面、制度层面、精神层面三个层面。

### （一）物质水文化

物质水文化是指治水实践中产生的物质成果，具有可视、可触的物质实体，又融入了人类的体力和智力劳动，是水文化最直观的表现。在物质水文化的范畴，“水”被视为一种物质资源，水资源的利用、管理和影响与人类社会的生产、消费和发展密切相关。

物质水文化主要包括水利工程及各类设备设施、治水工具等。其中，水利工程是人类为了克服与水的矛盾而创造出来的物质实体，旨在除水害、兴水利，包括防洪工程、引水工程、航运工程，以及集多种功能（防洪、引水、航运、发电）于一体的综合工程。这些工程和设施反映了人们对水资源的利用和管理的技术和工艺。水利工程的各类设备设施还包括水利工程设施周围的辅助设施，如排水系统、水文测量设备、通信设备、维护设施等。水利工程及各类设备设施作为水文化的重要载体，其形象和文化内涵具有一定的人文教化功能。治水工具主要指用于进行水利工程和水灾治理的各种工具和设备。这些工具可以用

图 1-1　浙江丽水通济堰

于防洪、排水、治理河道和水库等方面。常见的治水工具包括抽水机、河道清淤设备、灌溉设备等。

物质水文化关注水资源在经济活动中的利用和价值，与制度水文化相互配合，形成一系列有关水资源的经济评估、水价制度和市场机制建设、水资源的经济效益等制度措施，倡导有效的水资源经济模式，以实现水资源利用的效益最大化，倡导低碳、节水和循环利用的水资源管理方式，实现绿色和可持续发展。物质水文化的发展，旨在提高水资源利用的效率和质量，推动可持续发展以及促进人与水资源的和谐共生。

（二）制度水文化

制度水文化是指与水资源管理制度和规范相关的文化形态，是水文化的格式化和规范化，强调人们对水的分配、利用、开发、保护和治理，以及协调水与经济社会发展关系过程中所形成的法律法规、规程规范以及组织形态、管理体制、运行机制等构成的外显文化。之所以产生制度水文化，在于历代统治者重视防洪、灌溉等水利工程，诸多涉水问题均需明确规定；设置各级水利职官以备治水、管水之需；在基层水事活动中，自然而然形成一些自治性质的民间管理机构和民间惯例。

对应于物质水文化中的水利工程类型，水利法律法规主要包括历代防洪法规、农田水利法规、航运法规、水利施工组织法规。其中历代农田水利法规体系有两种表现形式：一是正式制度，即各级官府公布的、受国家强制力保护的法律、法规等，如对地方各级官员兴修农田水利的职责和工作予以指导，对工作程序、工程质量标准、奖罚制度等予以规定；二是非正式制度，即以习惯、乡规民约、水册、渠册等形式表现出来的水事规则，也称之为惯例法，它虽不以国家强制力作为实施前提，但又与国家强制力密不可分。中国历代负责水利建设和管理的机构和职官，在长期的实践中逐渐形成了一套完整的体系，也是中国制度形态水文化的重要组成部分。

当代的制度水文化更倡导广泛的社会参与和共治的理念，实现水资源管理的公众参与和社会责任。具体展开包括公众参与水资源管理决策的权利和渠道，以及社会组织和非政府组织在水资源管理中的角色和作用。制度水文化回应时代需求和挑战，不断推动水资源管理制度和方式的创新改革，提高水资源管理的科学性、公正性和可持续性，实现水资源的有效利用和保护。

（三）精神水文化

精神水文化是指人类在与水打交道的过程中所创造的非实在性财富，包括水科学、水伦理、水哲学、水文艺、水风俗等，是一种关注水资源及其利用的精神信仰、价值观念和意识形态，强调人类对水的精神追求、对水资源的敬畏和感恩，以及与水相关的文化和传统的传承和发展。在人类文明史上，水从来都不仅仅是自然物质，它与人类的精神生活密切相关并产生重要影响，涉及哲学、史学、文学、艺术、美学、宗教、伦理、风情民俗等许多领域，内容极为丰富。在水文化的三种形态之中，精神水文化是最核心的部分，居于水文化的深层。水本身具有丰富的精神内涵，对人的思想意识、民族性格有很大的影响，概括起来有以下几个方面：善利万物的奉献精神、上善若水的尚德精神、智者乐水的求知精神、以柔克刚的坚定精神、浮天载地的包容精神、碗水端平的公平精神、臣心如水的廉洁精神、高山流水的重情精神（李宗新，2011）。人们在观水、赏水的行为中，以水为师，身体力行弘扬以水喻示的这些中华民族的崇高精神和美德，以此引领社会文明风尚。

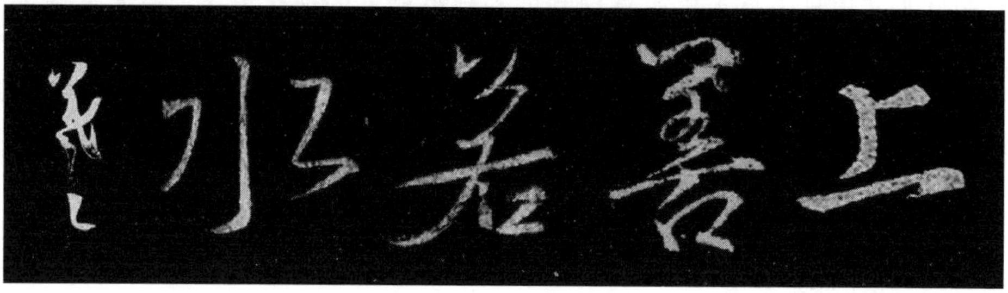

图 1－2　王羲之“上善若水”

精神水文化关注与水相关的文化传统和遗产的传承和发展。这涉及与水有关的节日、习俗、民间传说等文化元素的传承和保护。保护水利遗产不仅仅是保护物质遗产，也包括保护相关的传统技艺、口述历史和非物质遗产等，三大水文化结构有机结合，综合应用全面调查与记录、制定保护措施与规划、强调社区参与与教育、建立法律框架与政策支持、加强国际合作与交流这些措施，有效保护和传承水利遗产，促进可持续水资源利用和人类文化的繁荣。

### 三、水文化的本质特征

人类与水和社会的关系，应被理解为一个文化过程。因此，水文化的实质是人与水的关系，以及人水关系影响下人与人之间、人与社会之间的关系。在表面上看，水文化的本质是人与水的关系，旨在追求人水和谐；在深层次上看，水文化的本质是透过人与水的关系揭示人与人的复杂社会关系。

从水文化的广义界定来理解，水文化本质上是一种社会文化，人类的社会活动尤其水事活动是水文化创造的源泉。水事活动是人与水打交道的行为过程，必须要在社会行为实践活动中才能产生文化，人们在水事活动中创造了水文化。从这个意义上讲，是水利实践造就了水文化。参与水事活动的人群不仅有广大的水利工作者和人民群众，还有历代的帝王将相、政治家、思想家、科学家和文学艺术工作者，因此水文化是一种社会文化。从社会文化的角度研究水文化，有助于从理论上阐明水与国民经济及社会发展的关系，确立水文化的重要地位。同时，水文化也与社会关系、社会规范、社会团结等社会结构和社会行为有着密切的联系。

从水文化的狭义界定来理解，水文化本质上是反映客观水事活动的社会意识的集合。人们在水事活动中产生的对人水关系的理性思考，必然形成与社会存在相适应的社会意识。这种社会意识主要表现为水行业的文化教育、科学技术；与水相关人员的思想道德、价值观念、行为规范和以治水实践为题材创作的文学艺术等社会意识形态化的产物。这些反映水事活动的社会意识都是人类精神世界的财富。

从水文化的主体水利文化来理解，水文化是水利行业的思想精神旗帜。水文化中蕴含的治水智慧和治水精神，为提高水利行业职工队伍的素质提供丰富的文化资源，为水利行业的发展提供不竭的精神动力和智力支持。与此同时，构建能够有效引领整合行业队伍、符合水利发展要求，并获得全体水利职工认同的水利行业核心价值体系，也是水文化建设的根本任务，是水文化建设的灵魂工程、基础工程（彦橹，2014）。在水利部《“十四五”水文化建设规划》的要求下，水利行业作为发展水文化的主力军，要深入贯彻落实习近平总书记“节水优先、空间均衡、系统治理、两手发力”治水思路，紧紧围绕治水实践，以保护、传承、弘扬、利用为主线，以黄河文化、长江文化、大运河文化为重点，积极推进水文化建设，为推动新阶段水利高质量发展凝聚精神力量。

## 第二节　水文化的价值与功能

水文化的形成是自然和人文环境交互作用的结果，根本属性是其在人类社会中的实践属性。没有实践就没有水文化，治水实践越丰富，水文化就越丰富。人是水文化的创造者，也是水文化的享受者，同时也受到水文化对其观念和行为的制约。在新的历史条件下，应充分发挥水文化的价值与功能，推动中国水利事业实现跨越式、高质量发展。

### 一、水文化的属性

结合水文化的定义，社会文化流派普遍认为，水文化首先是一种社会文化，是民族文化中一切以治水实践为核心的文化现象的统称，是中华文化中以治水为轴心的文化集合体。中华水文化历史深厚，博大精深，有着鲜明的民族性、地域性、实践性、时代性等内在属性。

（一）水文化的民族性

主要表现为以民族为纽带，形成具有民族特色的水文化，是不同民族或文化群体在对待水的认知、利用和传承方面所展现出来的独特性和特点。比如西双版纳傣族水文化、帕米尔高原塔吉克族水文化、云南迪庆藏族水文化、蒙古族水文化、哈尼族水文化等。

水作为生命的源泉和生物共同的需求，每个民族都与之密切相关，并在其文化中赋予了独特的意义和价值。由于地理环境、气候条件、历史背景和社会习俗的不同，不同民族或文化群体对水的认识和利用方式可能会有差异，表现出不同的民族特色和文化风格。具体而言，如云南彝族人认为生活方方面面离不开水，水能冲刷洗涤一切的直观感受。在他们的信念信仰中，水是一切生命之根，有水才能创生人类，孕育出整个世界。再比如素有“水的民族”之称的傣族，由于该民族与水相生相伴而被其他民族惯称为“水傣”。傣族人认为水是世界的本原，在其民族信仰中处处体现对水的崇拜与敬畏。每年泼水节上的各项活动，形象展现了傣族生态中水文化的内核和特征。如果说傣族的水文化源起于河流沿岸的平坝地区，那么哈尼族独特的水文化则蕴藏在山区层叠的梯田之中。梯田依水而存，是哈尼族重要的衣食来源，因此哈尼族人对水格外珍惜，兴修水沟、管水用水成为需要整个民族共同完成的大事。这些少数民族的水文化都具有物质、精神、制度、习俗等形态或层面，其共同的诉求与表达同样体现出“人水合一”的深层理念。



（二）水文化的地域性

在不同的时空下，自然和人文的作用发展出具有不同地方特色的水文化。

图 1-3 三峡大坝

水文化的地域性指的是水对特定地理区域或地域性文化的影响和相互作用，突出显示出水文化的差异性。纵观世界和中华文明，由于气候、土壤、水环境等自然条件的不同，使得在人地（水）关系互动过程中产生的文化景观也大相迥异。首先，不同地域的水文化受到当地水资源分布和利用方式的影响，如河流流域地区的水文化更侧重于对河流水资源的利用和管理。再者，地理环境和气候条件对水资源的丰富程度和供应方式产生着重要影响，从而塑造了不同地域的水文化特色，如干旱地区的水文化可能更注重对水的节约和保护，而多雨地区的水文化则可能更关注水的利用和排泄。

此外，水环境对地方文化的形塑，还体现在生活在不同水环境下的人群，其生产方式、生活模式和观念、气质等方面均呈现不同程度的差异，历史上的三秦文化、齐鲁文化、燕赵文化、荆楚文化、吴越文化、岭南文化、蒙古草原文化、新疆西域文化等地域文化，都与水环境的分布有密切的联系。水文化的地域性集中展现了地域特色和水文化的多样性，体现了人类对不同地理环境和自然条件的适应和利用，经过历史演进积淀成为地方文化习俗和传统知识的一部分。

（三）水文化的实践性

水文化是流动的、变化的，水与人们的日常生产、生活息息相关，人与水以及社会之间是相互依存的关系。水文化的实践性旨在强调治水实践是水文化的核心，具体体现在对水资源的合理利用和保护，水生态环境的恢复和保护，以及水利工程建设和管理方面的实际行动和工作中，这些实践性工作对于促进水文化的传承和发展具有重要意义。

人们对于水具有天然亲近的心理冲动和原始本性，亲水需求是人的本质属性，致力于实现“人水合一”与古人崇尚“天人合一”的价值观一脉相承，古往今来，人们的共同诉求就是追求人与水的和谐相处，这既是治水实践中必须遵循的基本原则，也是经济社会发展到一定阶段的必然要求。在治水实践中始终坚持人与水、人与自然的和谐相处，就是要切实遵循自然规律、尊重并谨慎处理人与流域的关系。站在流域整体的视角、可持续发展的维度处理和解决水资源问题，将人类与自然作为同一生命共同体，再去规划水利工程的建设、水资源的开发和使用等具体实践。

此外，在治水实践中形成特定的水文化，能够促使特定社会群体形成共同的价值追求，这一套维系群体生存和发展的价值体系，在规范和引导群体成员行为的同时，还发挥着社会凝聚功能。生活在同一区域或族群的人们，由于受到相同文化的影响，会形成大致相同的生活方式，进而产生相同的文化认同，形成强大的内部凝聚力。凝聚力一旦产生，又会以它特殊的感染力影响本地区、本族群的每一个个体，成为成员之间沟通和联系的纽带。

（四）水文化的时代性

不同年代的人，在人水互动中给水文化打上不同时代的烙印，因而水在不同历史时期和社会背景下所承载的意义和影响也大不相同。随着时间的推移和社会的发展，水文化也会发生变化，并与时代的特征和社会需求相互作用。既有研究认为，水文化是一个非常古老而又十分新颖的文化形态，“古老”在于人类的活动与水相伴而生，有了人水互动就产生了水文化；“新颖”在于中国学术界把水文化作为一种相对独立的文化形态提出来进行研究，是20世纪80年代末期以后的事。

水文化也是一种发展的、动态的文化形态，可以按阶段分为古代水文化、近代水文化、现当代水文化。水文化的时代属性启发后人要将水文化代代传承下去，并注重水文化的时代创新。

图1-4　浙江水利水电学院浙江水文化展示馆

## 二、水文化的功能

水文化在经济、社会、生态、文化、育人等方面具有多种功能。通过对水文化的深度挖掘和合理运用，可以实现水文化在经济效益、社会发展、生态平衡、文化传承和育人实践功能上的统一。

水文化对经济发展起到了重要促进作用。水资源是农业、工业、能源生产和交通运输等许多行业的重要基础，水文化对于合理利用水资源、发展水电能源、建设港口和交通枢纽等方面具有积极影响。水文化还可以带动旅游业的发展，通过水域的美景和水上活动吸引游客进而带动当地经济发展。

水文化能够促进社会发展和民生福祉。水资源的合理配置和管理对于满足人们的饮水、农业灌溉、防洪、涵养水源等基本需求非常重要。同时，水文化还能够促进社会交流和社区凝聚，人们可以通过水上运动、水上娱乐活动和传统节庆活动等形式加强社交和交流，增进社会和谐。

水文化在维护生态平衡和保护生态环境方面发挥着重要作用。水体作为生态系统的一部分，水文化的传承和发展可以促进对水环境的保护和治理，保护水生物资源和生态系统的多样性，维持水生态系统的稳定和健康。

水文化作为一种文化现象和文化遗产，也具有重要的文化功能。水文化承载着丰富的传统知识、历史记忆和民族情感，通过水的象征意义、艺术表达和文学描写等方式，展示了民族的精神世界和价值观。水文化可以作为民族认同和文化认同的重要标志，促进文化传承和多元文化的发展。

水文化以其内在的文化魅力和精神成果潜移默化地发挥着育人功能和"以文化人"的作用机制，通过与治水实践相关的历史、文化、科技和艺术等方面，对人们进行教育和培养。水文化可以教育人们珍惜水资源，明晰水的重要性，并且意识到需要保护水资源，促进可持续的水资源管理。水文化与历史文化息息相关，它可以通过故事、传说、习俗和仪式等形式，传承历史文脉，激发人们对传统文化的兴趣。水文化的传承与发展，推动着水资源开发、水利工程建设与管理等领域的科学研究和技术创新，培养创新思维和科学精神。水文化通过书画、音乐、舞蹈等多种艺术形式，培养人们对水的美感和鉴赏力，提升审美情趣。水文化不仅教育人们珍视水资源，也有助于培养对自然的敬畏之情，提高人们与大自然和谐相处的意识。

通过水文化在社会大众层面的普及和教育，使全社会都重视水、爱惜水、保护水。把治水实践中的新认识、新做法、新经验升华为文化层面的认知，使水文化的建设过程成为提高人的素质、促进人的全面发展的过程，以更好满足广大人民群众对美好生活的新期待。

### 三、水文化的价值转化

《水利部关于加快推进水文化建设的指导意见》中明确指出："适应新阶段水利高质量发展对水文化建设提出的更高要求，迫切需要深入挖掘中华优秀治水文化的丰富内涵和时代价值。"这一提法指导着我们应在水文化的研究、建设、应用中注重水文化的时代创新，锚定水文化的价值转化和前沿问题。水文化有时代性，因此在继承传统水文化的基础上要进行创造性转化、创新性发展。水文化的建设要契合时代发展的要求、契合保护水环境和水资源、实现可持续发展的要求。同时，也要依托全新的理念、制度和技术手段去支撑水文化的创新，建设一种符合时代要求的具有中国民族特色的水文化体系。结合水文化的功能属性，进一步阐述水文化在水利事业发展、文化事业和产业发展、精神文明建设、世界文明交流中的价值转化路径。

### （一）以先进水文化引领水利事业的发展

强调文化的功能性被水利人加以充分地利用，旨在希望水文化能为水利行业服务，发挥先进水文化的“行业功能属性”，既可唤醒社会各界对于水利行业重要地位的清醒认识，又要能使水利职工形成归宿感、荣誉感、向心力与凝聚力，还要能服务和推进水利事业的改革和发展，有助于解决水利面临的实际问题，以便得到水利主管部门的重视。随着我国经济社会的日益发展，水利在国民经济和民生领域的地位越发地重要，人们对水的认知也有了新的飞跃，在“人与自然和谐共生”的理念下思考人水关系，新时代水利事业的高质量发展呼唤着先进水文化的引领和影响。

2009 年 11 月，时任水利部部长陈雷在《中国水利》撰文指出：“先进的水文化对水利事业的发展有着重要的引领导向作用，在治水活动中，思想意识、价值观念、道德情操、精神面貌、团结协作、科学文化素养、经营管理水平等，不仅是创造、发展和繁荣水文化的决定性因素，也是水利事业能否顺利发展的重要因素。”发展面向水利实践、面向社会、面向未来的先进水文化，当前和今后在大力加强民生水利建设，加快推进传统水利向现代水利、可持续发展水利转变的新形势下，迫切要求以先进水文化引领水利事业科学发展、和谐发展。



### （二）以丰富水文化促进文化事业和产业的繁荣

党的二十大报告鲜明指出：“繁荣发展文化事业和文化产业。”新时期推进水文化事业和水文化产业的发展，是实现水文化价值转化的重要路径。我国的水文化产业，大体上包括水行业的新闻传媒业、图书音像业、文化娱乐业、旅游观光业、文学艺术业等。已有研究表明，现在我国的水文化产业已被纳入文化产业链之中，在与旅游、环境、交通的融合发展中，结合自身特点产生一定的经济价值。有关部门制定了水文化产业发展的规划和战略，完善水文化产业政策，立足水文化资源优势，致力于开发一批高起点、新特色、多层次、多方位和高质量的水文化产品。水利旅游业发展形势喜人，将保护传统水利遗产和现代水利工程开发相融合，如黄河历史文化走廊、都江堰、三峡大坝等，每年吸引众多国内外游客，一张张“水文化”名片向世人宣传和展示中国水文化故事的同时，也实现了以水文化为代表的中华优秀传统文化的创造性转化、创新性发展，为建设社会主义文化强国、实现中华民族伟大复兴提供强大的思想和精神力量。

### （三）以优秀水文化滋养精神文明的建设

优秀水文化作为社会主义文化的重要组成部分，其吸引力和凝聚力也是来自于对核心价值体系的认同，集中表现为水行业的核心价值体系，包括以人水和谐为核心的价值理念，以大禹精神为核心的民族精神和以水利精神为核心的时代精神。优秀传统水文化中饱含的坚韧不拔、脚踏实地、舍私为公等文化元素，对当今社会传承水文化中的优良品质、推动社会主义精神文明建设，具有重要的教育意义和教化功能。

(四) 以特色水文化推动文明的交流互鉴

习近平总书记曾将中华优秀传统文化视为“在世界文化激荡中站稳脚跟的根基”。水文化在不同国家和地区的发展水平是不平衡的，有的地方较早关注到水文化，水文化的发展和建设水平较高，而有些地方起步比较晚，还处于探索发展阶段。水文化是一个有生命力的文化体，它必定是开放的，兼收并蓄，不停地从外来文化和外部环境中吸取营养，同时淘汰不合时宜的僵化的因子，互鉴共进，使自身保持生机勃勃的状态。

## 第三节 水孕育中华文明

人类文明的发祥和发展与水密不可分。尼罗河孕育了古埃及文明，幼发拉底河和底格里斯河诞生了古巴比伦文明，印度河和恒河催生了古印度文明，黄河、长江、大运河滋养着中华文明。

中国水文化是中华文化的重要组成部分，二者互相影响，互为依存，中华文化是水文化的母体。中华民族五千年文明史，就是一部治水史；人类文明的发展史，就是人与水的关系史。水载历史，传承不息，水与中华文化的孕育发展关系密切，探索水文化与中华文明的历史渊源，有利于增进文化认同，增强文化自信。

### 一、大江大河孕育人类文明

从广义文化意义上讲，文明是人类在改造客观世界和主观世界活动中的全部成果。水文化是人类共同的文化，历史上的很多文明都把水作为自己的基础，其中河流文明是其最为集中和最高的反映方式。真正对人类特别是古代的文明产生重要作用的都是依托于大江大河。河流不仅提供了人类生产、生存的基本条件，而且它把分散发展的文明汇成一个总体，并且依托这些河流所拥有的特殊条件，把它提升到一个空前的高度（葛剑雄，2008）。

人类古老文明的发展无一例外地都与一条或者两条大河结伴而行。西亚的幼发拉底河与底格里斯河孕育了古巴比伦文明，非洲的尼罗河孕育了古埃及文明，印度的印度河和恒河孕育了古印度文明，中国的黄河、长江、大运河孕育了中华文明。四大文明古国之所以能够创造出辉煌的河流文明，原因在于繁衍于大河两岸的先民很好地掌握了治水的能力或者说制河权。所谓制河权，主要指控制河流、治理河流的能力和保护、利用河流的能力，能力越高，文明程度就越高。

尽管世界各国的水环境有较大的差异，且孕育出多元的文明形态，但是有一点是相同的，即对水的认识都处于一种文化的核心地位。水不仅推动了现实社会的发展，同时在构筑人们的精神世界中扮演了重要的角色，这一点是中外水文化最重要的共同点。

## 二、黄河流域文明

中国是世界上河流众多的国家之一，中华大地上的无数江河滋养哺育着中华民族。中华民族世代繁衍生息在大江大河两岸，享有江河恩赐的饮用、水产、舟楫、灌溉等无尽之利，并用勤劳和智慧创造文化，开辟着文明之路。在我国古史传说中，从黄帝到尧、舜、禹，黄河中下游地区形成了华夏族的核心，奠定了中华文明形成的基础。人们习惯上把黄河称为中华民族的母亲河和中华民族的摇篮，是中华文明的主要发祥地。



在上古时代，人类便逐水而居，沿水而行，繁衍生息。中华民族的先民们主要聚居于黄河流域，从地理条件上，黄河流域由黄土高原和冲积平原构成，土地肥沃，自然条件良好，适合发展农耕，奠定了大河文明的根基。

距今100万年前后，黄河流域就有人类居住，历经漫长的岁月，“蓝田人”“河套人”“丁村人”这些远古时期的先民们，用他们勤劳的双手在黄河两岸创造了举世瞩目的古中国文明。据考古发现，大量的史前古文化遗址遍布黄河上下，如旧石器时期的“蓝田文化”遗址、“合河文化”遗址、“丁村文化”遗址等。在黄河流域发现的史前古文化遗址数量多且具有发展延续性，较全面地展现了中华民族的历史发展轨迹。

经过漫长的旧石器时代，黄河流域出现了以农业为特征、以磨制石器为标志的新石器时代文化。血缘氏族部落在由母系氏族公社转入父系氏族公社期间，也进行了一系列的兼并战争，部落首领黄帝战胜炎帝，统一了华夏部落。华夏族多活动在黄河中下游地区的中原地带，故又称“中华民族”，这就是中华文化的起源。考古先后在黄河流域发现了代表新石器时代早期的“裴李岗文化”遗址、中期的“仰韶文化”遗址、晚期的“龙山文化”遗址。自黄河流域，新石器时代文化逐渐扩展到东北、内蒙古、新疆、华南、西南广大地区。因此说，黄河流域是中华民族的摇篮，是中国古文明的源头（中国水利文学艺术协会，2008）。

4000多年前，大禹治水之后，禹的儿子启在黄河下游以河南西部嵩山为中心建立了夏王朝，此后，黄河中下游地区成为中华民族的社会政治中心以及先民们的主要活动区域。在都城的选址上，至北宋时期，有数十个朝代曾在黄河流域建都，中国历史上的“六大古都”，其中西安、洛阳、开封都在黄河流域。

黄河流域孕育着深厚的文明底蕴，除了曾经作为国家政治的中心，另外一个重要的原因是其天然的地理环境造就的农业发展。黄河流域水资源丰沛，广大民众一方面除水之害，与水患抗争；另一方面兴水之利，开发农田水利，如郑国渠的兴建、干支流引水灌溉工程等，进一步保障了中原农业生产和经济的发展。自秦至北宋，黄河流域的广大地区特别是中下游地区经济繁华，虽然北宋以后经济中心逐渐南移，但黄河流域仍是中国农业经济的重阵。

中华民族的先民们在黄河流域创造了灿烂的黄河文化，《易经》呈现了华夏民族朴素的宇宙观，以孔孟为代表的儒家思想对华夏民族的思想、道德起了极为重要的作用。以黄河为主题的文学、绘画、书法、舞蹈、音乐等层出不穷，留下不少可考的文学艺术典籍，无不洋溢着华夏文明的光彩。此外，黄河流域的科学技术在相当长的历史时期一直处于领先地位，如春秋战国时期铁制农具的广泛使用、牛耕的推广等。围绕治理黄河形成的治水技术、水能开发对后人产生深刻的影响，至今仍有宝贵的借鉴意义。

### 三、长江流域的良渚文明

除了黄河流域，长江流域同样见证了中华文明的起源和发展。其中，良渚文明是长江文明于公元前3300—前2300年期间出现在下游环太湖地区的一个前所未有的复杂社会。这一复杂社会在中国新石器时代的考古学文化谱系中被称为“良渚文化”，是中国新石器时代晚期长江流域展现稻作农业最高成就的区域性复杂社会，其规模依据现已发现的600余处同期遗址分布范围界定，约为环太湖地区的3.65万平方公里。

良渚古城遗址位于浙江杭州余杭区，主要集中于瓶窑镇和良渚街道。该区域地处天目山脉东端的山前丘陵与河网平原的交接地带，北抵天目山余脉大遮山丘陵南麓，南达大雄山、大观山丘陵，西起瓶窑毛元岭，东至良渚近山。作为良渚文化的权力与信仰中心，主要由城址、外围水利系统、分等级墓地（含祭坛）和以良渚玉器为代表的出土器物等四类主要人工遗存组成，体现了长江流域史前稻作文明的最高成就——一种早期国家的城市文明，并经由它所代表的良渚文化对其后5000年的中华文明发展拥有广泛而深远的影响，实证了中华文明5000年的历史和多元一体发展特征。

长江流域的水利文明与良渚文明有着紧密的联系。在良渚文明中，水利工程具有重要地位。良渚遗址出土的大型水利工程遗存，如水道、堤坝、水坛等，表明在良渚古人民的生产生活实践中，对水资源的利用和管理已经相当先进。这些水利工程为农业灌溉和水资源管理提供了重要的保障，也促进了当地的经

图 1-5　良渚古城遗址北水门（浙江省文物考古研究所）

图 1-6　良渚古城遗址北水门（火溪塘）（浙江省文物考古研究所）

济和社会发展。此外，良渚文明中还出现了在宗教仪式中使用的水池和水井，这些对于当时的宗教和生活具有重要的意义。

总的来说，长江流域的良渚文明在早期中国文明史上占据着重要的地位，它充分展现了中国古代先民在水利工程领域的技术和智慧，对于长江流域乃至整个中国的水利文化发展起到了积极的推动作用。良渚水利系统在中国和世界文明史研究中具有重要意义。世界各地早期文明的出现，都与治水活动密切相关。良渚古城是中国境内最早进入国家形态的地点，是中华五千年文明的实证。而良渚古城外围的水利系统和古城在空间和时间上具有不可分割的密切关系，对研究良渚古国的出现和发展乃至中国文明的起源都具有极重要的意义。

## 四、大运河文化

自然的河流孕育出人类文明，人工建造的运河则见证着人类文明的进步。从古至今，中国的先民们开掘了诸多的运河，形成一个又一个中国航运工程的著名案例，如广西的灵渠、隋唐运河、京杭运河、浙东运河等。运河文化具体包括与运河相关的历史、文化、经济和社会生活方面的遗产和传统。运河作为古代重要的水路交通方式，承载着丰富的文化内涵，形成独特的运河文化。当我们提到“大运河文化”，特指京杭大运河沿线形成的文化，也称作大运河文明。

图 1-7　京杭大运河（余杭段）

京杭大运河，简称京杭运河，是中国古代最为著名的运河之一，也是世界上最古老的人工运河之一，具有重要的历史、文化和经济价值。京杭运河是古代沟通我国南北的交通大动脉，贯通海河、黄河、淮河、长江、钱塘江五大水系，流经北京、天津、河北、山东、江苏、浙江六省（直辖市），全长 1794 公里，是世界上最长的古代运河。

京杭大运河最早可以追溯到春秋时期，但其主要的兴建和完善是在隋朝和唐朝期间进行的。当时，运河的开凿使得长途水上交通得以畅通，促进了南北方之间政治、经济、文化的交流。大运河沿途经过了多个著名的历史文化名城，如扬州、南京、徐州、淮安和杭州等，这些城市也因大运河的贡献而兴盛。

古代的京杭大运河曾是中国最重要的水上交通干线之一，对中国经济的发展起到了重要的推动作用。它不仅为商品贸易和物资运输提供了便利，还为沿线地区的农业、手工业和商业的繁荣注入了活力。大运河沿线还留存了大量的历史文化遗产，包括古老的运河码头、堤坝、石桥、磨坊等建筑，以及与运河相关的历史文化景观、风俗民情等。2006 年，大运河列入全国重点文物保护单位。2014 年 6 月 22 日，中国大运河被联合国列入世界文化遗产名录，获得了世界性的声誉。

## 附：延伸阅读与实地教学

1. 延伸阅读

郑晓云：《水文化的理论与前景》，《思想战线》，2013 年第 4 期。

葛剑雄：《水文化与河流文明》，《社会科学战线》，2008 年第 1 期。

2. 实地教学

实地走访京杭大运河（余杭段），开展一场以“流动的大运河文化”为主题的研学活动。

# 第二章 中国古代的水利制度文化

水利制度是对人们治水、用水活动的规范，既包括治水活动水利工程的兴建、维护，也包括用水过程中水资源的分配、管理。水利工程的兴建往往需要较多的人力、物力、财力，人员的组织、物资的准备、经费的筹集，因而需要有力的制度规范。同时，水利工程的运行和维护也需要得到规范和保障，这直接关系到水利工程的兴废和持久利用。另外，随着社会经济的发展，在水资源出现紧缺的情况时，水资源的使用会引起不同利益人群、个体的争端和冲突，进而引发地方社会的不稳定。这也需要制度规则对水资源进行公平、合理的分配，以解决相关纠纷，维护社会稳定和发展。许多水利工程能够运行千百年，至今仍然发挥着重要的功能，并在地方经济社会发展过程中始终起到巨大的推动作用，在很大程度上得益于水利制度规范下的长期有效的管理。

中国古代水利制度有着悠久的历史，蕴含着丰富的文化、科学与技术内涵，也是中国制度文明的重要一部分。大体而言，中国古代水利制度包含三方面的具体内容：第一，水利管理机构与职官，这是中国水利建设的管理和执行部分；第二，水利法规，这是水利管理的重要规范和依据；第三，基层民间水利组织，是对政府水利管理的必要补充。从以上三个方面来看，中国古代水利制度有着系统而丰富的内容和经验，反映了古代人民的水利管理智慧，也为当今的水利管理提供宝贵的借鉴。

## 第一节　历代水利管理机构与职官

人类进入文明社会后，农业成为主要生产方式，水资源作为人类生产生活所必需的基本要素，天然地受到人们的重视。人们开始注意积累水利知识，主动防御水害，并有意识地管理水资源，由此逐渐出现专门的水利职官和水利管理机构。

随着社会的发展和生产力水平的提高，人们的活动区域逐渐扩大，水利事务日渐增多，水利管理呈现出专门化、细致化的特点。同时，由于水在社会生产中的影响日益突出，水利事务的管理愈发重要，水利管理机构的行政等级也呈现逐渐提升的趋势。

### 一、综合性水利行政管理机构与水利职官设置

在中国古代，管理水的行政官员应该是设置最早的。它或许起源于当时具有较为丰富的水利知识、较强治水能力的部族或个体，这些个体或部族甚至成为部落领袖或核心部族。上古传说中，部落领袖往往具有杰出的治水才能，或者说具有杰出治水能力的往往是部落领袖。最为著名的例子即是大禹及其父鲧。另外，共工氏为传说中善于治水的部族。

在分封制的王朝时期，水利行政管理开始设置专门官员。古文献中，多有关于这个时期治水官员的记载。传说夏代少皞时有四叔，其中修、熙相继为水正。据《周礼》记载，西周时天下各官分为天、地、春、夏、秋、冬六官，其中水官为冬官。又记载，冬官职能为“司空”，即掌管工程营造和管理。这表明，水利最初统由负责工程营建的官员管理。战国时期，《管子·立政》载：“绝水潦，通沟渎，修障防，安水臧，使时水虽过度，无害于五谷，岁虽凶旱，有所秎获，司空之事也。”说明司空具有在防洪、灌溉等方面的水利管理职能。管子还指明了当时的水利职官的管理、运行体系。《管子·度地》：“请为置水官，令习水者为吏。……乃取水（官）左右各一人，使为都匠水工，令之行水道，城郭堤川沟池、官府寺舍及州中当缮治者，给卒财足。”即水官之下设置属吏作为执行人员，督率水工匠人进行河道疏浚，城郭修筑，以及堤坝、沟渠、池塘等工程修筑。

自秦朝确立中央集权的君主专制之后，水利事务管理出现了新的发展。随

着水利事务的增多，水利管理出现了专设的管理机构及配套的官吏体系，并分为中央和地方两级体制。自秦至清，水利管理机构与职官各称因不同朝代的行政体制变化而有所不同，但总体上可以说是代代因循，并且均保持着中央、地方两级管理体系。

秦汉时期中央政府实行三公九卿制，水利职能分散于公卿职掌之中。一般而言，水利管理由管理民政、经济的官员管辖。秦汉时期最重要的水利管理职官是大司农。大司农当时管理全国经济、财政与水资源关系密切的农田、赋税。大司农下辖属官称令、丞，主管水利与鱼税等事务的为都水长丞。都水长丞是有决策水政务、主持水利工程的中央水利行政长官。秦汉地方实行郡县制，郡守、县令掌管地方一切事务，水利管理也包括在内。郡守、县令之下设置“诸曹掾史”等属吏，负责具体事务的执行。其中，主管水利事业的称为水曹、都水，主管漕运事务的称为漕曹。另外，根据地方水资源特殊情况，还特设一些水官，负责水资源的管理及赋税征收。西汉时期侯国之内也特设一些水利官员，直属大司农管辖，至东汉改由地方长官管辖。

隋唐以后中央政府实行三省六部制，其中六部中的工部之下设有水部（又作水部司）。水部是中央水利管理机构，职掌全国水利工程建设。水部司设郎中一人，员外郎一员，主事二人，另设有令史、书令史、掌固等。《唐六典》规定“水部郎中、员外郎，掌天下川渎陂池之政令。以导达沟洫，堰决河渠。凡舟楫溉灌之利，咸总而举之”。此外，又设置都水监作为执行、督查机构。都水监设都水使者，属官为监丞、主簿。都水使者“掌川泽、津梁之政令”，“凡渔捕之禁，衡虞之守，皆由其属而总之”。监丞“掌判监事”，监察京畿附近河湖的灌溉引水事务；主簿掌管印信，纠察漕运和捕鱼事务。都水监职掌的具体事务又分属舟楫署、河渠署和诸津三个下属机构。舟楫署负责漕运监管和船只管理，主管官员为署令、署丞。唐开元二十三年（735）撤销。河渠署负责水产品的收获和供应，主管官员为河渠令、河渠丞。诸津负责渡口、渡船、桥梁等事务，官员为诸津令、诸津丞。

隋唐时期中央政府设立的水部司、都水监这两种水利机构，构成了水利工程建设和水利政务执行、监察的分管体系，长期为后世仿设。隋唐地方行政体制主要采用州县制，地方水利事务分别由州、县等地方长官管辖，地方长官之下设属官负责专管和执行。

两宋时期，由于中央行政体制调整，全国水利政务先后由河渠司（案）、都水监、司农寺、水部等机构管辖，或单独总揽，或互相协作管辖。中央水政管理结构的频繁改动，与当时的国家与社会需求有关。宋初，漕运对于中央政府尤为重要，水利建设特别注重河道管理，故水利政务机构设为河渠司。熙宁变法期间，中央政府特别重视农田水利，故水政机构由司农寺统辖。而至南宋时期，由于失去对黄河、汴河等大河控制，水政以农田水利和漕运管理为主，司农寺一度成为最高水利管理机构。但至南宋后期，中央政府的水利管理机构逐渐弱化，水利建设主要由地方经营。

元代中央政府的水利管理机构以都水监、河渠（道）提举司为主，但这两种中央管理机构废置不常，且隶属屡次变动。都水监管理河渠、堤防、桥梁、闸堰等，河渠（道）提举司是都水监下属机构，主要负责修浚河道，同时负责各河渠灌溉等用水分配。地方水利除了地方长官修治之外，中央水利机构还设有派出机构，如设立分都水监、行都水监，各路也会设立河渠（道）提举司。

明清时期中央水利机构继续沿用类似水部的机构设置。明代开始将水部改为都水清吏司，仍旧隶属工部，清代沿袭该机构。都水清吏司主管水利工程建设以及工程款稽核、估销等事务，凡河道、海塘、江防、沟渠、水利、桥梁、道路、渡船等工程经费，以及河防官兵俸饷、皇差都由其负责。地方水利建设由府、州、县等长官管理。

由以上中央和地方水利管理机构的发展演变来看，中国古代的水利管理在中央层级主要由工程、农业等管理部门兼管，这是因为水利建设涉及较多的工程技术，并且与农业关系重大。地方水利建设的管理主要是地方行政长官，各级地方行政长官之下设立属官属吏，具体水利事务由属吏执行。

## 二、专门性水利管理机构

### （一）治理黄河机构的专门化演变

中国历朝历代均十分重视黄河的治理。汉代黄河防洪主要由沿岸郡县负责，但在发生决堤等重大问题的时候，往往派遣中央官员前往主持修缮，这些官员被授予“河堤谒者”“河堤使者”“河堤都尉”等临时性使职。自东汉王景治河之后，黄河保持了 800 年安流，至五代时期再次出现“河堤使”一职。宋朝初年规定，黄河沿岸开封等 17 州府均置河堤判官，由本州通判兼任。中央水利机构中，河渠司、都水监均负有治理黄河的职能。金朝维持了对黄河防治的重视，规定沿河州府长官、佐官兼任提举河防事。另外在黄河下游设 25 埽，每埽设置“都巡河官”“散巡河官”，散巡河官带领埽兵负责险工段的监管。此后地方长官均兼任河防官职。元代设立中央派出机构巡视河防，如河南行都水监（简称河南行监）、山东行都水监（山东行监）、河防提举司等。

至明清时期，黄河治理越来越受到重视，黄河防治官员的品级大为提高，并开始出现专门化的机构和官职。明朝初年，经常派遣工部、户部、兵部尚书、侍郎或都察院御史主持黄河治理。明如永乐九年（1411），以工部尚书宋礼治河。明成化七年（1471），以王恕为工部侍郎、总理河道（简称总河），为黄河设立专管官员之始。清代专设河道总督，又按流域来分驻三处，其中江南河道总督（又称南河）驻清江浦，管理江苏安徽境内的黄河、淮河和运河；山东河道总督（东河）驻济宁，主管河南、山东境内黄河和运河；直隶河道水利总督（北河）驻天津，管理京畿水利及防洪。

图 2-1　江南总督河道部院

（二）运河管理机构的演变

运河是古代重要的运输通道，利用运河转运粮食等物资，称之为漕运。我国运河工程起源很早，但对于运河的管理早期文献记载不多。随着社会经济发展，隋唐时期运河建设有了巨大的进展，也开始受到更多的重视。唐代的中央水利管理机构水部和都水监均具有管理河渠、舟楫等事务。都水监之下曾专设舟楫署管理水上运输。

漕运出现专业管理机构的记载始于宋代。北宋时期，曾在京都开封设排岸司和纲运司，将漕运分为排岸司、纲运司两个系统。排岸司负责运河工程管理及漕粮验收、入仓；纲运司负责随船押运。两司下设指挥，属于武职系统。北运河所经的曹、郓、济、泗州和广济军均设排岸，置 15 指挥，有兵士 7500 人，每年春初准纲司差配上纲执役。汴京有排岸分司四处。据《宋会要》记载，东司在广济坊，掌汴河东运，江淮等路纲船输纳及粮运至京师，分定诸仓交卸，领广济装卸，役卒五指挥，以备卸纲牵驾，以京朝官二人充任；西司在顺城坊，领汴河上漕，以京朝官一人负责装卸；南司在建宁丰台，领惠民河、蔡河，京朝官一人充任，广济两指挥 1000 人为额；北司在崇宁坊，宋建隆三年（962）置，领广济河，以京朝官一人充任。

明清时期漕运管理进一步完善。明初以都察院御史巡视运河，明成化七年（1471）以王恕为工部侍郎、总理河道（简称总河），当时黄河尚属安澜，王恕的职责主要在于疏浚漕运河道，漕粮运输则由漕运总兵官负责。明代运河在长江以南属地方管理，长江以北归中央管理。中央管理的地段实行分司驻地制，为三段：通州至德州、德州至沛县、沛县至仪真和瓜州，每段各设都水分司，长官为都水郎中。明成化十三年（1477）以山东济宁为界改为两段。万历年间又分成四段：南河（淮扬运河段），分司驻高邮；中河（黄河及珈运河段），驻吕梁；北河（会通河段），驻张秋；通惠河，驻通州，各分司长官为主事。

清顺治年间，以御史巡视漕运。清康熙二十年（1681）起设立漕运总督一人，其职责“掌佥选运弁、修造漕船，派拨全单，催趱重运，查验回空，核勘漂流，督催漕欠诸务。”最初总漕于每年漕运期驻通州，后改驻淮安。另外，中央派遣巡漕御史分段监察漕运事务，巡漕御史由京官出任，驻漕运枢纽转运地。清雍正七年（1729）复设巡漕御史二员，驻淮安、通州；清乾隆二年（1737）又增到四员，分驻淮安、济宁、天津、通州。各省巡抚、运河沿线城镇守军均负督催之责，以防止漕船沿途停泊滞留，私自运带人员、货物，或擅自从事商业活动。

图 2－2　总督漕运部院

综观上述综合性管理机构、专门性管理机构的演变过程，水利管理是我国水利事业不断发展的产物。随着社会不断发展，水利管理机构和职官设置渐趋专门化，管理职能也越来越细化和强化。在先秦时期，虽然已有水利治理活动，但是水利管理并没有从其他社会管理中单独分设，水利管理机构和管理职责合并在其他机构和职官之中。秦汉以后，我国大一统国家形成，中央集权的专制制度开始形成，专设的水利管理机构及职官（都水丞、长）开始出现，并且形成中央、地方两级管理体制。此后机构名称多有变化，水利管理机构专设和中央地方两级体系已成常态。至民国时期，水利管理机构的行政地位开始提高。水利管理职能先后经历了归属内政部、全国经济委员会等最高政务部门之后，直到 1947 年成立水利部，水利管理机构开始取得与其他中央政务机关平级的地位。而水利部作为独立的水利管理中央机构，真正发挥作用还是在中华人民共和国成立之后。另外，专门性的水利管理机构的演变也体现了机构专业化和行政等级逐渐提升的趋势。从汉代开始中央临时派出的河堤谒者，到明清专设的河道总督、漕运总督，再到民国以后设立的专门性流域管理机构，可以看到专门性的水利管理机构从临时演变为常设、行政地位不断提高的过程。

## 第二节　历代水利法规

水利法规的制定是人类社会发展到一定阶段的产物。在生产尚不发达的阶段，人们对水资源的利用并未受到限制。随着生产力的发展，治水成为必要举措之后，水利工程的修筑与维护需要得到规范和保障。与此同时，社会对水资源的需求增大，人们在修建水利工程对水资源进行调节时，也出现了对水资源的使用、占用等方面的分配问题。因此，也需要制定一定的规则协调各方的利益，并约束各方共同遵循。这种规则最初表现为惯例，后来通过条文固定下来，即成为水利法规。水利法规具有稳定性和权威性，水法的制定和执行能够提高水资源综合利用效益，是水利事业发展的重要标志。

中国古代的水利法规记载丰富，按其来源可分为两类：一是国家一般法律中的水利条款，二是单独制定的专门性水利法规。其中专门性水利法规又包括综合性水利法规和单项水利法规。

### 一、一般法律中的水利条款

先秦时期的国家基本法律记载较少，但当时应该已经出现了水利建设的相关规定。《礼记·月令》记载，春季司空被命令“循行国邑，周视原野，修利堤防，导达沟渎，开通道路，毋有障塞”。这被认为是春秋末年国家基本法律中的水利条款。

秦统一六国后制定了颁行全国的法律。《秦律十八种》中的《田律》规定“春二月，毋敢伐材木山林及壅堤水”。西汉武帝时左内史倪宽已定有“水令”。汉元帝时，南阳太守召信臣作“均水约束”，刻石立于田边，令人遵守，防止纷争。西晋时，主政南阳的杜预也制定了灌溉法规，“分疆刊石，使有定分”。

目前现存最完整的律法是唐代的《唐律疏议》。该书中的《杂律》汇辑了部分关于水利的法律条款，如有关堤坝维护方面，“诸不修堤防及修而失时者，主司杖七十”“诸盗决堤防者，杖一百，谓盗水以供私用。若为官检校，虽供官用，亦是”“其故决堤防者，徒三年”。可见，未及时修缮堤防、私掘堤防引水、故意破坏堤坝等行为，均给予严厉惩罚。其后宋代《宋刑统》中对于不修堤防、盗决堤防的处罚与唐律基本相同。

除了一般性法律诏令之外，还有一些典章政书中也汇辑了水利法规条文。如《大明会典》《大清会典》《大清会典事例》等。如清代先后修编过五部《大清会典》，其中光绪年间撰修《清会典》100 卷和《清会典事例》1220 卷。据学者研究统计，《清会典事例》中，河工占 19 卷，海塘占 4 卷，水利占 8 卷，共计 31 卷之多。条文规定得相当细致。以河工为例，内容包括：河务机构、官吏设置、职责范围；各河工机构的河兵和河夫的种类数量及其待遇；各地维修抢险工程的经费数量及开支；河工物料（木、草、土、石、稭料、绳索、石灰等）的购置、数量、规格；各种工程（堤、坝、埽、闸、涵洞、木龙等）的施工规范和用料；不同季节堤防的修守；河道疏浚的规格和经费；施工用船只和土车的配备；埽工、坝工、砖工、石工和土工的做法、规格和用料；河工修建保险期限的规定和失事的赔修办法；河工种植苇柳的要求和奖励办法；以及河工和运河禁令等。



## 二、专门性水利法规

随着社会经济的发展，水利事务的逐渐增多，水利管理机构开始独立设置。原本零散颁布的水利政令开始逐渐增多，由此形成了系统化、专门化的水利法规。专门性水利法规中，有中央水利管理机构颁布的综合性水利法规，包含多方面的水利建设、管理规定；也有按水利工程类型单独颁行的法规，即单项水利法规。

### （一）综合性水利法规

目前最早的综合性水利法规是唐代的《水部式》。“式”是隋唐时期法律规范的一种类型，主要记载政府机构的办事章程细则。水部式即水部遵循的办事章程和具体规范。现存的《水部式》是敦煌发现的残卷，有 29 自然条，2600 余字，内容非常丰富，包括农田水利管理，水碾、水磨设置及用水的规定，运河船闸的管理与维护，桥梁的管理和维修，内河航运船只及水手的管理，海运管理，渔业管理，以及城市水道管理等多方面的水利事务。从其所载内容分析，推测其大约为唐开元二十五年（737）或天宝年间的修订本。《水部式》也是现存唯一一部全国性的综合水利法规，唐代之后再未见此类型法规。

在农田灌溉的管理方面，《水部式》规定渠道之上要设置斗门：“泾渭白渠及诸大渠，用水灌溉之处，皆安斗门，并须累石及安木傍壁，仰使牢固，不得当渠造堰。”“京兆府高陵县界，清、白二渠交口，著斗门，堰清水。”“泾水南

知量事開閉
涇水南白渠中白渠南渠水口初分欲入中白渠偶南
渠處各著斗門堰南白渠水一尺以上二尺以下
入中白渠及偶南渠若水雨過多放還本渠其南
北白渠雨水泛溢舊有泄水處令水次州縣相知檢
校疏決勿使損田
龍首涇堰五門六門升原等堰令隨近縣官專
知檢校仍堰別各於州縣差中男廿人匠十二人分
番看守開閉節水所有損壞隨即修理如破多
人少任縣申州差夫相助
藍田新開渠每斗門置長一人有水槽處置二人
恒令巡行若渠堰破壞即用隨近人修理公私材
木並聽運下百姓須溉田處令造斗門節用勿
令廢運其藍田以東先有水碾者仰碾主作節
水斗門使通水過
合璧宮舊渠深處量置斗門節水使得平滿
聽百姓以次取用仍量置渠長斗門長檢校若

手於河陽縣取一百人餘出河清濟源偃師汜水
鞏溫等縣其大陽橋水手出當州並於八等以下
戶取白丁灼然解水者分為四番並免課役不在征
防雜抽使役及簡點之限一補以後非身死遭憂
不得輒替如不存檢校致有損壞所由官與下
考水手決卅其東都里鎮防人驗令兼州取
當州經渡海得勳人諳知風水者置海師貳人柂
師肆人隸蓬萊鎮令候風調海晏併運鎮粮
同京上勳官例年滿聽選
桂廣二府鑄錢及嶺南諸州庸調并和市折租
等物遞至揚州訖令揚州差綱部領送都應須
運脚於所送物內取充
諸溉灌小渠上先有碾磑其水以下即棄者每年
八月卅日以後正月一日以前聽動用自餘之月仰所
管官司於用磑斗門下著鎖封印仍去却磑石
先盡百姓溉灌若天雨水足不須澆田任聽動用
其傍渠疑有偷水之磑亦准此斷塞

图 2－3 《水部式》残卷

白渠、中白渠、（偶）南渠水口初分，欲入中白渠、偶南渠处，各著斗门。”斗门须由州县管理机构安置，不能私自设置。渠道、斗门设渠长、斗门长，负责巡视、维护，并负责管理、协调灌溉事宜：“诸渠长及斗门长，至浇田之时，专知节水多少。其州、县每年各差一官检校。长官及都水官司时加巡察。”“恒准水为五分，三分入中白渠，二分入清渠。若水雨过多，即与上下用水处相知开放，还入清水。二月一日以前，八月卅日以后，亦任开放。泾渭二水大白渠，每年京兆少尹一人检校其二水口大斗门，至浇田之时，须有开下，放水多少，委当界县官共专，当官司相知，量事开闭。”

《水部式》按用水的重要性，规定了航运—灌溉—碾硙的用水次序。《水部式》第 20 条、第 11 条、第 22 条分别规定了灌溉、碾硙和航运发生用水矛盾时，首先满足航运的用水要求，其次是灌溉，最后是碾硙用水。如“诸溉灌小渠上，先有碾硙，其水以下即弃者，每年八月卅日以后、正月一日以前，听动用。自余之月，仰所管官司，于用硙斗门下着锁封印，仍去却硙石，先尽百姓灌溉。若天雨水足，不须浇田，任听动用。其傍渠疑有偷水之硙，亦准此断塞。”“诸水碾硙若壅水质泥塞渠，不自疏导，致令水溢渠坏，于公私有妨者，碾硙即令毁破。”“运已了及水大有余，溉灌须水，亦听兼用。”

《水部式》对灌溉用水的分配体现了公平的原则，如灌区中有田高水低的情况时，不准在大渠内修筑堰坝，若在支渠中，可以临时造堰壅水灌溉。灌溉时，农户“皆仰预知顷亩，依次取用，水遍即令闭塞，务使均普，不得偏并。”“河西诸州，用水溉田，其州、县、府、镇官人公廨田及职田，计营顷亩，共百姓均出人功，同修渠堰。若田多水少，亦准百姓量减少营。”

### （二）单项水利法规

#### 1. 防洪法规



人类社会对于洪水的防御在新石器时代即已出现，关于防洪工程的修建维护可能已经有了约定俗成的规范。这类规范成为法令法规，并具有权威性、强制性，应该是进入阶级社会、出现国家形态之后。夏商周时期已经出现防洪工程，必定也有相关的防洪法令，但目前没有记载。

目前有记载的防洪法令出现在春秋时期的军事盟约中。春秋时期，大国争霸，各诸侯国通过修建堤防，以邻为壑，达到以水代兵的目的。齐桓公在召集会盟时曾提出“毋曲堤”“毋壅泉”“毋曲防”“毋障谷”等约定，《春秋谷梁传》称之为“壹明天子之禁”，即重申天子的禁令。先秦时期的文献中也记载了修建防洪堤坝的章程细则。《礼记·月令》中载“修利堤防，导达沟渎，开通道路，毋有障塞”。《管子·度地》记载，每年秋冬季节，统计人口，组织劳役，为修筑堤防做好准备。春季进行堤防修筑，“令甲士作堤大水之旁，大其下，小其上，随水而行。地有不生草者，必为之囊，大者为之堤，小者为之防，夹水四道，禾稼不伤。岁埤增之，树以荆棘，以固其地；杂之以柏杨，以备决水，民得其饶，是谓流膏。”

秦汉时期，政府尤为重视防洪。《秦律·田律》中规定“春二月，毋敢雍（壅）堤水”。两汉时期，黄河多次泛滥成灾，中央政府尤为重视黄河修防，在治河官员设置、守堤人员组织、治河经费等方面都有规定。东汉和帝于东汉永元十年（98）颁布《疏导沟渠诏》：“堤防沟渠，所以顺助地理，通理壅塞。今废慢懈驰，不以为负。刺史二千石其随宜疏导，勿因缘妄发，以为烦扰，将显其罚。”三国时期，蜀汉章武三年（223）九月十五日，蜀国丞相诸葛亮颁布护堤令："按九里堤捍护都城，用防水患，今修筑竣，告示居民，勿许侵占损坏，有犯，治以严法，令即遵行。"该命令刻于石碑之上，是目前所见最早的防洪法令原件。

唐代对于防洪工程进行了严密的规定。《唐律疏议·杂律》记载了堤坝维护的惩戒条款，如对不及时修缮、掘堤行为等要受到杖刑、监禁等严厉惩罚："诸不修堤防及修而失时者，主司杖七十""诸盗决堤防者，杖一百，谓盗水以供私用。若为官检校，虽供官用，亦是""其故决堤防者，徒三年"。其中又引《营缮令》对于堤坝的修缮事项也进行了详细的规定："近河及大水有隄防之处，刺史、县令以时检校。若须修理，每秋收讫，量功多少，差人夫修理。若暴水泛溢，损坏隄防，交为人患者，先即修营，不拘时限""诸侯水堤内不得造小堤及人居，其堤内外五步并堤上种榆柳杂树"。即地方长官督率巡视修理，并且规定堤坝近处要种植榆柳护堤，堤内不得修筑小堤、房屋。

宋代黄河决溢频繁，水灾频发。北宋都城汴梁（今开封）因在黄河下游，受到黄河决口威胁严重，都城附近漕运也会深爱其害。因此，北宋对治理黄河非常重视，防洪诏令繁多，法规更加详密。宋朝初年，皇帝多次发布诏令，要求巡视、修缮堤防。北宋乾德五年（967），因黄河堤防连年溃决，宋太祖派遣使者分行巡视，发动京师附近人丁修缮，并由此立为定例，成为春季首要事项："分遣使行视，发畿甸丁夫缮治，自是岁以为常，皆以正月首事。"开宝四年（971）又发布诏书，令沿河州府通判兼任河堤判官，辅佐巡河使者修治河堤："自今开封等十七州府，各置河堤判官一员，以本州通判充；如通判阙员，即以本州判官充。"宋淳化二年（991），诏："长吏以下及巡河主埽使臣，经度行视河堤，勿致坏隳，违者当置于法。"北宋咸平三年（1000）发布诏令："缘河官吏，虽秩满，须水落受代。知州、通判两月一巡堤，县令、佐迭巡堤防，转运使勿委以他职。"沿河官员期满该调任时，必须等汛期过后才能交接，知州、通判两月一巡堤，县令及属官要经常巡察堤防，转运使不再委任别的职务。北宋政府也曾制定系统的防洪法规。据载，北宋宣和二年（1120）编纂《宣和编类河防书》共计 292 卷，已散佚，但其卷帙之多，可以想见其规定之详密。

现今所见的最早的系统性防洪法令是金代颁布的《河防令》。《河防令》颁布于金泰和二年（1202），内容是关于黄河和海河水系各河的河防修守法规，共 11 条，其中有 10 条保存于元代沙克什所著的《河防通议》中。其主要内容有：①每年要选派一名政府官员视察、督促地方政府和水利主管机关落实防洪措施情况；②水利部门可以使用最快的交通工具传递防汛情况；③州县主管防洪的官员每年六月初一到八月底要上堤防汛；平时分管官员也要轮流上堤检查；④沿河州县官吏防汛的功过都要上报；⑤河防军夫有规定的假期，医疗也有保障；⑥堤防险工情况要每月向中央政府上报，情况紧急要增派夫役上堤等。元代的防洪治河法规集中反映在《通制条格》的《河防》《营缮》两篇，但《河防》篇已佚失。《营缮》中载：“都水监所管河渠、堤岸、道路、桥梁，每岁修复。”

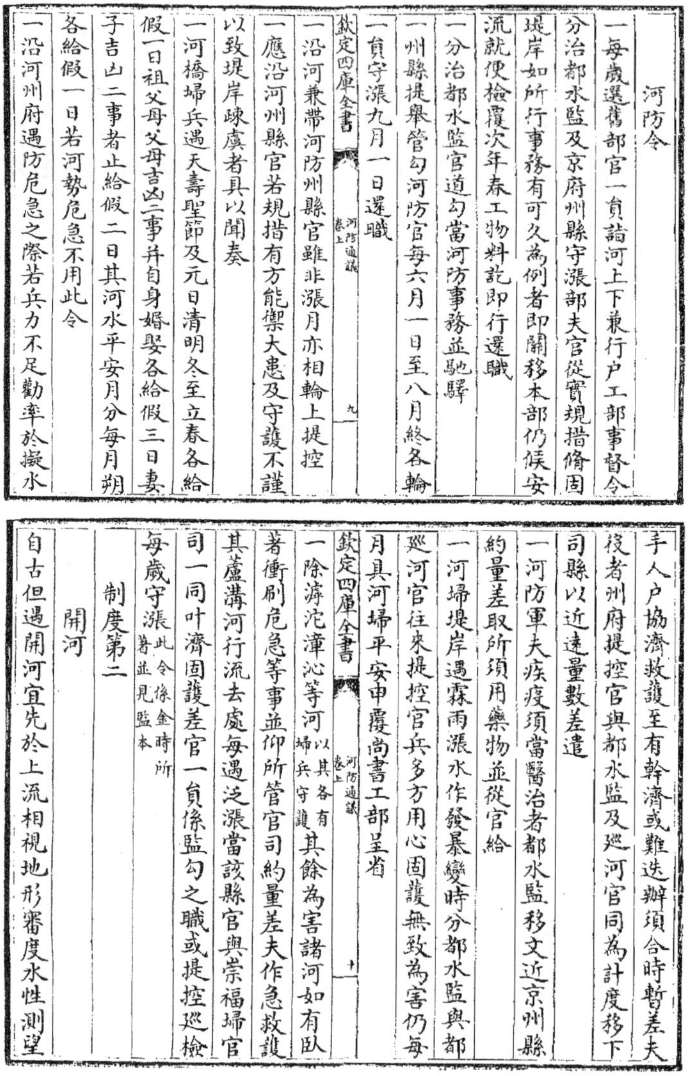
河防令
一每歲選舊部官一員詣河上下兼行户工部事督令
分治都水監及京府州縣守漲部夫官從實規措脩固
堤岸如所行事務有可久為例者即關移本部仍候安
流就便檢覆次年春工物料訖即行還職
一分治都水監官道勾當河防事務並馳驛
一州縣提舉管勾河防官每六月一日至八月終各輪
一員守漲九月一日還職
欽定四庫全書　河防通議 卷上　九
一沿河兼帶河防州縣官雖非漲月亦相輪上提控
一應沿河州縣官若規措有方能禦大患及守護不謹
以致堤岸疎虞者具以聞奏
一河橋埽兵遇天壽聖節及元日清明冬至立春各給
假一日祖父母父母吉凶二事并自身婚娶各給假三日妻
子吉凶二事者止給假二日其河水平安月分每月朔
各給假一日若河勢危急不用此令
一沿河州府遇防危急之際若兵力不足勸率於擬水

手人户協濟救護至有幹濟或難迭辦須合時暫差夫
役者州府提控官與都水監及巡河官同為計度移下
司縣以近遠量數差遣
一河防軍夫疾疫須當醫治者都水監移文近京州縣
約量差取所須用藥物並從官給
一河埽堤岸遇霖雨漲水作發暴變時分都水監與都
巡河官往來提控官兵多方用心固護無致為害仍每
月具河埽平安申覆尚書工部呈省
欽定四庫全書　河防通議 卷上　十
一除滹沱漳沁等河以其各有埽兵守護其餘為害諸河如有臥
著衝刷危急等事並仰所管官司約量差夫作急救護
其蘆溝河行流去處每遇泛漲當該縣官與崇福埽官
司一同叶濟固護差官一員係監勾之職或提控巡檢
每歲守漲此令係金時所著並見監本
制度第二
開河
自古但遇開河宜先於上流相視地形審度水性測望

图 2-4　《河防通义》中保存的《河防令》条款

明清文献非常丰富，因此有关防洪方面规定的记载更为详细。明朝的《大明律》《大明会典》等文献有关于防洪的法令和章程。在防洪制度方面，明代制定了“四防二守”规定。“四防”即昼防、夜防、风防、雨防，“二守”即官守、民守。这种防汛管理制度，被奉为防守法规。此外，关于修筑堤防的位置选择、修堤取土的地点、修堤的土质、大堤的断面等都有规定。对于破坏河防工程犯罪的处罚，明代把唐代规定的盗决、故决堤防罪改为盗决、故决河防罪，保留失时不修堤防罪。自明代中叶，长江大堤修防也开始有系统的管理制度。清代的文献资料保存最为宏富，虽然没有颁布成文的水利法或防洪法，但在上谕、朱批奏折、地方官员命令等形式确认的有关禁令、罚则、章程等具有强制性、权威性、稳定性，具有水利法规的基本特点。诸多的条文细则记载于《清会典》《大清会典事例》《工部则例》《大清律例》等文献中，内容包括管理章程、施工规范、修缮维护等方方面面。另外还专门颁布过治河条例、防汛章程等专项防洪规定。

2. *农田灌溉法规*

有明确记载农田水利的律文开始于战国时代的秦国。四川青川战国秦简中记载，秦武王二年（前 309）曾制定《田律》，有“十月，为桥，修陂堤，利津溢”的规定。湖北云梦秦简中有《秦律十八种》，其中的《田律》是有关农田水利的条文。

最早见于记载的专门性灌溉法规始于西汉。汉元鼎六年（前 111），左内史倪宽建议开六辅渠，灌溉郑国渠旁地势较高的农田，并且“定水令，以广溉田”。这个水令应当是该灌区的灌溉用水制度。西汉末召信臣南阳“为民作均水约束，刻石立于田畔，以防纷争”。东汉永平十六年（73）王景任庐江太守“铭石刻誓，令民知常禁”。

唐代的农田灌溉法规集中体现在综合性水利法规《水部式》中。《水部式》条款中第 1～13 条规定了灌溉渠道、斗门、堰坝的修筑和管理细则，就其内容而言，主要包括两个方面：一是有关渠道水利管理、运作的具体规定，包括斗门设置、开闭时间、分水规定、维修章程等，二是关于州县长官对渠道、斗门等巡视、检查、维修的责任的强调。第 10、20 条记载了灌溉用水与航运、手工业用水的先后顺序，规定用水依次为“航运—灌溉—碾硙”。

现存最早的农田水利规章文本是敦煌出土的唐代《敦煌县行用水细则》。该细则文本现存残卷 2000 余字，是唐朝沙州地方政府以“水部式”为指导原则，根据本地区的实际情况和传统习惯制定的灌溉用水章程。现存残本内容主要包括两个部分：前半部分讲述敦煌地区主要渠系及行水次序，后半部分是有关灌溉具体日期、用水顺序及日数、应浇灌的作物等方面的具体规定。其灌溉规定体现了“先下游、后上游”的行水原则。

宋代对农田水利建设和管理也很重视，管理制度和法令集中反映在《农田水利约束》中。《农田水利约束》（又称《农田利害条约》）颁布于宋熙宁二年（1069），为王安石变法时期制定的全国性的农田水利政策法令。其主要内容包括农田水利建设的流程细则，以及地方官员推进农田水利建设的责任及奖惩规定。《农田水利约束》在实行过程中又不断完善，有力促成了历史上著名的水利建设高潮。

元世祖忽必烈对农田水利建设采取了积极的措施，使黄河流域大型灌溉工程的建设有所发展。元代《通制条格·田令》，对农田水利的规定较为详细。与农田水利有直接关系的集中在《农桑》中，主要内容是规定了地方官员兴修农田水利的责任及奖惩规定。

清代中央政府制定的农田水利法规不多，一般是在地方上制定，主要内容是关于地方官员对农田水利建设的责任规定及奖惩措施，如《河南省水利议处议叙办法》《直隶水利营田办法》《苏松等府水利管理办法》、四川《防旱示》等，其中都规定水利兴修状况作为地方官员的考绩。

3. 运河管理法规

我国人工运河开凿至少从春秋时期即已开始，相应的管理运河的法规和制度也应随之形成。但由于资料阙如，并未能详细了解。有着明确的运河管理记载的是隋唐时期。隋朝开凿了贯通南北的大运河。从唐代起，运河逐渐成为历代王朝的南北经济大动脉，围绕工程维修、航运管理等方面形成了一系列具体的法规，如《水部式》《唐律疏议》《唐六典》等。尤其是航运与灌溉争水，在唐代运河上是普遍存在的问题。航运所关系的是整个国家运输动脉的畅通，牵掣全局利益，而农田灌溉只涉及一个地区的农业收成。因而，《水部式》规定，当水源不足，航运与灌溉不能兼顾时，应首先满足通航要求。唐宋以来，汴河上航运与灌溉的矛盾最为突出。每当春夏灌溉季节，两岸广开斗门引水浇田，汴河因而断航。在主要航道上灌溉与航运争水的矛盾相当突出，尤其是在藩镇割据时期更是如此。这类问题甚至成为测验官吏行政能力和科考题目。

明代京杭大运河主线贯通以后，大量的管理问题随之出现。于是，具有法律效力的禁例、规章制度相继制定出来，为维护航运的正常进行发挥了重要的作用，如《大明律》《大明会典》《漕河禁例》等。对运河管理的主要内容包括：

（1）合理地设置闸坝，闸坝之间密切配合，适时启闭闸门。另外，规定闸门启闸一次最少过船数。船只必须结队编组过闸，不准单船航行。

（2）运河要日常进行巡视检查，定期进行河道疏浚、堤防修守。大挑、小挑制度的建立，使运河工程维修期间可以通航，有利于回空漕船及商民船南返。此例清代沿袭不变。

（3）运河在枯水期需要靠沿线湖泊、陂塘调节水量，维持通航。明永乐九年（1411）开始，即法规沿途湖泊等在航运需水时段，禁止灌溉用水，沿途河湖堤岸禁止盗掘。

（4）综合性航运法规《漕河禁例》，对漕运、河道等方面制定了比较全面系统的综合性漕河禁例。

清朝对运河非常重视，运河管理法规也基本沿袭明朝，其规定也进一步严密详细。有关法规既有《大清会典》《钦定大清会典事例》《钦定户部漕运全书》《漕运则例》等运河管理汇编，又在上谕、奏折、档案等资料中散见。另外地方文献中也保存了大量运河相关资料，如《山东全河备考》中所记载的前代旧有制度 17 条和康熙初年新定制度 6 条，也有参考价值。其内容包括运河河道的日常疏浚维护、运河水源补给、闸坝管理、船只管理等多个方面。

## 第三节　基层水利组织与民间水利规约

历史上，中央和各级地方政府水利机构的政令以及各级水利法规的执行，最终需要落实到基层管理机构，因此基层水利组织也是水利建设的关键环节。基层水利组织实际上随着水利工程的出现即已形成，基层社会依据本地的经济、政治、风俗习惯等形成水利管理组织，对地方水利修建、维护及水利资源分配等事务进行协调安排。一般来说，基层管理组织是在民间自发形成的组织基础上，又得到了地方政府认可与支持。

民间水利规约是地方基层基于公平、公正原则自发形成的用水规定，长期遵循之下成为约定俗成的惯行规则和制度安排。民间水利规约一般具有道德约束性和稳定性，但基层社会在利益冲突严重、原有规则被打破时，地方政府会介入干涉，对原有规约进行强调或修订。

### 一、基层水利组织

水利工程的建设、日常维护都有赖于基层组织，基层水利组织出现很早。《管子·度地》中记载水官与乡里三老、里有司、伍长等共同组织水利建设："水官亦以甲士当被兵之数，与三老、里有司、伍长行里，因父母案行。""后常令水官吏与都匠，因三老、里有司、伍长案行之。""故常以冬日顺三老、里有司、伍长，以冬赏罚，使各应其赏而服其罚。"

随着水利事务的增多，出现了专职的基层水利管理人员和组织。唐代《水部式》记载，灌溉工程中设有渠长、斗门长等，负责水渠疏浚、水闸的开启，并配合地方政府管理农田灌溉。"蓝田新开渠，每斗门置长一人，有水槽处置二人，恒令巡行""诸渠长及斗门长至浇田之时，专知节水多少""各于州县差中男廿人、匠十二人分番看守，开闭节水"。《敦煌县行用水细则》中登录有渠头 15 人。担任渠头和斗门长应属于百姓差役，当时每条渠道都应有渠头，每座斗门都应有斗门长，渠头和斗门长是在执行官府指派的杂徭，他们除担任渠堰管理之外，还参加修渠等差役。因而渠长、斗门长虽负有一定的管理职责，但他们并非真正意义上的官员，应属于地方官府中的"胥吏"，实为衙门中供役使的人员。

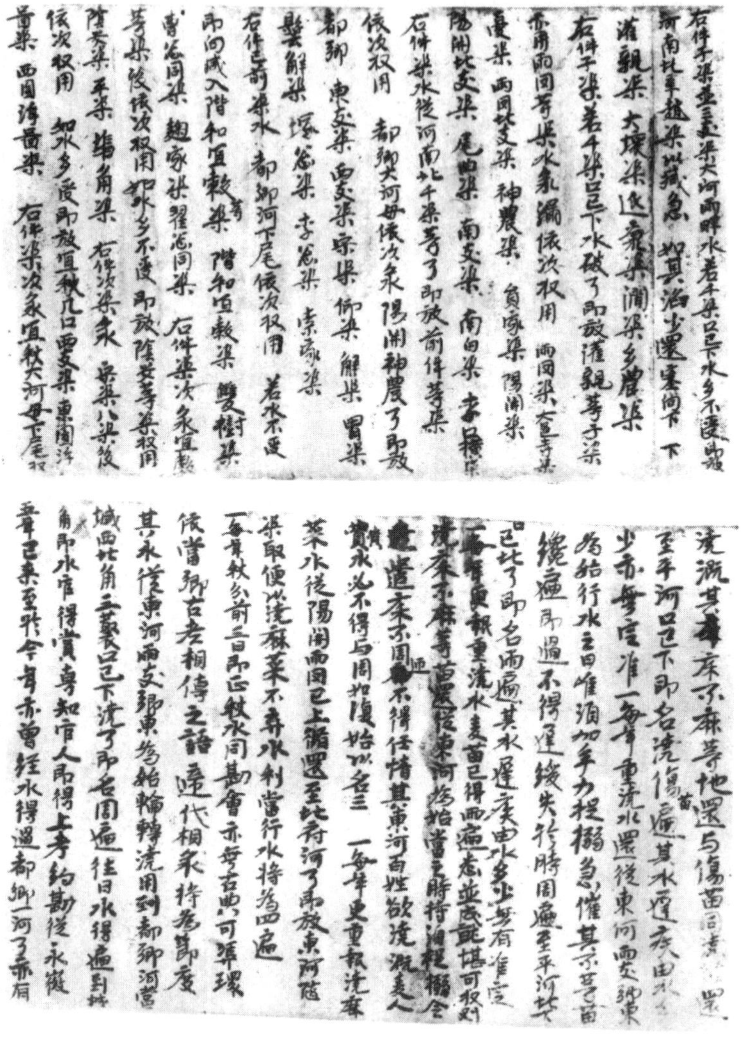

图 2-5 《敦煌县行用水细则》残卷

宋代《千仓渠水利奏立科条》规定：沿渠人户分作上流、中流、下流三等，每等各置甲头一人，以本等内田地、物力多且热心公益者任之，负责本等内丈量土地、用水时间、开闭闸堰、上报各种材料等事务。甲头如有作弊及搜刮民财者，严加惩罚。南宋时期的《通济堰规》规定了通济堰的维护由堰首、上田户、甲头、槩头及湖塘堰头等组成的管理系统负责。堰首由上田户推选产生。堰首与上田户共同议定甲头、槩头、湖塘堰头。这些基层管理组织得到政府承认。此外，还包括堰匠、堰工、堰夫、堰司等工程维护组织系统。

明清时期，随着区域开发的深入，水利工程得到更为广泛的修建，基层水利组织也随着人口聚落的扩大而增加。不同地区、不同工程类型出现了不同的基层管理名称。如渠长、堰长、头人、会长 长老、老人、总管、总甲、圩甲、圩长等。主要负责人之下又有乡约、牌头、督劝稽查、渠夫、渠正、渠长、水利、堰长、水甲、闸夫等。明万历年间，江南诸暨练湖灌溉区，知县刘光复大兴水利，定有《湖田事宜》及《善后事宜》，对圩长、夫甲的选任、责任进行了规定：圩长必择殷实、能干，为众推服者充之。圩长负责召集群众兴修维护水利设施，湖堤每年培厚一尺。圩长三年一换，未完工者戴罪速完发落。湖中有事故，圩长必须自备钱粮、亲自踏勘。对于河湖堤防，设立堤长。如荆州长江大堤“每千丈设堤老一人，五百丈设堤长一人，百丈设堤甲一人，圩夫十人……令其夏秋守御，冬春修补，岁以为常”。

## 二、民间水利规约

民间水利规约随着地方水利工程的修筑也开始出现，规约的记录载体形式多样，除了政府编纂的法律汇编、典章政书、地方志等文献中保存的水利法规之外，民间也有一些不成文的水利规约，这些规约往往在基层社会约定俗成，因循遵守，有些也以文书、碑刻等形式流传下来。民间水利规约对于基层社会的用水秩序进行了有效维持。另外，一些以官府、官员名义发布的水利规定，实际上也是将旧有的民间规约加以强化。



早期的民间水利规约保存下来的很少，目前最早的灌溉水利规约是唐代的《敦煌县行用水细则》。该细则虽然是官方文书，但是文中记述“承前已来，故老相传，用为法则”“……亦无古典可凭，还依当乡古老相传之语，递代相承，将为节度”。可见，其内容主体实际是根据当地的传统的水利规约、习惯整理而来。南宋时期制定的《通济堰规》亦是如此。现存《通济堰规》19条，大致可分为三部分：第一部分是堰渠管理组织的产生及职责；第二部分是堰工、堰匠等堰渠工役的征发与雇募；第三部分是有关堰渠运行的具体规定。这一水利规定虽为地方长官颁布，但其主体内容实际之前已经存在。此类民间水利规约由地方政府修订并颁布，主要是地方水利秩序遭到破坏，一方面影响地方社会稳定，另一方面影响赋役征发。通过地方长官的协调修订，以政府名义颁行，从而使其具有权威性和稳定性。

明清时期，社会经济开发得到了进一步发展，为协调地方用水秩序，大量的民间水利规约得以制定产生。尤其是在水资源竞争较为激烈的地区，民间水利规约更为丰富。各地府州县志之中保存了较多的水利碑文、水案碑文。除了地方志记载有水利规约之外，还有一些民间记录的水利文书、契约、档案、碑刻等。如华北、长江中游、台湾等地区均保存着水册、水利簿、水利文书等民间规约文本。

图 2－6　丽水《重修通济堰规》



民间水利规约是由水利工程受益范围的人群共同协商制定的，依靠地方社会传统的舆论约束得以维持和执行。虽然作为非正式制度，但也具有一定的强制性。它在地方水利工程建设管理、水利秩序维护、水事纠纷调解等方面发挥了主要作用。明清以来，以灌区的乡规民约和具体渠册和渠例、碑刻为表现形式的民间水利管理制度，其内容日益细致化、理性化。

## 附：延伸阅读与实地教学

1. 延伸阅读

郑肇经：《中国水利史》第八章《水利职官》，郑州：河南人民出版社，2018 年。

饶明琦：《中国水利法制史研究》，北京：法律出版社，2013 年。

饶明琦、王国永：《水与制度文化》，北京：中国水利水电出版社，2015 年。

周魁一：《中国水利科学技术史・水利卷》“工程技术编”第五章《水利管理与法规》，北京：科学出版社，2016 年。

2. 实地教学

前往水利博物馆等处进行参观、研学。

# 第三章

# 中国古代的水利工程文化

水利工程文化是指人类在长期兴修、使用、维护和管理水利工程过程中所形成的一切建筑成果、技艺技术、思想精神等的总和，水利工程文化融合了自然科学、工程技术、社会科学、人文艺术等多个领域的知识与实践，体现了人类与水环境互动的历史进程、智慧结晶和价值取向。

中国古代先人既努力避风涛之险，又使水安澜而适量。他们或疏川导滞，或修堰筑塘，或架桥开渠。先民们近万年的水利建设，留下了大量具有重要价值的水利工程。它们是人类改造自然、利用水资源的直接物化成果，是水利工程文化最直观的物质表现。这些水利工程，在历史上对于农业发展和经济建设起到了显著的作用，其中一部分仍在发挥效益。这些水利工程蕴含的规划设计理念、水工建构方式等，对于当下的水利建设和科技创新，也富有很高的参考价值。

中国特定的自然条件、以农业为主的社会经济形式和源远流长的历史，形成了独特的水利科技与技艺。这些与水利工程相关的水工技术、治水工具，承载着丰富的历史信息，是研究水利技术发展、社会经济变迁的重要证据，推动着科技创新和文化传承。历史上，中国古代的水利科技与技艺一度处于世界领先地位，辐射东亚、东南亚，其中一些科技和技艺传承至今，在今天仍具有重大的实用价值和借鉴意义。

中国人民在长期的水利工程建设过程中，积累了丰富的治水智慧，积淀了灿烂的治水文化，也滋养了一众杰出历史治水名人，留下了一批经典的水利典籍。这些水利典籍不仅是水利行业的珍贵文献，也是中华民族的宝贵财富，这些水利名人的治水事迹和精神风貌，激励着后人在水利建设上奋发进取、开拓创新。

## 第一节　中国古代重大水利工程

中国古代水利工程以灌溉、防洪和济运为主，注重工程实践和理论总结，对于地方经济的发展和社会稳定都起到了重要作用，也为世界水利文化作出了重要的贡献。

### 一、先秦时期



中国古代的水利工程肇始于新石器时期。在距今约 9000 年的黄河中游的唐户遗址中，出现了完整的绕房排水系统。在距今 7000～8000 年的长江下游的跨湖桥文化遗址中，出现了目前世界上年代最早的独木舟。在距今 5000 多年的长江下游的良渚文化中，诞生了良渚古城外围水利系统，这是迄今所知我国最早的大型水利工程，也是世界最早的拦洪水坝系统。距今 4000 多年的大禹治水，改堵为疏，揭开了中华文明新的一页，水利由此在工程上和文化上都成为中国历史的重要组成部分。

大禹治水立国，传位于启，是为夏朝。在夏、商、西周时期，先民们开展水利建设，在史籍中也有零星的记载，如《竹书纪年》记载夏少康帝派“商侯冥治河”；又如《周礼》中记载农人种稻，有“潴”（池塘）蓄水，有“防”（堤）堵水，有“沟”输水，有“遂”（小沟）配水，有“列”（垄沟）灌水，还有“浍”（大沟）排水。不过，这一时期的水利工程普遍规模较小，史籍记载也较为简略。

春秋战国时期，诸侯称雄、列强兼并，出于发展农业、便利交通、提升经济等多种需求，各国都十分重视水利建设。芍陂、邗沟、引漳十二渠、都江堰是这一时期最为重要的水利工程。

公元前 605 年左右，孙叔敖主持兴建了我国最早的大型引水灌溉工程——期思雩娄灌区。公元前 587 年，孙叔敖又在安丰（今安徽寿县）修建了著名的蓄水灌溉工程——芍陂。芍陂建成后，安丰一带迅速发展为楚国的经济基地。

公元前 241 年，楚国的考烈王甚至将都城迁至此处，改名为郢。如今，芍陂已经成为“淠史杭灌区”的重要组成部分，灌溉面积达 60 余万亩，兼有防洪、除涝、水产、航运等多种综合效益。

公元前 486 年，吴王夫差为了北上争霸，开凿了历史上第一条有确切开凿年代记载的运河，是为自今扬州至淮阴的邗沟。《左传》记载：“城邗，沟通江淮。”邗即后来的扬州，邗沟在扬州以南接长江，向北利用各湖泊河道，疏通开凿，至今淮安东北入淮水。《史记·河渠书》所说江淮之间的鸿沟，可能指邗沟，鸿是大的意思；也可能指沟通南淝、东淝的水道。邗沟在后代屡次经过改道整修，2000 多年来一直是沟通江淮的主要运河。

公元前 422 年，西门豹为邺（今河北省临漳县邺镇和河南安阳市北郊一带）令。邺为当时魏国要地，近漳水，常有水灾。西门豹打击了借水灾害民的土豪和女巫，取缔了“河伯娶妇”等迷信活动，在漳河上筑了十二道低滚水坝，开了十二条渠道引水灌溉漳河右岸土地，人称“引漳十二渠”。

引漳十二渠是我国多渠首制引水工程之始，设计合理，不但有引灌、洗碱、清淤、泄洪的功能，而且易于维护，反映出当时农田灌溉技术的进步。直到汉朝初年，引漳十二渠仍能起到很好的灌溉作用。东汉末年，曹操以邺为根据地，大修渠堰，改称天井堰，“二十里中作十二，墱相去三百步，令互相灌注。一源分为十二流，皆悬水门”。仍是西门豹时的旧规模。直到东魏时才改建为天平渠，改为一个引水口。

公元前 256 年，李冰出任蜀郡郡守，在成都西北修建都江堰。整个都江堰枢纽可分为堰首和灌溉水网两大系统，其中堰首包括鱼嘴（分水工程）、飞沙堰（溢洪排沙工程）、宝瓶口（引水工程）三大主体工程，此外还有内外金刚堤、人字堤及其他附属建筑。《华阳国志·蜀志》载：“以李冰为蜀守……乃壅江作堋，穿郫江、检江，别支流，双过郡下，以行舟船。”“壅江作堋”一般认为是修筑分水鱼嘴，“凿离堆”即为开凿宝瓶口，“穿二江”“双过郡下”即李冰主持开凿了通向成都的两条干渠。都江堰工程的主要作用是引水灌溉和防洪，另外也兼具水运和城市供水的功能。

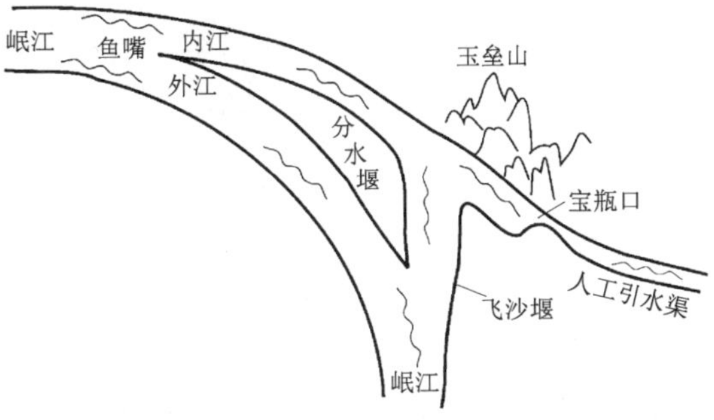

图 3-1　都江堰工程示意图

都江堰水利系统建成后，成都平原在短期内便跃升为秦的重要粮仓，使巴蜀真正变成了秦地大物博、经济富饶的战略大后方，从实力上改变了过去秦、楚、齐三强长期并驾齐驱的局面。几千年来，岷江在这里变害为利，造福农桑，将成都平原变成“水旱从人，不知饥馑，时无荒年”的“天府之国”。都江堰是当今世界年代久远、唯一留存、以无坝引水为特征的宏大水利工程。它不仅是中国水利工程技术的伟大奇迹，也是世界水利工程的璀璨明珠。

## 二、秦汉时期

秦汉时期，大一统的帝国为水利工程建设创造了良好的条件。秦汉时期的农田水利以关中为中心，南以川蜀、汉中为辅，西至西域屯田，西北至今日的宁灵灌区，北抵河套地区。灵渠是这一时期的代表性工程，秦汉时期，黄河灾害影响日深，治理黄河成为国家的一大议题。

秦灭六国后，于秦始皇二十六年（前 221）进军岭南。由于五岭险阻，军粮运输困难，在秦始皇二十八年（前 219）秦始皇命郡监御史禄开灵渠水道通行。

灵渠位于今广西兴安县，由铧嘴、大小天平、陡门、南渠、北渠、秦堤等主要工程组成。为了将湘江水导入灵渠，需建一道“前锐后钝”的分水堤。因其形似犁铧，故名“铧嘴”。“铧嘴”后接两条长堤：北堤稍长，称“大天平”；南堤稍短，称“小天平”。三者组建成人字形分水堤。“铧嘴”前端直指湘江上游，将水流一劈为二。三分南流，被“小天平”导入南渠；七分北流，被“大天平”导入北渠。南渠向西延伸汇入漓江，北渠向北延伸重回湘江。

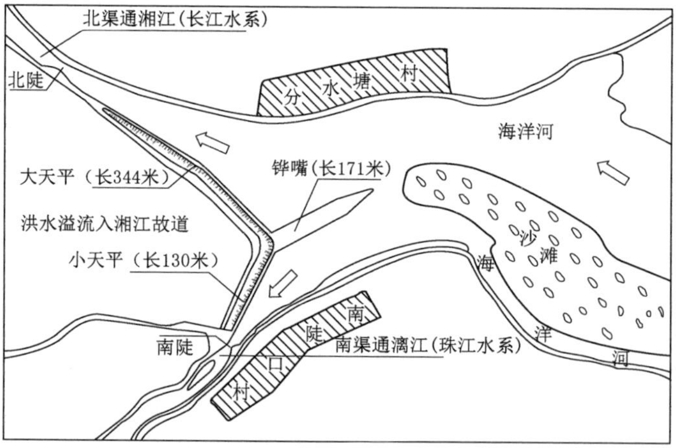


图 3 - 2　灵渠工程示意图

灵渠将湘江源头与漓江源头相连，沟通了长江、珠江水系，打通了南北水上通道。灵渠的开凿，为秦朝征服岭南提供了重要保证，对巩固国家统一，加强南北政治、经济、文化交流，密切各族人民往来，都起到了积极作用。灵渠开通后，历代都有维修或增建。唐代在渠中设斗（一作陡）门（即单闸），因此后人又将灵渠称之为陡河。

黄河下游堤防自战国时形成。当时诸侯分立，各自为政，以邻为壑，堤防多不合理。秦统一后，做了一些调整。西汉时，黄河下游成为地上河，决溢成灾的情况逐渐增多，朝廷不得不对黄河多加关注。西汉黄河决溢位置大半在今河南省北部一带，泛滥至山东省西部、北部和河北省南部。有两次向南大决口，由泗水入淮，淹及江苏省北部。

西汉元光三年（前 132），黄河在瓠子（在今河南濮阳西南）决口，向东南冲入钜野泽，泛滥入淮泗，淹没十六郡。当时汉武帝派汲黯、郑当时发兵卒 10 万人堵口失败。丞相田蚡因为黄河决口改道东行，他的封地鄃（今山东夏津一带）可以免于洪水，提出“强塞之未必应天”反对堵口，于是黄河泛滥横流了 23 年。到西汉元封二年（前 109）汉武帝再次令汲仁、郭昌发兵卒数万堵口。武帝亲率群臣到现场，令官吏们自将军以下都参加劳动，工程十分艰巨。堵口成功后，汉武帝作“瓠子之歌”来记述这次大工程。

西汉末年，黄河、汴渠决坏，水患持续 60 余年。东汉永平十三年（70），汉明帝派王景治理黄河。王景组织军士数十万人治理黄河和汴河。王景在荥阳（今郑州西北）到千乘海口（今利津县境）筑黄河河堤千余里，同时在汴河上“十里立一水门，令更相洄注”，修建了大量的引水闸，这样不但使黄河决溢灾害得到平息，而且充分利用了黄河、汴河的水力资源。王景治理黄河形成新的河道，决溢灾害明显减少，出现了一个相对安流时期，历时 900 多年没有大改道。

### 三、魏晋南北朝时期

魏晋南北朝时期，北方政局动荡，黄河及海河流域农业残破，水利事业衰退。南方则由于衣冠南渡人口增长，加之政局相对稳定，水利事业蓬勃开展。这一时期，水利建设在江淮之间持续发展，并向江南推进，远及钱塘江南北。由于政治军事的需要，当时的水利建设多带有军事性质，采取军士屯田或军事组织的民众屯田，有不少是直接为供应军队的粮饷而修的水利。

东汉建安元年（196），曹操迁汉献帝于许都，大兴屯田。曹操引用颍水支流，如水、洧水等灌溉，得谷百万斛。设置典农中郎将，专管农田开发，州郡都设属官，并将之推广。曹魏势力所属各地官吏亦相继开垦农田、兴修水利，如刘馥在江淮间屯田，修治芍陂、茹陂、七门、吴塘诸堰塘灌溉稻田。豫州刺史贾逵修治汝水水利并开运渠三百余里，沛郡太守修治汴泗水利，开稻田。魏明帝时，西北水利推广到河西走廊，关中亦继续开发。魏正始二年（241），邓艾用军队屯田淮、颍水利，由黄河引水到颍水流域各陂塘，建设淮南灌区长达四百里。

西蜀的军资，以南中（今云、贵两省）物产为后盾，诸葛亮北伐，仍患粮运不继，亦于汉中及渭水之南屯田。

孙吴据江东，地广人稀，亦患缺粮，也很重视屯田，陆逊曾为海昌（今海宁一带）屯田都尉，垦田有成效。他取荆州后，曾在澧水支流涔水旁开涔坪屯，筑坝拦涔水灌田数千顷。

西晋以后内地屯田减少，而南北分裂时，江淮间仍时有屯田，如芍陂历代屯田。东晋开始时东阳（在今江苏金湖西）石鳖屯田（即白水塘屯田）还延续到后代。

这一时期，陂塘水利在南方兴起。西晋末修了练湖（在今江苏丹阳北），六朝时修了赤山湖（在今江苏句容）等，吴陂塘（在今潜山）、七门塘（在今舒城）、东兴塘（在巢县）、洪泽陂（在淮安西，今洪泽湖内）等均是这一时期修筑。这一时期的南方水利，以现在的镇江地区、太湖周围和安徽沿江一带最为发达，其次是长江中游的湘江、沅江、汉江和赣江一些地区。

北方部分地区在政局较稳定时，也有所建树。如北魏薄骨律镇将刁雍，在北魏太平真君五年（444）修筑艾山渠（在今宁夏），灌田四万余顷，助力了宁夏平原的农业发展。



## 四、隋唐五代时期

隋唐时期，帝国统一，政局稳定，全国上下经济繁荣，水利建设遍及南北。据《隋书地理志》记载，当时在京兆郡的武功县，有永丰渠和普济渠；在经阳县，有茂农渠；在沁水，有利民渠；在河东蒲州（今山西永济市），立堤防，开稻田数千顷等。隋代还整治、凿通了贯通南北的大运河。唐王朝建立以后，继续重视农田水利的建设，仅据《新唐书·地理志》记载的全国水利工程已有236处，唐代的水利建设遍及全国各地，而且规模超过了以前各代。唐末五代战乱再起，在黄河流域的大小政权攻伐频繁，北方的水利工程难以在前代的基础上大规模发展，只是处于修修补补勉力维持的水平。而长江流域却在持续开发，江南地区逐渐成为中国的经济重心。

大运河是隋唐时期最著名的、对后世影响最深远的水利工程。隋唐大运河是隋代统一南北以后，将以前已有的自然水道加上隋代开凿的运河组成了一条自江南一直到京城洛阳的路上水道。运河以洛阳为中心，分别由隋开皇四年（584）开凿的向西到陕西西安的广通渠，隋仁寿三年（603）开凿的经山东临清北上至河北涿郡的永济渠，隋大业元年（605）向南开凿到江苏清江的通济渠和山阳渎，以及隋大业六年（610）连接江苏镇江和浙江杭州的江南运河构成。在大运河修筑成功和此后发挥作用的500余年时间之内成为沟通运河沿线的重要政治、经济、文化的纽带。

在中唐以前，水利建设的重点是北方，隋唐帝国不仅恢复了很多汉代以来日益衰败的水利工程，还修建了一些新的灌区。如隋开皇元年（581），隋文帝命大将郭衍开富民渠；隋开皇二年（582），隋文帝命尚书元晖开渠引杜阳水灌溉三畤原；唐代在原西汉所开的成国渠渠口修了六个水门，称为六门堰；又在原秦汉时的郑白渠基础上开通了太白、中白和南白三大支流，称为三白渠。此外，唐朝廷在开元七年（719）重建引洛灌区，在朝邑东北大规模引黄灌溉也取得了成功。隋唐时期北方农田水利，虽然多是在前代基础上进行的恢复和改建，但渠系较前更密，这些工程大大提高了原有水利工程的灌溉能力。

中唐之后，水利建设的重点转移至南方，在南方又以小型水利工程为主。其中比较著名的有：唐元和四年（809），淮南节度使李吉甫在高邮县修的富人、固本二塘；唐长庆四年（824），刺史白居易大修西湖，筑堤设闸；唐大和七年（833），鄮县（后改称鄞县）县令王元暐在明州（宁波）修筑的它山堰。这些水利工程对于当地的农业丰收有着不可忽略的作用。

五代十国，北方水利建设大多是属于整治或预防水患的工程，少量的属于疏浚漕渠、恢复交通的工程。北方地区水利事业比之唐代已经大大滞后。在南方，各国统治者都注重发展农业、兴修水利，其中南唐、吴越两国的水利事业发展最快，兴修工程最多。吴越天宝三年（910），吴越国王钱镠以竹笼、石头、巨木为材料，大规模修筑捍海石塘，基本解决了潮患，保护了杭州人民生命财产的安全，以致杭州"城基始定"。南唐昇元五年（941），丹阳县令吕延祯大修练湖，恢复和新设了斗门堤堰，重修后的练湖不仅可以用于农业灌溉、鱼虾养殖，还能调节运河水量，有很好的经济效益和社会效益。南唐、吴越两国还重视圩田建设，圩田的修筑技术有较大发展，出现了堤岸、涵闸、沟渠相结合的圩田，形成了规模完整的灌排系统。特别是吴越国，创造了"塘浦制"，形成七里十里一横塘，五里七里一纵浦的水网框架。吴越国还设置"都水营田使"，统一管理治水和治田工作，把治水与治田结合起来，使太湖塘浦围田系统进一步发展并臻于完善。



## 五、宋元时期

北宋时期，水利事业进一步发展，长江下游今皖南、太湖流域、今苏南有圩田及围田之兴修，还有浙东湖田的垦占，形成治田治水，河道纵横密如蛛网的综合开发。沿海亦继唐代发展防潮灌溉相结合的水利，积极修筑海塘。北方则因边防而有防御为主的塘泊水利。在北宋熙宁变法期间，全国形成了兴修水利的高潮。王安石新法实行的 17 年间，全国新开垦了大批土地，兴修了水利工程 1 万多处，灌溉田亩 30 多万顷。南宋时期，两湖、皖、赣各省的水利工程基本延续北宋的建设路径。北方处于金国统治下，水利工程兴建不及南方。到了元代，国家幅员广大，水利兴修远至各地，北至外蒙，南至海南，西南至云南，东北至今东北诸省。

宋代南方的圩田工程规模进一步扩大，永丰圩、万春圩、陶新圩都是当时规模比较大的圩田。同时，圩田的收益进一步提高，圩田中种植粮食有较高的产量，根据当时的记载，一般年景下，苏州每亩圩田所能收获的大米约合今制160千克。为了提高收益，两宋政府还实施了疏浚塘浦、合并小圩等工程。比如，在南宋绍兴二十二年（1152），筑堤一百八十里，将太平州（今安徽当涂）的诸多小圩连成一片。然而圩田的高收益，引发了官民的无序开发，盲目围垦、霸占湖面的行为打乱了水网系统，以致水无所容、水旱失调。元灭南宋后，将帅、王公、僧侣抢占太湖流域及江淮之间肥沃土地，继续无计划的围湖造田，水系混乱情况更甚。

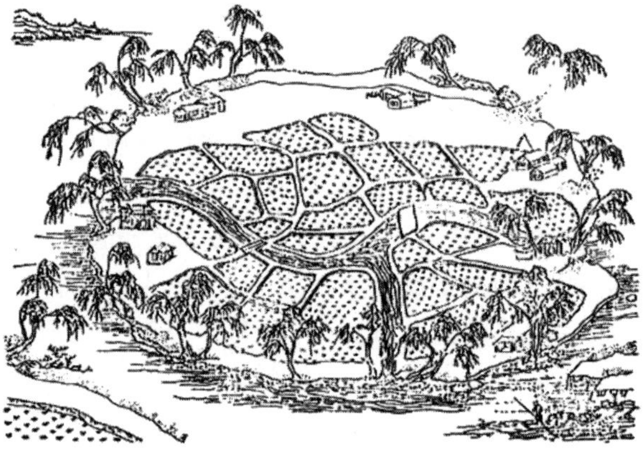

图3-3 王祯《农书》中的圩田图

两宋在海塘的建设方面颇有建树，在前代的基础上出现了正式的石塘。北宋景祐三年（1036），杭州知府俞献卿在杭州钱塘江岸首建直立式石塘，石塘用条石砌成，整体性好，远比土塘坚固；但石塘直上直下，受到涌潮冲击时不能分散潮力，易被冲毁。北宋庆历四年（1044），转运使田瑜等人在直立式石塘的基础上进行了较大的改动，形成底宽顶窄的有坡度的塘型。同一时期，任鄞县知县的王安石也在钱塘江南岸的部分地区修建坡陀塘。南宋嘉定十五年（1222），浙西提举刘垕在当地创立了土备塘和备塘河。备塘河和土备塘平时可使农田与咸潮隔开，防止土地盐碱化；一旦外面的石塘被潮水冲坏，备塘河可以容纳潮水，并使之排回海中。元朝时，在杭州湾两岸都进行了规模较大的石塘修建。在杭州湾北岸修一条长达一百五十里的石塘，南起海盐，北到松江。在南岸的余姚、上虞一带，地方官吏叶恒、王永等人也修建了四千多丈的石塘。元代的石塘打入木桩做塘基，被称为桩基石塘，并且用纵横交错的方法排列条石砌筑塘身。元代石塘结构已经比较完备，是后来明、清两朝石塘的前身。

五代至北宋，由于黄河泥沙多年淤积，河床抬高，黄河决堤现象日益严重。尤其是北宋庆历八年（1048）、南宋建炎二年（1128），黄河都发生重大改道，酿成黄河中下游特大水灾。北宋时期治河议论不可谓不多，河防修筑不可谓不勤，但是全局性战略性措施几乎没有，所以效果很有限。后期更是想利用黄河御北边限辽兵，更是举棋不定，以致河务糜烂。金国占据黄河流域长时间放任其自流，只在大定年间到明昌年间，约 30 年时间有过小规模的局部防治，这使得金元时期黄河下游长期没有一条固定的河道。元代末年，元顺帝以贾鲁治河，取得了一定效果，黄河下游相对稳定了几十年。

元代，全国政治中心移至北京，为了缩短从北京到杭州绕道洛阳的运河航线，1283—1293 年，先后挖通了北京到通县的通惠河、山东临清到东平的会通河、东平到济宁的济州河。元朝开凿的运河较隋朝大运河大幅度东移，采取“弃弓走弦”的线路连通北京和杭州。如此走势，全长只有 1794 公里，比隋大运河缩短近 800 公里。这就是我们现在所看到的大运河。

### 六、明清时期

明代继宋元之后，在中叶以前，修筑的工程较多，明太祖朱元璋也大力提倡农田水利。据明洪武二十八年（1395）统计，全国共兴建塘堰 4 万多处，河渠 4000 多处，陂渠堤岸 5000 多处。这一时期农田水利工程主要由地方或民众自办，以小型为主。明中后期，农田水利工程建设趋缓，治理黄河运河成为这一时期的重点，潘季驯治黄通漕，功绩显著。清政权统一全国，对水利亦极重视，尤其是康乾盛世期间，大型水利工程如治黄、通运、修海塘、修灌区等纷纷开展。随着清代边防的巩固，边疆水利亦有了较大的发展。其中，清前期的宁夏河套灌区建设，清中后期的内蒙古河套灌区、新疆地区灌溉建设成绩显著，泽被后世。

明代以来，黄河含沙量日益增加，下游河床淤积抬高，防洪困难加剧。万历年间，潘季驯提出了“筑堤束水，以水攻沙”的治黄方略和“蓄清（淮河）刷浑（黄河）”以保漕运的治运方略，发明“束水冲沙法”。在他主持下，黄河沿岸淮扬间堤坝无不修筑，堵塞决口，并加筑洪泽湖东岸高家堰、束淮入清口，使二水并流入海。两河工成后，河道数年间无大患。潘季驯的治河方案被清代靳辅等治河名臣所继承。靳辅、陈璜在黄淮运全面施工：先疏下流，后浚上淤；堵塞所有决口，坚筑两岸堤防，建减水坝泄洪，最后开通中河，完成了黄河与运河的最后分离。靳辅、陈璜的治河取得了可喜的成就，确保了大运河的畅通，也为黄泛区的复苏创造了条件。

明清时期，海塘修筑技术日益进步，修筑规模也日益扩大，形成较为完备的海塘体系。浙江水利佥事黄光升创造的五纵五横鱼鳞石塘，这种石塘塘基打桩夯实，塘身用大小一致的条石纵横交错构筑，石塘背后再加培土塘，因纵横交错、底宽顶窄、状如鱼鳞，因此被称为五纵五横鱼鳞石塘。清代，朱轼任浙江巡抚时，他在鱼鳞大石塘的基础上，首创"水柜法"修筑新式鱼鳞石塘，历经多次大潮的考验，被公认为海塘工程的"样塘"。明清两代对浙西海塘用力最多，由于潮势的变化，修筑地段的侧重有所不同，明代的修筑重点集中在海盐，清代集中于海宁。海塘的修筑，对于广大民众的人身安全，对当地的工农业生产，都是有力的保障。

明清时期的圩田规划更加进步。明万历年间，常熟人耿橘总结出一种新的规划方案：凡四面皆河的零散圩田，可采用随河筑堤的方式将之联成一个大圩，大可数千亩。整个明清期间，长江北岸湖北、安徽一带沿江各圩的堤岸逐渐联结成黄广大堤、同马大堤和无为大堤。另外，耿橘还建议人们根据地形的高低，将大圩加以分区，各圩区间另筑围田堤。如此，万一大圩溃决，遭淹的只是对应的分区，可避免全圩罹难；另外，分区后，在高田区外缘开沟的同时用所挖之土在低田外缘筑堤，如此，旱时有沟水接济高田，涝时有小堤保障低田，高区与低区之间休戚相关，风险共担。圩区的渠系，可根据地形设计成十字、丁字、一字、月形、弓形等形式。圩区水道的出口处有闸控制圩内水量的蓄泄。



清代在边疆地区的水利工程建设也值得称道。宁夏古灌区，历代增修，清代以康熙、雍正、乾隆三朝修治最多，所开新渠有大清、惠农、昌润等渠。合以古代大渠有十大干渠的旧称，即金积、灵武县之汉、秦、天水三渠，宁夏、宁朔、平罗之唐徕、汉延、惠农、大清、昌润等五渠，以及中卫、中宁之美利、七星两渠。清末统计共有大渠 38 条。乾隆以后，为加强西北防务，在新疆大兴屯田。清嘉庆七年（1802），在惠远城（今伊宁市西）伊犁河北岸，开渠引水灌田数万亩。吐鲁番盆地一带特有的坎儿井工程在清后期有很大发展。清道光二十五年（1845）林则徐被谪戍新疆时，曾主持修建伊拉里克一带坎儿井近百处。光绪初年左宗棠在吐鲁番地区又增开坎儿井 185 座。此后，坎儿井曾推广到哈密、库车、鄯善等地。边疆地区的水利建设不仅有利于当地农业水平的提高，也巩固了民族团结和政权稳定。

## 第二节　中国古代水利科技与技艺

水利科技与技艺，就是有关水利工程的勘测、规划、施工、维护等的方法技巧和内在艺术。这些方法和技巧反应在水利工程的建设过程中，比如常见于勘测阶段的定位技术、测量技术，常见于通航工程中的挖掘技术、船闸技术，常见于灌溉工程中的取水技术、输水技术、分水技术，常见于防洪工程中的挡水技术、护岸技术，以及水利器械的发明和运用等等。

### 一、先秦时期

先秦时期是中国古代水利科技与技艺的萌芽阶段。这一时期的技术较为原始，但对后世的科技与技艺有着启发和先导作用。

大禹治水，诞生了有据可考的中国最早的测量技术和工具。大禹治水时“随山刊木”，即沿着一定高程和平面位置，沿程砍出一带树桩，作为施工放线，这就是一种定线方法。《史记·夏本纪》还记载大禹治水“左准绳，右规矩”，“准绳”和“规矩”都是原始的测量工具。

历经夏、商、周三代的探索，在春秋时期，水利器械有了重大的发展。人们利用轮轴原理发明了辘轳。辘轳的垂直提升方式，使人们可以高效汲取深层地下水，由此摆脱地表水的限制，不断扩大生产与生活区域。这种汲水方式，今天还在使用。鲁国工匠发明了一种灌溉用汲水器，称为“欹器”。用欹器盛水，“虚而欹，中而正，满而覆”，即空的时候是倾斜的，加了一半水后是直立的，加满水后即翻倒，寓意“满招损，谦受益”。在春秋时期，鲁国君王将之放在座位右侧，专门用来警醒修身之用，因此又称“宥坐之器”。在春秋晚期，郑国大夫邓析利用杠杆原理，总结和创制成汲水用的桔槔提水工具，这是中国最早的提水机械。桔槔一经发明即被推广，延续了数千年，是中国农村历代通用的旧式提水器具。

在春秋时期，人们已经能做详尽的水利施工规划。《左传·昭公三十二年》中记载了详细的土工施工计划和组织，包括如何计算长、宽、高、深，如何确定取土位置，如何安排工期和劳动力，如何筹集粮食和经费等。

战国时期，铁器农具普遍运用，生产力水平大大提高，土地得到大量开垦，农业水利在这一时期有显著发展，人们对于水流动力、建筑结构的认识不断加深，在后世广泛运用的堤防设计方案、取水技术、埽工工艺等都能在战国时期的理论和工程中找到雏形。

成书于战国时期的《周礼·匠人》提到施工时，以垂球校正立柱，以水平定柱的高低，说明当时人们已经有“水平”的概念，并知晓如何校正。《庄子·天道》中写道：“水静则平中准，大匠取法焉。”这里不仅提到了水平概念，而且还指出当时的工程师（大匠）们已经把它运用到工程建设的施工中去。对于堤防的修筑问题，《管子·度地》中指出，堤防断面要筑成“大其下，小其上”的梯形这样才稳定。《考工记·匠人》则进一步指出堤防的边坡合理设计应该是：“凡为防，广与崇方。其斜叁分去一，大防外斜。”这就是说，修建堤防，高、宽应大致相等，还应底宽顶窄，边坡应“叁分去一”（3∶1）。临河面坡度还要放缓，才能便于施工和增强堤防的稳定性。

战国时期的人们在修建灌溉工程时，已经熟练地掌握无坝取水和有坝取水这两种不同的取水技术。都江堰工程是无坝取水的典型代表。郑国渠在修建初期也是采用无坝取水（汉代改为有坝取水）。引漳十二渠则是有坝取水的代表，渠首相延十二里，内有拦河低溢流堰十二道，各堰都在上游右岸开引水口，设引水闸，共成十二条渠道。同一时期，劳动人民已经意识到若将水渠、水库、堰塘联合使用，可以保持水源稳定，扩大灌溉面积。白起渠是这一类灌溉工程的代表，水渠流经之处，沿线还串起了大量的水库和堰塘，这种用长渠串联的、渠堰结合的灌溉工程，被人形象地称之为“长藤结瓜式”灌溉系统，广泛用于南方丘陵山区。

战国时期已经出现了有类似埽工的做法。据《慎子》记载，当时的“治水者茨防决塞”。“茨”是芦苇、茅草之类的植物，“茨防”是用来堵塞决口的，这可能就是最早的草埽。

## 二、秦汉时期

秦汉时期是中国古代水利科技与技艺的草创阶段，统一的帝国为水利科技和技艺的发展提供了稳定的社会环境，各地技术交流得以实现，新技术发明不断涌现。



秦汉时期，溢流方法和技术得到推广，无论是航运工程还是灌溉工程、治河工程中，多有溢流建筑，如灵渠中的大小天平、鉴湖中的溢洪闸、陈公塘水库中的溢洪道等。东汉著名治河专家王景，在修治浚仪渠时创造了“墕流法”，即在堤岸一侧设置侧向溢流堰，专门用来分泄洪水，这与后代常见的堰埭十分相似。

两汉时期，由于黄河治理的需要，护岸技术和堵口技术飞速提升。西汉黄河堤距在今豫北一带很窄，已出现了石堤和挑水石坝，平堵截流法、立堵截流法也先后被发明。汉武帝在瓠子堵口，采用的施工方法是：“树竹塞水决之口，稍稍布插接树之，水稍弱，补令密，谓之楗。以草塞其里，乃以土填之。有石，以石为之。”这就是平堵截流法。王延世在东郡堵口时，“以竹落长四丈，大九围，盛以小石，两船夹载而下之”的办法，堵塞了决口。“竹落”就是竹笼，是一种竹编装石的截流体。这次堵口可能是先自口门两端分别向中间进堵，待口门缩窄到一定宽度，再将竹石笼沉下，然后加土使决口塞合。这就是立堵截流法。值得注意的是，王延世是四川犍为人。都江堰工程运用竹笼装石已有较长的历史。王延世很可能把这一经验运用到黄河堵口工程中去。这是西汉时期水利科学技术传播交流的一个事例。

西汉时期诞生了有记载的最早的“井渠法”。在修筑龙首渠的隧道时，工人们开凿竖井分段施工，这样既可以增加工作面，加快施工进度，同时也改善了隧道采光和通风条件。下面通水的隧洞称之为渠，竖向通风、出渣的洞称为井，故称为井渠法。龙首渠隧道开创了后代隧洞竖井施工方法的先河，沿丝绸之路传至西域地区，直接影响了坎儿井的出现。

西汉时期出现了中国最早的渡槽，又叫飞渠。当时为了满足都城长安的供水需求，在长安西南修建了人工水库“昆明池”，然后凿渠道引水进入长安城。这条渠道在入城时，运用了渡槽与其他建筑物相交，这就是“飞渠引水入城”。

东汉初年，杜诗任南阳郡太守时，造作水排，这是一种利用水力作原动力的冶炼鼓风机械，大大提高了冶铁的质量，同时节省了人力，比欧洲类似的装置早 1000 多年。东汉末年，毕岚发明了翻车（龙骨水车）和渴乌。翻车主要由木链、水、刮板等组成，节节木链似根根龙骨，因此古代民间称之为龙骨水车，是用于灌溉的辅助设施，适合平原地区使用。渴乌是供水器材，利用大气压力引水的汲水曲竹筒，即现代物理学所称的虹吸管。

### 三、魏晋南北朝时期

魏晋南北朝时期是中国古代水利科技与技艺的过渡阶段，时局动荡使得水利技术的发展缺乏社会环境。不过，这一时期，仍有一些发明创造、工程技术值得称道。

三国时，马钧改进了翻车，改进后的翻车极其轻便，不仅能连续提水，还能在雨涝的时候向外排水，因此广泛用于农田灌溉。南北朝时期，水碓、水磨也得到了普遍的使用。

通济堰始建于南朝梁天监四年（505），位于浙江丽水，由拱形溢流坝、通济闸、石函、渠道、叶穴、概闸、湖塘等组成。通济堰是迄今为止所知世界上最早的拱形堰坝，距今已有 1500 多年历史。通济堰是以引灌为主、蓄泄兼备的水利系统，渠道呈竹枝状分布，由干渠、支渠及毛渠三部分组成，干渠上分凿出大小支渠、毛渠 321 条，蜿蜒穿越整个碧湖平原，使平原上的几万余亩农田得以旱涝保收，至今仍惠泽当地百姓。

浮山堰是南朝梁天监十三年（514）淮河上修建的拦河大坝，是淮河历史上第一座用于军事水攻的大型拦河坝，也是当时世界上最高的土石坝工程。该工程是梁武帝为与北魏争夺寿阳（今安徽寿县）而建。据估算，其主坝高三四十米，形成的水域面积有 6700 多平方公里，总蓄水量在 100 亿立方米以上。坝高往往是水利工程技术水平最直接的表现，国外的土石坝直至 12 世纪才突破 30 米高度，比浮山堰晚了 600 多年。

### 四、隋唐五代时期

隋唐五代时期是中国古代水利科技与技艺的提高阶段。这一时期的水利科技和技艺，广泛地体现于通航工程、农田水利、海塘建设和工具发明中。

隋唐时期运河工程技术日益完善，大运河是其代表。大运河以洛阳为中心，北通涿郡（今北京），南达余杭，总长2700多公里，水面宽则50多米，窄则30多米。这一工程规模巨大，其中又遇到各种复杂的地理环境，在设计、施工和管理上，都要解决一系列的科学技术难题，而具体施工又主要是用人力和简陋的生产工具，因此，它的完成反映了当时水利工程技术和水利测量技术的杰出成就，同时它也与长城一样，突出地表现了中国古代劳动人民的聪明才智和创造精神。

隋唐时期，运河工程技术的完善集中体现在埭和斗门等水工建筑物中，这些埭和斗门用于抬高水位和保持运河水量，改善航运条件。唐时在与长江交叉的运河口均有这种设施，如京口埭、欧阳埭、伊娄埭等。堰埭有明显的缺点，就是过坝能力小，安全系数低下。于是出现了能灵活节制用水，满足通航需要的斗门。斗门，就是渠道水浅之处建造的石墩，缩窄河槽，中间为一口门，称为斗门，又叫陡门。唐开元十九年（731），斗门首先在扬州附近的运河上使用，元和年间，斗门已经使用普遍。斗门两侧石墩上安放有木排，蓄水以待行船，船到时，拉开木排放水过船，如此反复分段开闭，就可通行舟楫。这种简便易行的节水通航技术，也为后来的船闸发展奠定了基础。

图3-4　它山堰

隋唐时期的农田水利科技也有重大进步，它山堰水利工程是其代表。它山堰位于鄞江上游出山处的四明山与它山之间，是用条石砌筑一座上下各36级的拦河溢流坝，坝体中空，用大木梁为支架。它利用水高于田、田高于海的地形，拦蓄灌田，筑闸御咸控淡，供鄞西平原七乡数千顷农田灌溉，并通过南塘河供宁波城使用。它山堰坝体结构全部用块石砌筑，是我国建坝史上首次出现的以大块石叠砌而成的拦河滚水坝。整个工程选址确当，设计合理，布置巧妙，构筑牢固，施工先进，构造科学，效益显著，影响深远。它历经千余年的岁月，现在仍然发挥引水灌溉、防御咸卤、宣泄洪水的作用。

塘浦圩田系统是水利科技进步又一代表。它创于唐代中晚期，五代时有所发展。塘浦是指湖区的河网，沟渠南北向者称为纵浦，东西向者为横塘。圩田则是利用湖泊淤地发展起来的一种农田。唐后期开始，堤圩工程在长江下游平原、珠江三角洲等地大量修筑，促使筑圩和圩区水利技术有了长足的进步，圩堤、涵闸、沟渠配套完备，基本实现了内外分开、高低分开和分级分区控制。当时的塘浦圩田发展规模较大，往往多达几万亩，其中灌渠密布，形成一种灌区，又以太湖地区的塘浦工程最为著名。

隋唐五代以来，海塘技术也不断进步。五代时期，吴越国一改之前的土塘修筑，创建了竹笼石塘。竹笼石塘是以竹片编织成笼，内填以块石，层层叠置成堤，堤前用木桩固定，加以横木连接，背后填土而成。此外，吴越国人还在塘前海滩上打入挡浪木桩，称之为“滉柱”，以削弱塘前潮流波浪的能量，起保护海塘稳定和固滩的效果。竹笼石塘的御潮能力远胜于土塘，这一石海塘的创筑，在海塘工程技术史上是一次重大的突破。

隋唐时期十分重视水文的观测和记录。在大量的地方府县志、笔记以及史书中详细记载有水文情况。最为有名的是四川涪陵县长江中的白鹤梁石鱼枯水题刻，一共镌刻了163则古代石刻题记，记录了自唐广德二年（764）以来72个枯水年份。国家对水文观测的重视也带动了测量技术的进步。唐代出现了水准仪，李筌的《太白阴经》和杜佑的《通典》详细介绍了它的结构和使用方法。唐代还发明了“铁脚木鹅”，顺流放下，探沿程河道深浅，也可用多数木鹅同时放入干支流上测水流相对快慢。

隋唐时期的灌溉工具也得到发展，三国马钧改进的翻车得到了广泛的使用。筒车在隋代被发明，在唐代得到推广。筒车是利用水流推动转轮来提水灌溉的装置，是由立式水轮、竹筒、支撑架和水槽等部件组成的。筒车一般要安装在有流水的河边上，且挖有地槽，被引入地槽的急流推动水轮不停转动。在水轮的转动过程中，水轮上分布的竹筒随之运动，并依次将水提到高处。与翻车相比，筒车可将水垂直提升到高处，适用于岸高坡陡的地形。唐代还出现了一种半机械的灌水装置“机汲”，据刘禹锡《机汲记》的记载，机汲由畚（竹了做成的水桶）、臬（木桩）、絙（绳子做的索道）、绠（长绳）以及铁铸的滑轮等组成，是一种利用架空索道的辘轳汲水机械。

### 五、宋元时期

宋元时期是中国古代水利科技与技艺的突破阶段，在河道治理、海塘修建、动力机械等多方面，水利技术推陈出新，实现了质的飞跃。

宋代河道治理方面的科技得到了很大的革新。埽工技术、“石笋梁”技术和“木龙护岸”这些在日后大放光彩的科技都在宋代被发明或者推广。埽工技术比较成熟和普遍运用是在宋代。“埽”的名称也最早见于宋代文献，其制法是以草绳、梢枝、芦荻为原料，掺以碎石，以巨大竹索横贯其间，称为“心索”，然后卷起来捆住。直径一至三四米不等，长度约百米。放置在堤身险处，名为“埽岸”，这是黄河防洪的关键。宋代不仅把埽工大量运用在护岸工程上，而且还用于堵口工程中。元丰年间的曹村堵口，就是一个典型例子。“石笋梁”技术，即在河道两岸砌筑石笋形状的桥墩，并在其上覆盖木板或竹篾，形成桥面，这种技术具有防止河流侵蚀的作用，同时也能保证交通畅通。“木龙护岸”是首创于北宋时期的一种护岸工程。北宋天禧五年（1021），滑州知州陈尧佐，因州城“西北水坏，城无外御，筑大堤，又叠埽于城北，护州中居民；复就凿横木，下垂木数条，置水旁以护岸，谓之木龙”。这是在局部河段以木御冲。北宋在运河工程上，木龙护岸技术又被称为“木岸狭河”。当时，为了防止汴河泥沙淤积，提出缩窄河床断面，增大流速，这就是“狭河”。但靠土堤本身来缩窄河床断面，则显然不抗冲刷，于是有人提出了“木岸狭河”的办法，木岸狭河工程既束水冲沙，又有护岸的效果。

宋元时期，海塘修筑技术飞速发展，创建了适应于各种地理环境、海岸条件和动力状况的海塘结构形式。北宋时创建了柴塘、斜坡式石塘和直立式石塘。直立式石塘经过南宋、元代的发展，从条块石塘发展为纵横叠砌的桩基石塘；从砌石后直接附土发展为土石堤间填以碎石衬垫层；从单纯的石堤发展为塘前布设护坦和打入密集的挡浪木桩，开始重视修筑间接护岸工程。柴塘是用柴、土一层层相间铺垫压实成的一种海岸防护工程。塘土与柴薪“层土层柴”压实，连为一体，并用木桩、篾缆带住，增大了塘身的抗冲能力。但是柴薪容易腐烂，保固期只有两年左右，需要经常维修。斜坡式石塘又称“坡陀塘”，是在土塘迎水面上用条石护坡的一种海塘工程形式，一般认为典型的坡陀形石塘是王安石创建的。坡陀形石塘坡度平缓，堤身稳定性好，对地基的要求较低，堤前反射波小；土堤经砌石护坡后，可防止土体在波浪、水流作用下淘蚀破坏；砌筑容易，省工省料，因此应用较广泛。然而坡陀形石塘斜坡堤占用土地多，波浪爬高较直立堤大，需较高的堤顶高程，而且护面经受不住强潮流的冲击，块石易剥落下来，于是人们又不断进行探索，创造了新的直立式石塘。直立式石塘的迎水面用块石、条石砌成陡墙，墙后用土方填筑而成，塘身稳定性和抗浪能力增强；背水面用土培实，既增加海塘的稳定性，又防止了海水的渗入。南宋末年，直立式石塘又发展为桩基石塘。塘基打入巨木桩，增强了地基的承载力，这就解决了在软弱土基上筑石塘的技术难题。因此，基桩的采用，是海塘修筑技术上的一项重大突破，这一技术一直为后人所继承。

宋元时期，中国的船闸技术有了突破。北宋初期，诞生了现代意义的船闸即复式船闸，北宋雍熙元年（984），淮南转运使乔维岳在淮扬运河上创建复式船闸。乔维岳创建的复式船闸，比欧洲荷兰、法国、意大利等国最早出现的同类船闸要早五六百年。这是中国航运工程技术上的一项重大成就。由于复式船闸具有耗水少，通航能力大，能克服较大地形差异，又没有盘车牵挽之劳。在100年左右的时间里，船闸在中国大地上迅速普及。北宋不仅创建普及了复式船闸，而且出现了二级船闸。到元代则创造了连续多级船闸。在元代开通的京杭运河通惠河段即北京至通州间建闸20余座，在临清至留城的会通河上建闸31座，使浩荡的漕粮船队可以从杭州翻坡越岭，穿江过河，直抵北京。京杭大运河显示了中国古代高超的水利工程技术，表明中国是世界上最早发明船闸的国家，也是最早建造多级船闸的国家。为保障航运，历代对船闸、水柜和堰坝等工程措施进行长期探索，留下了堰埭、复式船闸、梯级船闸、澳闸以及运河水源工程等宝贵的遗产。

宋元时期，水转大纺车已问世。水转大纺车是古代的水力纺纱机械，发明于南宋后期，元代盛行于中原地区，是当时世界上最先进的纺纱机械。水转大纺车的原动机构是一个直径很大的水轮，水流冲击水轮上的辐板，带动大纺车加工麻纱和蚕丝。水转大纺车的发明和推广使用，大大提高了生产力。

### 六、明清时期

明清时期是中国古代水利科技与技艺的总结阶段。灌溉工程技术深入发展，北方井灌技术全面推广、南方圩区治理技术更加先进。海塘工程技术已经成熟，在浙西创建了泽被后世的鱼鳞大石塘。在治理黄河、运河上亦取得了显著的成绩。

明清时期，华北平原逐步形成具有一定规模的井灌区，形成了以井灌为主，井渠相结合的灌溉抗旱方式，促进了凿井技术和井灌机具的发展。人们采用筒管井的方法增加新、旧井出水量，创制了鸳鸯双井辘轳，普及水井水车，又从国外引进玉衡车、恒升车及风车等机具。传统灌渠的各种工程技术更加成熟，河内引沁灌渠引水口还改建为隧洞式和涵洞式，这是水工史上的一个创造。

南方圩田水利技术在继承传统技术的基础上，继续发展“筑堤”“浚河”“置闸”三位一体技术，总结出圩区治理的“四分开，两控制”原则，即内外分开、高低分开、排灌分开、水旱分开，控制沟港水位、控制地下水位，以全面解决洪、涝、旱、渍各方面的问题。在这总原则下，各圩区因地制宜灵活规划治理方案。

在长期的海塘修建过程中，人们不断总结经验，改进塘工结构，以提高抗潮性能。明嘉靖二十一年（1542），浙江水利佥事黄光昇创筑五纵五横鱼鳞石塘。黄光昇认为过去的旧塘有塘基不结实和塘身不严密两个严重的缺点。因此，他主持建塘时做了重大改进。在塘基方面，必须清除其表面的浮沙，直到见到实土，然后，再在前半部的实土中，打桩夯实。他认为这样的塘基，不仅承受力大，而且也不易被潮水淘空。在塘身方面，用大小一致的条石纵横交错构筑，共18层，高三丈六尺；底宽四丈，五纵五横，以上层层收缩，呈鱼鳞状，顶宽一丈。石塘背后，加培土塘。这种纵横交错、底宽顶窄、状如鱼鳞的石塘，整体性能最好。清代，在五纵五横鱼鳞大石塘的基础上，又修筑了新式鱼鳞石塘，在塘基布置密集的“梅花桩”和“马牙桩”，砌筑的石块间槽榫互相嵌合，合缝处用铁锭嵌扣，油灰灌缝，塘外又作护塘的坦水，建挑水坝和挑水盘头等。坚固耐久的鱼鳞石塘，今天仍然屹立潮头，发挥作用。

明后期至清代，黄河治理以“束水攻沙”为主流。束水攻沙是指用堤防集中水流，增大流速，提高水流挟沙能力，利用水力刷深河槽，以解决黄河泥沙淤积问题。遵循束水攻沙的理论，堤的作用由消极防御变为积极治理手段，堤、埽、坝等修防工程更为重要。堤按作用分遥、缕、越、格、戗等多种。用遥堤来拦洪防溃，用缕堤束水冲沙，用格堤淤滩固堤，用越堤保护大堤。同时还辅之以减水闸坝和涵洞，用以宣泄洪水和积水。这些堤防系统在防洪实践中起到了良好的作用。

明清时期在会通河上兴建戴村坝水源工程和南旺分水枢纽，通过闸、坝、堰、堤等水工建筑的运用，成功解决了大运河最高段的水源问题。在黄淮运交汇的江苏淮安地区，为解决黄河泥沙淤积和漕船平稳穿黄过淮等问题，采取“蓄清刷黄”“避黄引淮”等措施，持续兴建了洪泽湖大堤、束清御黄坝等一系列水工建筑物，最终形成清口—洪泽湖水利枢纽。清口—洪泽湖水利枢纽集中了当时最为复杂的工程问题和管理问题，代表了当时中国水利规划设计与工程、管理技术的最高成就。

## 第三节　中国古代治水名人及其治水思想

中国古代水利科技长期居于世界领先地位，诞生了众多的治水能人。2019年12月，水利部公布了第一批“历史治水名人”，分别是大禹、孙叔敖、西门豹、李冰、王景、马臻、姜师度、苏轼、郭守敬、潘季驯、林则徐和李仪祉。这12位治水名人中，除去李仪祉是近代人物外，其余11人是中国古代史上最重要的治水名人，他们泽被后世的功绩至今让人铭记。

禹，相传生于公元前2000多年，姓姒，名文命，又称大禹、帝禹。大禹治水被誉为中华文明的起源，为夏王朝的开创奠定了基础。相传，禹所在的年代发生了全国规模的特大洪水。《尚书·尧典》载："汤汤洪水方割，荡荡怀山襄陵，浩浩滔天，下民其咨。"滔天的洪水使百姓苦不堪言，于是帝尧先令鲧（禹之父）治理洪水，鲧采用"壅防百川，堕高堙庳（低）"的方法，历时九年未能成功。禹子承父业，受命继续担当治水重任，他总结吸取了鲧治水的经验教训，提出了改堵为疏、因势利导的治水策略，前后历时 13 年，终于治水成功。禹在治水的同时，还将天下划分为九州、整理山川名录，并根据不同地区的风俗物产制定了贡赋制度。《尚书·禹贡》载："禹别九州，随山浚川，任土作贡"，这也是古代中国最早的地理认知。大禹治水体现了中华民族不畏艰险、艰苦奋斗的精神和水利工作公而忘私、创新求实的精神。几千年来，大禹治水一直是中华文明的重要精神图腾之一，在世界范围也有广泛影响。

孙叔敖（约前 630—前 593），姓蒍，名敖，字孙叔，河南淮滨县期思镇人，曾任楚国令尹，春秋时期著名的水利家、政治家和军事家。公元前 605 年，孙叔敖主持修建了期思雩娄灌区，后世称之为"百里不求天灌区"；公元前 597 年，他主持修建了我国最早的蓄水灌溉工程——芍陂，使今寿县一带成为楚国的粮仓，清代学者顾祖禹称芍陂为"淮南田赋之本"。《孙叔敖庙碑记》中对他评价："宣导川谷，陂障源泉，溉灌沃泽，堤防湖浦，以为池沼。钟天地之美，收九泽之利。"孙叔敖的一生为国为民、鞠躬尽瘁，科学治水、勇于创新，毛泽东曾称其为"了不起的水利专家"。

西门豹（生卒年不详），姓西门，名豹，战国时期魏国人，著名的水利家和政治家。西门豹任邺（今河北省临漳县）令期间，见此地田园荒芜、人烟稀少，决定引漳水溉田、发展农业。通过调查，西门豹了解到那里的官绅和巫婆勾结、编造河伯娶亲的故事危害百姓。因此，工程修建前西门豹决心首先破除迷信、惩凶除恶、动员群众，随后查勘地形、科学规划，组织开凿十二渠，引漳河水淤灌改良农田、增加粮食产量，对区域社会经济发展影响深远，这就是著名的"引漳十二渠"。《史记·河渠书》记载："西门豹引漳水溉邺，以富魏之河内。"西门豹治水秉持科学精神，充分考虑漳水多泥沙的特性，遵循河流规律并加以引导利用，至今依然具有十分重要的借鉴意义。

李冰（生卒年不详），约公元前 256—前 250 年任蜀郡太守，战国时期著名的水利家。李冰任蜀守期间主持修建了著名的都江堰水利工程。《史记·河渠书》载："蜀守冰凿离堆，辟沫水之害，穿二江成都之中"，使成都平原变为"水旱从人""沃野千里"的天府之国。据《华阳国志·蜀志》记载，李冰除兴建都江堰水利工程外，还在今宜宾、乐山境内开凿滩险，疏通航道，又修建文井江、白木江、洛水、绵水等灌溉和航运工程，为四川地区的水利发展做出了开创性的贡献。李冰修建都江堰充分体现了尊重自然、因势利导、因地制宜的理念，通过工程合理布局，以最小的工程量成功解决了分水、引水、泄洪、排沙等一系列技术难题，体现了人与自然和谐共生的传统治水哲学，都江堰也因此成为世界上最伟大的水利工程和生态水利工程的典范。

马臻（88—141），字叔荐，陕西兴平人，东汉时期著名水利专家。马臻任会稽（今浙江省绍兴市）太守期间，详考农田水利，科学谋划，于东汉永和五年（140）主持兴建了鉴湖工程，由西起浦阳江，东至曹娥江长达127里的湖堤拦蓄南侧会稽山麓发源的众多河溪之水，形成周围约310里的鉴湖水库，又辅以斗门、闸、涵、堰等工程设施，使鉴湖水利工程具有防洪、灌溉、航运和城市供水等综合效益。鉴湖的修建是绍兴平原水利发展史上的里程碑。《越中杂识》一书曾如此评价道："（绍兴）向为潮汐往来之区，马太守筑坝筑塘之后，始成乐土。"但因创湖之始，多淹豪宅，为豪强所诬，马臻被刑。马臻在浙东平原上首次兴建了具有全局意义的水利工程。鉴湖建成，全面改造了山会平原，效益巨大，流泽后世。

姜师度（约653—723），河北魏县人，历任丹陵尉、龙岗令、易州、沧州、同州等地刺史，水利成就显著。《旧唐书》载："师度勤于为政，又有巧思，颇知沟洫之利。"唐神龙元年（705），姜师度在蓟州沿海开平虏渠运粮；唐神龙三年（707），在贝州经城县开张甲河排水，随后又在沧州清池县引浮水开渠分别注入毛氏河和漳河；唐开元二年（714），在华州华阴县开敷水渠排水；开元四年（716），在郑县修建利俗、罗文两灌渠并筑堤防洪；唐开元七年（719），在朝邑、河西二县修渠引洛水和黄河水灌通灵陂，灌田二千顷。姜师度每到一地都注重兴修水利，为官一地、治水一方，有力推动了当时水利事业发展。



苏轼（1037—1101），字子瞻，号东坡居士，四川眉山市人，北宋时期著名文学家、政治家。北宋熙宁十年（1077），黄河决澶州曹村，洪水包围徐州城，时任徐州知州的苏轼领导军民抵御洪水，增筑城墙、修建黄河木岸工程。北宋元祐三年（1089），苏轼任杭州太守期间主持修缮六井，解决杭州居民用水问题；同时率领军民大力疏浚西湖，并将挖出来的葑根、淤泥，筑成一条贯穿西湖的长堤，后人称之为"苏堤"。苏轼在不同任上主持或参与的水利工程不胜枚举，除积极参与治水实践之外，还撰写水利著述《熙宁防河录》《禹之所以通水之法》《钱塘六井记》等。苏轼把水利事业与国家的兴衰联系在一起，在长期的治水实践中，实事求是、因地制宜，坚持科学治水，为当时水利建设事业做出了重要贡献。

郭守敬（1231—1316），字若思，河北邢台人，元代杰出的科学家，尤擅长水利和天文历算。郭守敬一生治理河渠沟堰几百所，尤其以修复宁夏引黄灌区和规划沟通京杭大运河最为人著称。元至元元年（1264），郭守敬赴宁夏，修复了黄河灌区唐徕、汉延及其他10条干渠、68条支渠，溉田9万余顷，使宁夏平原成为"塞外江南"。元至元八年（1271），郭守敬升任都水监，掌管全国水利建设。为实现京杭运河贯通，他进行系统勘测、科学规划，先后主持建成会通河、通惠河，南自宁波、北至大都的元明清大运河至此基本成形。郭守敬尊重科学、因法而治，勇于担当奉献，注重实地勘察，在原有水利基础上不断创新，一生在水利事业上成就斐然。

潘季驯（1521—1595），字时良，号印川，浙江湖州市人，明代著名水利学家，历任工部尚书、总理河道都御史等职。潘季驯在嘉靖、万历年间曾四次出任总理河道都御史，负责治理黄河、运河长达十余年。总理河道期间，他一改明代前期“下游分流杀势，多开支河”治河方略，重点针对黄河多沙特点，提出了“束水攻沙”“蓄清刷黄”的理论，并相应规划了一套包括缕堤、遥堤、格堤等在内的黄河防洪工程体系，以及“四防二守”的防汛抢险的修守制度，以期达到“以水治水”“以水治沙”，综合解决黄、淮、运问题，这也成为清代奉行的治河方略，一定程度上也发挥了显著功效。潘季驯还著有《两河管见》《河防一览》等水利著作。潘季驯以治水为己任，大胆创新、系统谋划，总结了前人对黄河水沙关系的认识，对后世治黄具有重要历史影响。

林则徐（1785—1850），字元抚，晚号俟村老人，福建福州人，清代著名的政治家、思想家和治水人物。林则徐近 40 年历官 13 省，从北方的海河到南方的珠江，从东南的太湖流域到西北的伊犁河，都留下了他治水的足迹。清嘉庆二十五年（1820），林则徐出任杭嘉湖兵备道，上任之初便认识到海塘工程乃保障滨海地区生产生活之关键，着手加固海塘，还特别要求“新塘采石，必择坚厚”；清道光十七年（1837），在湖广总督任上，着重维修长江中游荆江段和汉水下游堤防。清道光二十一年（1841），林则徐被谪戍伊犁，又领导水利屯田，在惠远城水利建设中负责最艰巨的渠首工程建设，在托克逊大力推广“坎儿井”。林则徐认识到水利是农业的命脉，水利兴废攸关国家命运和人民生计，每到一地、治水一方。林则徐治水注重深入实际，因地制宜，科学施策，为水利事业发展作出了突出贡献。

## 第四节　中国古代重要水利典籍举要

中国有着悠久的水利文献记录传统。早在先秦时期，就有水利相关的地理类篇章，如《尚书·禹贡》《周礼·职方氏》等，也有一些典籍中记载了水利相关内容，如《管子》《吕氏春秋》等。在两汉时期，《史记·河渠书》《汉书·沟洫志》也是专门的水利篇章，《汉书》中专门水利专篇，也开创了后代正史中有水利专篇的先河。

《汉书·地理志》之后有《水经》，系记水道专书。它比较系统地记全国水道，各水道所经及支流的注入地点。全书不到一万字，原书已佚，今附见于郦道元《水经注》中。《水经注》看似为《水经》之注，实则以《水经》为纲，详细记载了1000多条大小河流及有关的历史遗迹、人物掌故、神话传说等，是中国古代最全面、最系统的综合性地理著作。

隋唐水利资料较少，《隋书》的纪、传、《食货志》、《五行志》等有一些，如开通济渠、永济渠等，纪、志仅寥寥数语。唐代记载运河及漕运较多，多见于《食货志》及传中，漕运如裴耀卿、刘晏传等，航道如齐传等。农田水利方面则《新唐书・地理志》中资料较多，其中记载各塘、堰亦有些堤防，总共236处。

宋代水利资料丰富。《宋史・河渠志》中记载繁多，《宋史・五行志》《宋史・食货志》记漕运、农田水利亦不少。李焘《续资治通鉴长编》记北宋水利很完备。地方志如朱长文《吴郡图经续记》、范成大《吴郡志》、张津《乾道四明图经》、罗浚《宝庆四明志》、梅应发《开庆四明续志》中也有水利内容。宋代出现了论述一地水利的专书。如单锷《吴中水利书》专门论述太湖水利，魏岘《四明它山水利备览》专门记载唐以来它山堰的水利。

元代水利资料亦有进步之处。元人沙克什搜集北宋沈立著《河防通义》佚文编成《河防通议》。任仁发《浙西水利议答录》论太湖水利；欧阳玄《至正河防记》详记贾鲁治河工程措施，为他书所少见；李好文《长安志图・泾渠图说》详记关中泾渠之改建及当时管理制度等；王桢《农书》详记水利田制及水利机具，材料完整；王喜《治河图略》虽篇幅不大，但专记宋、金及元黄河事，是至正治河的仅存的另一本书。



明清两代文献远多于前代，《明实录》《清实录》多载历朝水利事务，《明史・河渠志》《清史稿・河渠志》中叙述黄河运河事务十分详细。清代《漕运全书》为记清代漕运水利的官书。明清时期的水利专著不下三四百种。水利编年体通史首推清傅泽洪主修的《行水金鉴》，分叙黄河、长江、淮河、济水、运河节引历代水利史实，傍引其他文献时间截至清康熙末。俞正燮等编著的《续行水金鉴》，叙述时间起雍正朝至嘉庆末止，分黄河、长江、淮运、运河、永定河五大部分，多引当时章牍奏稿及当时官书册籍，每河前叙源流，最后为各项工程。

明清分类专著，治河防洪以黄河为多。明代最早的是成化时车玺的《治河总考》，汇编历代河议及治绩；嘉靖时吴山重新改编为《治河通考》。嘉靖中刘天和治黄运两河，据当时形势及治理经验著《问水集》。万历中潘季驯著《河防一览》，记述其治河奏议、成绩及议论等，是治河的重要文献。明代关于运河的著作，除以上关于黄河文献多兼及运河外，还有王琼《漕河图志》为现存较早的京杭运河志、吴仲《通惠河志》记嘉靖间重开通惠河事、李化龙《治河奏疏》记开泇运河事等。明代记太湖一带水利者有姚文灏《浙西水利书》、伍余福《三吴水利论》《吴中水利通志》、沈密《吴江水利考》等。

清代治河防洪类专著，以靳辅《治河奏绩书》、《治河方略》（附陈潢《河防述言》）最为著名，雍正时有嵇曾筠《防河奏议》，乾隆时有白钟山《豫东宣防录》及《续录》、《南河宣防录》及《纪恩录》，嘉庆时有康基田《河渠纪闻》、嘉庆中南河官书《南河成案》及《续编》，道光时有麟庆《治河奏疏》《河工器具图说》《黄运河口古今图说》，光绪时有周馥《治水述要》及《河防杂著四种》等都是重要的治河水利著作。关于太湖的书籍有钱中喈《三吴水利议》、白登明《新刘河志》《娄江志》、陆世仪《娄江条议》、乾隆官书《三江水利纪略》、金友理《太湖备考》、凌介禧《东南水利略》等。关于海塘的有翟均廉《海塘录》、方观承《两浙海塘通志》、琅轩《海塘新志》、乌尔恭额《续海塘通志》等。

## 附：延伸阅读与实地教学

1. 延伸阅读

姚汉源：《中国水利发展史》，上海：上海人民出版社，2005 年。

金开诚：《古代水利工程》，长春：吉林文史出版社，2012 年。

郭涛：《中国古代水利科学技术史》，北京：中国建筑工业出版社，2013 年。

2. 实地教学

考察一处古代水利工程。

# 第四章 中国古代治水传说与水文化习俗

人类自诞生那一刻起，就傍水而居，依水而存，与水结下了不解之缘。泱泱中华，土地辽阔，历史悠久，华夏先民很早就生活在这块土地上，他们历风雨、冒酷暑、抗严寒，与自然顽强抗争。纵览中华民族几千年文明史，早在传说中的远古时期就开始谋求将水变害为利，是世界上最早利用水来为人类造福的古文明之一。在漫长的原始社会阶段，华夏先民在与自然抗争的历程中，受自身生理和生产力的局限，对于万物由来、昼夜运行、雷电风雨、洪水烈火等诸多自然现象，深感奇异，更不知其故，进而将其神化，甚至将其供奉祭祀，以求慰藉，随后在漫长的历史长河中，不断将其延续传承、丰富发展，由此产生了种种神话传说和民俗风情。

治水传说和水文化习俗是其中最先萌发、传承久远、影响广泛的分支之一，是水文化的重要组成部分，是人类在利用水、治理水、节约水、保护水以及亲近水、观赏水等方面的活动中[1]，基于对水的观察、认知和思考，与劳动密切相关，是治水实践的产物。

---

[1] 向柏松：《图说中华水崇拜》，中国水利水电出版社，2015年。

治水传说和水文化习俗，映射的是华夏先民们渴望认识自然、征服自然的不屈精神，是对祖先与水害作斗争的颂歌，是对远古时代劳动人民高超本领和不畏艰苦精神的敬仰，是对远古时代劳动人民治水技术与方法的深刻感怀。其中所蕴含的智慧、技艺、价值、哲理值得后人不断学习探究、传承发扬。

## 第一节　中国古代治水传说

何谓传说?《汉书·艺文志》有云："於是建藏书之策，置写书之官，下及诸子传说，皆充秘府。"传说一般泛指自语言发明以来，人类口耳相传的故事，也就是通俗所讲的民间传说，它所反映的是具有典型性意义，与人类的生存、生产、生活有关，描述特定历史事件、历史人物，或为解释某种未知而产生的想象。

传说的产生有其历史土壤，那就是劳动。原始人类劳动工具简陋，面对变幻莫测的自然，认识又极为幼稚，但又迫切希望认识自然、征服自然，减轻劳动，提升效率，保障生活，于是就通过不自觉的想象，把这一意志和愿望依托到某一历史人物、事件或某一自然物、人造物之上，化为具体的形象和生动的情节，便有了源于劳动的神话传说。大禹治水、愚公移山、精卫填海、夸父逐日……这些美丽的神话传说，我们自小就耳熟能详。这些传说无不与人类征服自然的劳动休戚相关、密不可分。传说一般可分为人物传说、历史事件传说和地方风物传说三个类别。

所谓治水传说则是指所及的人物、情节、事由等与水尤其是与除水害兴水利相关的神话传说。大禹治水就是被历代广大劳动人民所敬仰的远古治水传说。传颂至今的众多中华治水传说，或基于对洪水等水害无力化解产生敬畏，或基于对先人治水的历史事实崇敬有加，所歌颂敬仰的治水英雄，其本源则是先民与自然的不断抗争，是远古劳动人民集体智慧、力量和愿望的化身，反映的是先人们不怕困难、不畏艰险、勇于斗争、自强不息的精神。面对滔滔洪水，远古的西方人选择的是逃避，把命运寄托在一艘大船"诺亚方舟"上，而远古的华夏先民则选择了迎难而上，除害兴利。

### 一、远古水神共工治水

《左传·昭公十七年》中记载："共工以水纪，故为水师而水名。"共工，是在黄帝王朝的五帝中颛顼帝时代一个比较强大部族的首领，活动在辉县（今河南省辉县市，辉县市又称为共城，为共工的故乡）一带。据说共工氏姓姜，是炎帝的后代[1]。关于共工的传说，几乎全与水有关，最有名的就是共工怒触不

[1] 有关共工的传说，参见《山海经·海内经》。

周山。

经常泛滥的黄河严重威胁到了部落的生存，于是共工率领大家与洪水英勇搏斗，他们筑堤防洪，把高地铲平、低处填高，使土地变得平坦开阔，同时积极修筑堤防，用以阻挡洪水，以达到排洪的目的。其实他们采取的是“堵”而不是“疏”的办法来治水，最终未能根治洪水。之后共工与颛顼争夺部落盟主地位，而颛顼则利用民众迷信的心理，声称共工治水会“触怒上天”，导致共工失去支持，最终失败。而共工为捍卫自己的治水大业，撞山自杀，以证清白。

共工治水表现出来的永不言败的精神，是中华民族宝贵的精神财富。共工治水虽未成功，但对发展农业生产大有好处，也为后人治水积累了经验，因而被后世尊为水神，是中国最早的治水英雄。

## 二、创世女神女娲补天

女娲，中国上古神话中的创世女神，相传她是华夏族的母亲，她创造了生命[1]。

相传不周山是世界支柱之一，水神共工为证自己清白“怒而触不周之山”，导致天塌陷，天河之水注入人间。女娲不忍人类受灾，于是冶炼五色石来修补苍天，砍断海中巨龟的脚来做撑起四方的柱子，杀死黑龙来拯救中原，用芦灰来堵塞洪水，最终天空被修补了，天地四方的柱子重新竖立了起来，洪水退去，中原大地上恢复了平静，凶猛的鸟兽都死了，善良的百姓存活了下来。

关于女娲的传说很多，一直流传至今，影响甚为广泛深远，至今中国云南的苗族、侗族还将女娲作为本民族的始祖加以崇拜。世人为感恩女娲的不世功业，纷纷以各种方式加以祭祀，最有名的一个是天穿节，即民间纪念女娲补天拯救人类的纪念日，也是古代人们期盼风调雨顺、万物欣荣、农业丰收和安乐和平的节日，节期有正月二十日、二十三日两说；一个是女皇节，是中国民间为纪念女娲的节日，流行于陕西地区，在每年正月二十日。为纪念保护臭氧层的《蒙特利尔议定书》25 周年和联合国工业发展组织参与“补天行动”20 周年，2012 年 11 月 21 日，中国艺术家袁熙坤创作并捐赠的“女娲补天”雕塑正式进驻维也纳联合国中心。女娲补天所折射出的“心系苍生、不畏艰险”的精神影响深远。

## 三、公而忘私大禹治洪

大禹是中国古代最有名的治水英雄。大禹治水被誉为中华文明的起源，为夏王朝的开创奠定了基础。

---

[1] 有关女娲的传说，参见《三皇本纪》。

大约在 4000 多年前，中国的黄河流域洪水为患。尧帝命鲧负责领导与组织治水工作，鲧采取“水来土挡”的策略治水未能成功。鲧治水失败后，舜帝命鲧的独子禹主持治水大任。禹并不因舜处罚了他的父亲就嫉恨在心，而是欣然接受了这一任务，他先带着尺、绳等测量工具到中国的主要山脉、河流做了一番严密的考察。在相继考察河北东部、河南东部、山东西部及南部，以及淮河北部之后，大禹采用了“治水须顺水性，水性就下，导之入海。高处就凿通，低处就疏导”的治水思想，改“堵”为“疏”，疏通河道，拓宽峡口，让洪水能更快地通过，并根据轻重缓急，定了一个治的顺序，先从首都附近地区开始，再扩展到其他各地。他治水三过家门而不入，最终经过 13 年栉风沐雨、躬亲劳苦，洪水终于得治。

“大禹治水”体现了中华民族迎难而上、百折不挠、公而忘私的宝贵精神。后代人们感念他的功绩，为他修庙筑殿，尊他为“禹神”，整个中国也一度被称为“禹域”。

### 四、清源真君二郎神斩蛟

二郎神[1]是中国古代民间信仰中的一个重要神祇，也是历史上有名的水神。人们将其称为“清源真君”，是对二郎神治水镇水功绩的赞美称谓。

《都江堰功小传》中写道：“二郎为李冰仲子，喜驰猎，与其友七人斩蛟。”说的是古时候，都江堰地区水患泛滥造成大量百姓伤亡，古人迷信，认为水患是蛟龙等水怪作乱，只有除掉水怪，才能免除水患。当时秦蜀守李冰接到了治理水患的命令，于是就派二郎和他的朋友潜入水底与蛟龙作战，后来这七人被世人称为“梅山七圣”，二郎也被尊称为“二郎神”。宋代花钱[2]上有大量二郎斩蛟的题材，花钱上的二郎通常驾鹰随犬，随从执弓、旁立三尖两刃刀，降服蛟龙或化成人身的蛟龙。

二郎斩蛟的神话演绎，充分反映了古人对自然之灾的无奈和祈求上苍护佑以获得太平盛世的美好愿望。

### 五、国王钱镠张弓射潮

大约 1000 多年前，杭州是吴越国的国都。钱镠是第一代吴越国王，他富有智慧，且勇猛无比，被称为“钱王”。

钱王统治杭州时，钱塘江的围海大堤总是修不起来。昼夜两次涨潮，堤坝

---

❶ 有关二郎神的传说，参见宋《事物纪原》。

❷ 花钱源于汉代，是中国民间自娱自乐的一种玩钱，不能流通买卖货物。多用于馈赠、祝福、玩赏、戏作、配饰、生肖等。

尚未完工，就会被潮水冲垮，潮水给江边的百姓带来了极大的危害。民间传言，江中有兴风作浪的潮神，才使潮水泛滥。于是国王钱镠在农历八月十八日（潮水最大那日），令万名弓弩手候在江边，当潮水汹涌而来时，万箭齐发，周边百姓也来助威。潮水在钱王和百姓的威慑下，向回退去，直至消失在远方❶。

钱王射潮的故事，本质上是跟钱王修筑捍海塘有关。钱镠修筑捍海塘，采用了一种新型的方法，即将巨石装在竹笼中，又在岸边立上许多大木桩，有学者称其为“石囤木桩法”。钱镠修筑的捍海塘意义重大，它保护了沿岸百姓的安全，钱塘江的岸线大约也在此时开始稳定下来。百姓们为了纪念钱王的功绩，把江边的海堤叫作“钱塘”，钱塘江之名正是由此源起。

图 4－1　杭州市滨江公园钱塘江畔巨型雕塑《钱王射潮》

## 第二节　中国水文化习俗

《辞海》对习俗、民俗释义如下：习俗，社会上长期形成而沿用下来的习惯、风俗；民俗，民间的风俗习惯。习俗与民俗，是风俗习惯的不同称谓而已。

习俗中有合理的成分，也有迷信、伪科学的成分，随着社会的进步，科学知识水平的提高，其迷信、伪科学的成分得以逐渐淡化、禁绝。随着时间的推移，习俗则成为了社会成员共同遵守的一种行为准则。

❶ 有关钱王的传说，参见《十国春秋·武肃王世家下》。

文化习俗则是指在一个特定的文化背景下，人们遵循的一套规范化的行为方式、社会礼仪、宗教信仰、风俗习惯、传统习惯等。不同的地域、民族、宗教、习惯等因素会产生不同的文化习俗。特定文化背景下的习俗也就是文化习俗，不仅体现了社会成员一定的价值观念和文化传统，也体现了一个社会的历史和文化传承，成为人们在日常生活中体验和表达文化的重要方式之一。

人类诞生至今与水结下的不解之缘，催生了丰富多彩的世间文明，也催生了多姿多彩的文化习俗。中华民族在对抗水、依赖水、利用水的过程中，逐步懂得欣赏水、敬畏水、珍惜水，并将其表达在日常的一些习俗和礼仪之中，这就是水文化习俗。水文化习俗表现形式多种多样，或因敬畏而祭祀、或因亲近而歌颂、或因取用而感恩，且随着地域的不同、环境的不同和民族的不同，表现出不同的寓意和内涵，既相互交织，又各具特色。在多式多样的水文化习俗中，水既是祭祀对象，也是交往媒介[1]，甚至是处世理念。文化习俗的生命力在于持久弥新的传承、丰富、发展。而水文化习俗中蕴含的丰富文化底蕴、深厚精神价值，才让其在漫漫历史长河中得以不断延续传承，不断丰富发展，并不断与时俱进。

文化习俗蕴含着丰富的文化内涵和文化精神，更是能渗透到每一个社会成员的血液中。传承弘扬好文化习俗，尤其是与人们息息相关、朝夕可触的水文化习俗，让其承载的文化精神和文化内涵得以更好流传，进而入脑入心，融汇到人们的生活方式中和自为意识里，进一步增强文化自信，推动实现中华民族伟大复兴中国梦的连续性进程意义深远。

## 一、时令节气与水

中国是一个农业大国，自上古农耕文明以来，先民们顺应农时，通过观察天体运行，以及对时令、气候、物候等变化规律的认知，以自己的智慧，发明了二十四节气。二十四节气准确地反映了自然节律变化，在国际气象界，它被誉为“中国的第五大发明”。2016 年 11 月 30 日，二十四节气被正式列入联合国教科文组织人类非物质文化遗产代表作名录[2]。

中国传统农业生产，就是根据农历二十四节气进行耕作的，并由此产生了岁时节令风俗。二十四节气中许多节气也与水密切相关[3]。自唐代始，立春的迎春活动中出现了鞭春牛的习俗，鞭春牛一方面具有告示春耕、劝农劳作的作用，

---

[1] 史鸿文、王瑞平、陈超：《图说水与风俗礼仪》，中国水利水电出版社，2015 年。

[2] 《二十四节气为何被称为“第五大”发明》，人民网，2017 - 6 - 23。

[3] 有关水与节气，参见史鸿文、王瑞平、陈超：《图说水与风俗礼仪》，中国水利水电出版社，2015 年，第 85 - 103 页。

还有一个重要内涵则是包含了普通百姓对水神的祈求，祈求水神保佑来年风调雨顺，因为在普通百姓眼中，牛是管理雨水的神，人们旱时祈雨、涝时祈晴时，都将牛作为祈祷的对象。雨水、春分、谷雨、小满、小雪、大雪等节气，则都是反映降水现象的节气。雨水节气标示着降雨开始，降水形态也发生了变化，降雪逐渐减少，而降雨逐渐增多；春分时节，江南降水迅速增多，北方则进入春季的“桃花汛”时期，俗语有“春分阴雨天，春季雨不歇”“春分降雪春播寒”“春分有雨是丰年”等说法；谷雨是“雨生百谷”的意思，此时降水明显增加，降雨量充足而及时，谷类作物茁壮成长，沿海地区则有祭海的习俗，至今仍然流行，西北一些地区则有挑“桃花水”洗浴以消灾避祸的习俗；小满节气意味着进入了大幅降水的雨季，雨水开始增多，往往会出现持续大范围的强降水，“小满小满，江河渐满”，江南一带有一谚语“小满动三车”，水车就是其中之一，浙江嘉兴有祭车神的传统习俗，浙江海宁则盛行抢水仪式；小雪节气的到来，意味着寒流活跃、天气会越来越冷，降水量会渐增，民间有“冬腊风腌，蓄以御冬”的习俗；大雪标志着仲冬时节正式开始，气温显著下降、降水量增多，民间有腌肉、打雪仗、赏雪景、进补的民俗，老南京就有句俗话“小雪腌菜，大雪腌肉”，以迎接新年。



## 二、水神崇拜

中国古代多有祭祀水神的风俗，也就是水神崇拜。它是农耕文明的产物。在古代农耕时期，农业的丰收与否，重要的决定因素之一是能否风调雨顺，然而上天总是不能随人所愿。先民们在农业生产过程中，为了克服天旱地涝，祈求上苍垂怜能普降甘霖，就祭拜水神[1]。这种祈求风调雨顺、五谷丰收所产生的自然信仰，一度在民间和官方盛行，其中民间较为盛行的祭龙习俗，正是一种具有典型性的水神崇拜，在我国众多少数民族都有这一传统习俗，其动因就是为了祈求雨水丰富，祈求风调雨顺、五谷丰登、六畜兴旺。由于各地、各民族的文化差异，形成了具有鲜明地域特色的祭龙活动[2]，如云南、西藏一带的“祭龙节”、山东一带的龙王节、西江流域的“龙母诞”、南方地区的“二月二”龙抬头等，人们以各种方式上供祭祀龙神，祈求龙神兴云化雨，保佑一年五谷丰登。

在水神崇拜中，信仰的对象也较为广泛。除了龙王，人们也经常把治水有功的人物神化，甚至与把治水无关的人物神化，为其建祠堂、立神庙，刻碑立传，当作水神加以供奉祭祀，祈求获得护佑，如大禹、伍子胥、李冰、关公、

---

[1] 有关水神崇拜，参见向柏松：《图说中华水崇拜》，中国水利水电出版社，2015。

[2] 有关祭龙活动，参见史鸿文、王瑞平、陈超：《图说水与风俗礼仪》，中国水利水电出版社，2015年，第32－37页。

钱王、晏公等，这样的水神崇拜具有一定的广泛性，尤其在沿江河区域，也带有一定的功利性，但这恰恰反映了世人们对水的依赖、对水的敬畏、对水的感恩、对水的珍惜，对治水有功之人的感恩、敬仰和推崇，自然也是中华几千年文明独特的魅力展现。

### 三、各式水节

都说“鱼儿离不开水”，其实人也离不开水，人体不能缺水，人类的衣食住行离不开水。正是由于人与水的这种紧密关系，形成了不同的以水为主题的独特节日。

“放水节”[1]，在古史上又被称为祀水、放水礼、开水大典等，是都江堰地区百姓为庆祝一年一度的都江堰水利工程岁修竣工和开始春耕等农业生产，同时也为了纪念李冰而举行的庆典活动，在每年的清明举行。据考证，都江堰放水节源于4000年前的江神信仰和2000多年前对江水的祭祀。北宋太平兴国三年(978)，北宋政府正式将清明节这一天定为放水节。延续了上千年历史的清明放水节，是全世界独一无二的文化现象，祭祀与缅怀是主线，其内蓄的是中华民族崇尚先贤、崇德报恩的优秀品质。

“泼水节”[2]，源于印度，随着佛教在傣族地区影响的加深，泼水节成为一种民族习俗流传下来，已经有数百年的历史，是中国傣族、阿昌族、布朗族、佤族、德昂族等少数民族和中南半岛某些民族的新年节日，尤以傣族最为盛大。因而傣族泼水节又名“浴佛节”，也叫“尚罕”“尚键”，寓意新年，一般在傣历六月中旬（即农历清明前后十天左右）举行，节日活动有泼水、赶摆、赛龙舟、浴佛、诵经、章哈演唱和孔雀舞、白象舞表演等，内容丰富，形式多样，祥和欢庆，如今节日中的许多陈规陋习已经废止，增加了积极健康的内容。通常是第一天开庆祝大会，各族军民共贺佳节；次日举行欢快的泼水仪式；第三日赶摆，参加物资交流活动，体现以圣洁之水消灾免难、互祝平安幸福。

还有土家族、布依族等少数民族的“水龙节”，已有100多年的历史，人们为了祈求风调雨顺、五谷丰登、人畜兴旺、国泰民安，舞起草龙，载歌载舞。

### 四、祭祀江河的习俗

自古以来，人类依水而居，对于江河自然具有特别的情怀，或敬畏或感恩。

---

[1] 有关放水节活动，参见史鸿文、王瑞平、陈超：《图说水与风俗礼仪》，中国水利水电出版社，2015年，第74-75页。

[2] 有关泼水节活动，参见史鸿文、王瑞平、陈超：《图说水与风俗礼仪》，中国水利水电出版社，2015年，第66-68页。

在我国民间，河流经常被赋予神性，并对其进行崇拜和祭祀[1]。始于夏禹时期的镇水习俗，相传在大禹治水时期，每治理一处水患，就会铸造一座铁牛沉入水底，用以镇住水怪，保一方再无水患。北京颐和园昆明湖边的镇水铜牛，建于清乾隆年间，其牛背上就镌刻有："夏禹治河，铁牛传颂。义重安澜，后人景从。"河北、河南、陕西、山西、安徽、浙江等地多有镇水铁牛尚存。台湾等中国南方和东南亚地区还有祭祀河伯的习俗，人们以各种方式祭祀河川的自然神河伯（神），有时也派遣朝廷官员甚至皇帝亲自参加祭祀。屈原所作《楚辞九歌河伯》，就是祭水神河伯的歌词，反映了人们对滔滔河水的尊敬和畏惧。许多地方至今还有河神庙供人们祭祀。延伸出的还有对湖神、泉水神、井神等的崇拜活动。

图 4-2　南阳汉代画像石中的"河伯出行图"

## 五、人生礼仪与水

人自出生到终老，有许多较为重要的成长节点历来被大家高度关注和重视，也因此以水这一重要中介为元素，在不同年龄阶段举行各种有特殊含义的礼仪活动[2]。新生儿出生后的诞生礼，形式不同但都极为隆重和讲究，且与水紧密相连，那就是洗礼——给婴儿沐浴，如福建的"洗儿"、广东的"洗三朝"、回族的"洗三"、彝族的"净身礼"等，期盼孩子能茁壮成长。流传于民间的成人礼，男子叫冠礼、女子叫笄礼，行礼前必须先用盥盆所盛之水洗净双手，甚至用 12 种鲜花浸泡的水给受礼者沐花水浴，以示庄重。此外许多地方的婚礼也与水有不解之缘，如广东佛山的渔民，男方选好结婚的日子便通知女方叫"送

[1] 有关江河祭祀活动，参见史鸿文、王瑞平、陈超：《图说水与风俗礼仪》，中国水利水电出版社，2015 年，第 49-56 页。

[2] 有关人生礼仪与水，参见史鸿文、王瑞平、陈超：《图说水与风俗礼仪》，中国水利水电出版社，2015 年，第 2-22 页。

日”，在送日当天，男方需先“洗神楼”，新郎的亲人们要用清水打扫神主（祖宗牌位）。还有山东淄博、江苏常熟、广东珠海、浙江淳安等的水上婚俗以及许多少数民族的独特婚俗，都与水密不可分，别具“水风情”。

## 六、节水护水风尚

我国自古是一个崇尚节约的国家，并且把节约作为一种美德。《朱子家训》中曾有云：“一粥一饭，当思来之不易；半丝半缕，恒念物力维艰。”中华先民历来感恩水作为大自然的天然恩赐，不可奢靡浪费，理应护水之珍，节水为用。先秦以前的抗旱耕作法“畎亩法”和西汉时期的“代田法”，既抗旱保墒，又节水灌溉，保护水资源；西汉的《水令》有效避免了上游无节制灌溉而导致下游缺水，更保护了下游的农业生产并节约水资源，还有《均水约束》，根据水的需求情况，按轻重缓急，对用水加以约束，并刻石立于田畔，达到“以广溉田”之目的和防止因用水而引起的纠纷，节水护水两不误；唐代第一部水法《水部式》明确规定节约用水原则；明清时代在干旱区则有全民自觉不自觉地采取“舀水”取用以节约用水的场景；清朝初期制定的《节水管理条例》要求运河沿线民众严格节水，保护水资源❶；始成于1520年的坎儿井能有效降低蒸发、避免被风沙埋没，自成独特的节水护水功效；清朝云南丽江的三眼井，依地势高低修建三级水潭并区分用处：第一潭清冽洁净饮用，第二潭洗涮之用，第三潭为漂洗衣物专用……可以说对于节水护水，华夏先民不仅仅就节水而节水，更是将节水思想与节水护水的实践相互交织，懂得以制度为约，倡导人们节水护水，而且同时把节水与生态保护、与社会治理相结合。其采用的节水护水术法令后人叹服，其体现的节约护水智慧值得后人借鉴，其倡导的节水护水风尚令后人感佩，演绎到当今社会，我国坚持以“节水优先、空间均衡、系统治理、两手发力”治水思路，全社会兴起珍惜水、节约水、保护水资源的良好生活习惯，实现以水资源的可持续发展支撑经济社会的可持续发展。我国是水资源短缺的国家，建设节水型社会是实现中华民族复兴的有力支撑，建设节水型社会的意义绝不亚于三峡工程和南水北调工程。明晰水权，确定水资源的宏观控制指标和微观定额指标，加强技术创新，提升节水意识，推进生活生产全过程节水，工业、农业、服务业全方位提高用水效率，有效保护水资源，改善生态环境，促进经济增长方式转变，实现水资源可持续利用，支撑经济社会可持续发展，是必由之路。争做节水护水宣传人，传播先进节水护水文化理念，让全社会珍惜水、节约水、保护水，实现以水资源的可持续利用，创造性地走出一条具有中国特色、节水护水文化特点的水利现代化发展道路，是赋予新时代水利

---

❶ 有关古人节水，参见《浅谈中国节水文化》，湖北省水利厅，2020-11-26。

人的使命和担当。

## 第三节 中国水文化习俗与治水实践

中国自古就是治水大国，历朝历代都把发展水利作为治国安邦的重点。自大禹治水这一文明起源的重要标志开始，中华民族以其独特的眼光和智慧，演绎了一幕幕生动的治水实践，并在不断的治水实践中，逐步懂得必须爱水、惜水、护水、敬水甚至做人如水。中华民族在与水的经年相处中形成的一系列水文化习俗，聚焦更多的恰恰就是发生在人们身边的治水实践，包括治水人物、治水工具、治水工程等，可以说这些水文化习俗是中华民族对自身治水实践的不断认识和理解，对自身治水实践的不断总结和提炼，对自身治水实践的不断反思和感悟，进而懂得必须尊重自然、拥抱自然、敬畏自然、保护自然。

水文化习俗孕育着早期人类对真、善、美，假、恶、丑的朴素认识，不仅仅带有明晰的价值判断、原始的价值追求，也是先人们原始自然观、世界观和道德观的真实体现[1]。而随着水文化习俗的不断传承、丰富和发展，又自然地反哺于人类的治水实践，促使人类进一步认识到“人”自身力量的伟大可能，进一步懂得只要方法得当、张弛有度，人类与自然界的斗争可由神话变成现实，可将灾害变成利好，可从对抗变成和谐。



### 一、治水实践与英雄崇拜风俗

英雄，是一个时代的精神高度，是一个国家的人物形象，是一个民族的脊梁担当。英雄的精神和力量是激励人们前行的强大力量[2]。崇尚英雄，崇尚爱国精神和人民情怀。学习英雄，学习崇高品质和人格风范[3]。人无精神则不立，国无精神则不强。精神可以变物质，精神的力量可以转化为物质的力量。强大的精神力量不仅可以促进物质力量的发展，而且可以使一定的物质力量发挥出更好、更大的作用[4]。英雄的精神力量增强民族认同、民族自豪、文化自信，英雄的精神力量激发向心力、凝聚力、创造力。伴随着人类的奋斗历程，英雄故事经年传播、英雄人物无不褒扬、英雄精神持续传承，才有了《谁是最可爱的人》等一幕幕英雄辈出、群英荟萃的生动演绎，险重面前有英雄敢担，危难时刻有英雄挺身，生死关头有英雄舍身，进而挺立起民族精神的万里河山。

---

[1] 有关水文化习俗的价值问题，参见《深刻理解和把握中国人的宇宙观、天下观、社会观、道德观》，人民日报，2022-06-21（9）。

[2] 高玉林：《这是一个呼唤英雄、造就英雄、崇尚英雄的时代》，光明网，2020-09-11。

[3] 《崇尚英雄，学习英雄》，人民日报，2021-12-16（5）。

[4] 巨力：《民族精神：中华民族奋勇前行的不竭动力》，《求是》，2020年第10期。

修建于战国末年（前246）的郑国渠，是秦王采纳韩国人郑国的建议，并由郑国主持兴修的大型灌溉渠。修成后，此渠被命名为“郑国渠”。这是以设计、规划、组织者的姓名命名工程的始创。郑国渠后，又有汉朝的白渠、宋时期的苏堤和萧太后河、唐代的白公堤、元代的王御史渠、近代的仪祉湖等[1]，均是以人名命名的水利工程，使其彪炳千秋、永驻史册。以工程修建者命名所建工程，并经年累月举行一定的仪式加以祭祀、纪念，这种发自人们内心的、自觉的英雄崇拜习俗，看似朴素，但却独树一帜。在朴素的英雄崇拜中，可窥见世人对除水害兴水利的无限渴望，世人对水利专家将这种渴望变成现实的丰功伟绩的深刻感念，世人对“治水兴农、治水富民、治水强国”以及“国泰民安、万世太平、锦绣盛世”美好夙愿的殷殷期盼。

朴素的英雄崇拜，激荡的英雄情怀，虽从一开始带有泛神崇拜的原始味道，但不可否认，这些治水英雄身上不乏敢为人先的探索精神、敢闯敢试的开拓精神、克坚攻难的进取精神、公而忘私的牺牲精神。萌发于治水实践的英雄崇拜，点亮了漫漫历史长河中的英雄薪火并代代相传，激起了子孙后裔不断赶超的英雄气节并前赴后继，推动着人类不断探索、不断进取、不断创新。唱响新时代礼赞英雄、学习英雄、争做英雄的正气歌，注入见贤思齐、崇尚英雄、争做先锋的正能量。崇尚英雄、捍卫英雄、学习英雄、关爱英雄，华夏后人责无旁贷。



## 二、治水实践与官民共祭遗风

社会治理是国家治理的重要方面。国家治理与社会治理是一大一小的包含与被包含关系。治理是“我们”的关系。“共建共治共享”是社会治理的基本方法论，其中共建是基础，共治是关键，共享是目标[2]。一系列治水实践造就的水利工程，在相当程度上推进了国家民族的力量汇聚、人心凝聚，表露出“共建共治共享”的原始形态。

从已知的纪事性碑刻碑文中不难发现，众多水利工程的修建主体不是国家就是民间团体，“共治”是治水实践从古至今的最大秘诀。水利工程多为大规模的系统，从其建设本身而言就不是一人或一族能成其就，需要相当程度的合作劳动和众人的齐心合力，更需要有一定的力量来组织众人、支配合作，这种力量不是当初的庞大官僚制国家，就是民间的相关组织。大禹治水，“决江疏河，平治水土”使“九川既疏，九泽既洒”“别九州，随山浚川，任土作贡”“定千八百国”，其中就有征军、有驾驭、有治理，有意志的统一、力量的汇聚、人心

[1] 有关治水人物，参见郑肇经：《中国 水利史》，河南人民出版社，2018年。

[2] 王道勇：《习近平总书记关于社会治理重要论述的理论贡献》，学习时报，2022-09-13。

的凝聚，也促就了早期的农居生活、早期的国家秩序、早期的权力象征[1]。后续的都江堰工程、京杭大运河等无不如此。

而在长期的治水实践中，水利工程将水害转化为水利的巨大效应，既给世人带来福音，也给国家民族带来福音，因此在众多水利工程竣工的那一刻，人们就以各种方式予以纪念、缅怀，民间祭祀由此产生，并代代相传，且其目的均在于感念工程建设者的功绩，感恩水利工程带来的福祉，教育后人不忘根本、孝顺父母、敬奉祖先。同样以治水实践的工程、人物为对象的官方祭祀也不断兴起，一般由官方（官府）主导，并对举行的时间、程序、形式等加以规范明确，形成定制，定期进行祭祀，如延续至今的一年一祭的“大禹祭奠”“都江堰放水节”等。围绕治水实践的民间祭祀、官方祭祀共存共行的“共祭”风尚，各自得以传承、发展，两者在不同的层面有一定区别，如在民间祭祀中，民众的关切更关乎个人、家庭或家族的一己之私，表现出明显的功利性特点，而官方祭祀多数以为民谋求福祉作为重点[2]。但无论民间祭祀还是官方祭祀，都已经成为一种凝聚人心和进行社会组织的必要方式，每一次祭祀活动的举办，正是凝聚人心的极好时机，通过定期的祭祀礼仪，提醒人们“兄弟齐心，其利断金”“人心齐则泰山移”，只有团结一致才能在与自然的抗争中获得胜利，有益于民族共同体和社会文明秩序的建构，“共建共治共享”的基本逻辑得以有效体现。



治水实践内涵的“共治”文化内核、官民“共祭”内涵的人心凝聚价值追求，无不在中华历史长卷中成为一种传统祭祀理念的表达，这也正是中华传统文化形态之一的“祭祀”热情不曾消退的原因所在。

### 三、治水实践与乡规民约自治

乡村自治是实现和维护基层社会超稳定结构的一个重要因素。发端于中国农村民主实践的基层群众自治制度，不仅继承了中国基层自治的历史传统，而且根植于改革开放浪潮中的基层乡村社会对善治的现实需求，成为我国的一项基本政治制度[3]。在民众热情参与水利工程建设和长期的生活实践中，逐步衍生形成自发管理水利工程设施的民间组织，并形成一种约定俗成的乡规民约，自觉加以遵从，正是乡村基层自治的原始展现之一。

北京门头沟人的“乡绅坝头和水利会”就是其中的典型代表，由受益各村的乡绅公议，推举有水利经验、勤奋、公道的人出任“坝头”，负责水渠的管理

---

[1] 金安平、王格非：《水治理中的国家与社会“共治”——以明清水利碑刻为观察对象》，《北京行政学院学报》，2022 年第 3 期。

[2] 赵娓妮：《清代地方官民的岁时祭祀及其重心》，《历史与社会》（文摘），2020 年第 4 期。

[3] 陈松友、卢亮亮：《自治、法治与德治：中国乡村治理体系的内在逻辑与实践指向》，《行政论坛》，2020 年第 1 期。

工作。到了20世纪30年代，则成立了“民生水利会”，简称“水利会”。水利会由坝头、司账、杂工等组成。坝头负责水渠全面管理；司账负责收取水费、购买物资等财务工作；杂工跟坝头学徒，干一些杂务；同时各村还设一名巡沟员，以此自主管理灌渠。明清时期还将保护水源的规定刻碑记之，明确规定“池内三禁”和“池台三禁”等。诸如此类历史上有许多这样的基层治水案例，是中国基层社会公共性建构“水利型共同体”的普遍特征——地区内的村民不但共同解决水患、兴修水利，而且推选出“坝长”“堤长”“堰长”“圩长”“河长”“沟长”“渠长”等民间河长，并内生出诸多行之有效的“习惯法”[1]，使水之利更大化、更长久。这种自发的、原生态的自治，具有“共存、共有、共识、共生、共赢”的显著特征，体现出在同一个公共生存空间下的古人，如何将水资源作为共有资源，达成共同开发利用的共识，谋求共同生存发展，实现人与人之间、人与自然之间共赢的大智慧。这样的实践，其内蕴的利益共性、权力共性、责任共性以及价值共性的高度统一，成为有机整体，是古人留给我们的巨大财富，其“睦邻友好”的共识奠定了团结协作即能多方共赢、避免一损俱损的合作基石，“权责对等”的原则促使所有用水当事人愿意参与、自觉参与兴修和管理水利。影响至今，它进一步催生了后续社会发展中更加多样的民间自治组织，如农民用水户协会、水利会、水利合作社、灌区委员会等，深刻影响甚至推动了社会的行动、制度的形成乃至价值的共塑，与官方（政府）的治理形成上下双层的治水体系，塑造了较为合理的双向治理结构[2]，有效弥补了官方（政府）治理的末端效应。



## 第四节　中国水文化习俗的属性

文化习俗来源于人们的生产实践，来源于人们的生活积累，来源于人们的文化传承。在人与水长期共生共存的过程中形成的各种水文化习俗，既有人们对自然的敬畏、尊重和感恩，也有人们对未知世界的好奇、探究和遐想。

随着时空的变迁，水文化习俗表现出历史属性、社会属性、民族属性、经济属性、教育属性等多种属性，并折射出人文精神、人生态度、价值追求以及文化自信。

### 一、历史属性

一项水文化习俗的滋生、积累、完善、发展，都会经过漫长的岁月沉淀，

[1] 郝亚光：《公共性建构视角下“民间河长制”生成的历史逻辑——基于“深度中国调查”的事实分析》，《河南大学学报（社会科学版）》，2020年第2期。

[2] 任路：《家户国家：中国国家纵横治理结构的传统及其内在机制》，《东南学术》，2019年第1期。

是长期沿袭巩固得以久远的一种文化传承。其产生之初有其特有的历史背景，包括民族特质、地域特质、环境特质、社会特质、认知水平等。在其后续不断丰富发展的历史进程中，受到各个时代社会、政治、经济、文化等诸多因素的影响，其经历过的漫长岁月洗礼，自然不自然地蕴含进了丰富的地域文化元素和经久的历史记忆。

水文化习俗的历史属性，表明水文化习俗本身虽是积累的、继承的，但也应该是流动的、扩散的，是变化的、发展的[1]。水文化习俗的历史属性，反映出一个地方、一个社会的历史演变过程。通过水文化习俗的历史属性研究，梳理挖掘历史演变进程中的先人智慧和胆识，总结提炼先人治水实践中的精神和追求，探究其历史持续性、相对稳定性背后的根源，为解决当代人的思想意识与价值困惑提供智慧，探究其超时空性的核心价值，为现代社会发展奠定厚实的价值基础、智慧源泉和文化渊源。

## 二、社会属性

中华传统文化是中华民族在5000多年的社会实践中形成的思想理念、传统美德和人文精神的集合[2]，它在规范人们的家庭孝悌观念、规范社会传统次序、引领社会价值取向上有过不可磨灭的积极作用。

水文化习俗的社会属性，反映出它既是人所创造的，又为人服务的特质。水文化习俗在漫漫历史长河中，随着社会的发展进步而不断演变发展，不断交汇融合。水文化习俗引导人们治水为世必须坚持“人水和谐”，为人处世必须懂得“上善若水”，与水相处必须追求“天人合一”。水文化习俗所折射的以“德行为先”、注重人的德性培养，以家庭为要、齐家治国平天下，以和合为贵、共享世界太平等的价值追求和核心理念，正是当今社会的共同精神追求、当今世界的共同价值追求。将水文化习俗中孕育的优秀文化成果和价值理念甄别、遴选出来，赋予其新的时代内涵和现代表达形式，转换成推动社会发展的软实力，有利于更好地弘扬社会主义核心价值观，促进社会和谐发展。

## 三、民族属性

一项水文化习俗的孕育、形成，离不开民族所特有的生产生活方式，离不开具体的民族文化历史和背景，体现出一个民族或者一个群体独特的文化基因和精神特质。水文化习俗也是一个民族或一个群体生存智慧和发展经验的长期

---

[1] 有关水文化习俗的流动性、发展性，参见王勇超：《守望民俗文化》，《当代陕西》，2011年第1期，第52页。

[2] 王增福：《中华优秀传统文化的历史作用与时代价值》，学习时报，2017-07-24。

积淀[1]。

水文化习俗的民族属性，体现出的是各民族在生存、生活、生产等诸多方面的差异，是促成文化多元的重要因素之一。水文化习俗的民族属性既是其独特性、个体性和差异性的综合反映，也折射出其保守的、排他的和相对的一面。它所具有的非物质性特质，带给这个民族的是精神层面的，是一个民族思想情感、心理感受、价值观念等的再体现，是一个民族审美观、世界观、价值观等的集中表现和再造。水文化习俗在长期的积淀中不断丰富发展，蕴藏着其所在民族在长期的生产劳动、生活实践中积淀而成的民族精神，进而渗透到每一位民族成员的骨肉血脉之中，融化到他们的日常衣食住行之中，促进民族进一步共识、认同。

水文化习俗的民族属性，体现在对民族文化传递和保存的独特承载作用，体现在民族凝聚力、向心力形成中的独特导引作用，体现在对个体社会化过程中逐步达到价值认同所发挥的独特黏合作用。剖析寻找水文化习俗与现代文化能够契合的部分加以继承弘扬，有利于加快建设文化强国，促进构建“人类命运共同体”。





### 四、经济属性

作为非物质形态的文化习俗，跟物质文明一样，是人类文明延续发展的结晶，是人类文明的共同财富。水文化习俗具有多重属性，其历史、社会、民族等属性固然鲜明，其经济属性也万不可忽视。水文化习俗的经济属性，表现在水文化习俗是经过长期历史积累形成的，且各种促成因素不可逆，具有时间价值的稀缺性[2]；是不同地域条件、不同区域文化下形成的，具有不可替代性，具有空间价值的稀缺性；是事关群体公共事宜，为实现一定公共利益而共同遵循的，具有资源可以多方分享、多方获益的公共性。

“文化发展牵引经济”是新时代的发展趋向，充分开发水文化习俗中隐蕴的经济价值，将丰富的水文化习俗进行有序梳理，找出将其转为经济价值的方式，将文化资源转化为文化生产力，形成新的产业发展模式，既为地方带来实实在在的经济效益，又能有利于水文化习俗的保护和发展。

发挥中国文化产业的独特优势，让水文化习俗成为地方独特的旅游资源、文化资源和新经济增长点，在开发和保护中逐步形成特色化、品牌化、产业化，

---

[1] 刘万军、席世江：《民族精神——民族赖以生存和发展的精神支撑》，人民日报，2003-09-09。

[2] 有关经济学意义上的稀缺性，参见王文玉：《微观经济学》（第三版），清华大学出版社，2021年。

进而将文化资源范畴有效扩大，增强文化资本[1]优势，必然为地方区域经济发展注入新生活力。

### 五、教育属性

文化习俗更多反映的是人们对世界万物的认知和敬畏、对人类自身言行的感悟和反思，局限于当初人们的认知水平，其内在或多或少隐含着一些伪科学的元素，但它也更多地保留了当初人们的创造能力和认识水平，是后人获取前辈们解决问题采取的科技原理、科技手段等重要科技信息的重要途径，因此水文化习俗在某种程度上具有一定的教育属性，不应该被忽视。

许多水文化习俗在传承中坚持和延承的治水经验和教训、水利工艺和技法，折射出的朴素哲理和科学逻辑，反映的是在当初的历史时空和背景下先人们高超的科学智慧。水文化习俗的教育属性，体现在其本身内含的相当程度的科学因素、思政元素和成分，包括科学的态度、科学的计算、科学的方法等，体现在基于当时的生产力水平先人们跨学科、跨领域的智慧集成，体现在其蕴含的个体与整体、个性与统一、独立与关联的唯物辩证关系，体现在其蕴蓄的多学科交叉融合、时间与空间有机融合的原发性辩证思维逻辑，体现在其丰富的凝聚人心团结众人、提升民族气节增强民族自豪、立足国情从实际出发等系列思政元素。

水文化习俗的教育属性，尤其是其自身展现出的在科学探索、伦理道德、民族自豪、民族气节、民族团结、国情为本等多方面的内容、素材，具有其他学科无法比拟的优越性，是教育引导后人鲜活的思想政治教育题材，也是促进人类进一步探究未知、探知未来、探寻新的可能的智力源泉。

## 附：延伸阅读与实践教学设计

1. 延伸阅读

安武林：《中华治水故事》，北京：中国水利水电出版社，2016 年。

陈桥驿译注、王东补注：《水经注》，上海：中华书局出版社，2009 年。

靳怀堵：《中华水文化通论（水文化大学生读本）》，北京：中国水利水电出版社，2015 年。

向柏松：《图说中华水崇拜》，北京：中国水利水电出版社，2015 年。

史鸿文、王瑞平、陈超：《图说水与风俗礼仪》，北京：中国水利水电出版

[1] 有关文化资本，参见胡安宁：《文化资本：何以文化，何以资本？》，《清华社会学评论》第 16 辑，2022 - 01 - 16。

社，2015 年。

饶明奇、王国永：《水与制度文化》，北京：中国水利水电出版社，2015 年。

朱海风、史月梅、张艳斌：《水与治国理政》，北京：中国水利水电出版社，2015 年。

王浩：《中国科技之路·水利卷·水利民生》，北京：中国水利水电出版社，2021 年。

于元著、金开诚：《古代水利工程》，长春：吉林文史出版社，2012 年。

高安泽：《中国水利百科全书著名水利工程分册》，北京：中国水利水电出版社，2004 年。

王文章：《非物质文化遗产保护研究》，北京：文化艺术出版社，2022 年。

王文章：《非物质文化遗产概论（第四版）》，北京：高等教育出版社，2023 年。

2. 实践教学设计

（1）请结合家乡所在区域的水文化习俗，分析其价值意义。

（2）请了解并收集家乡所在区域有关治水工程或者治水人物。

（3）请了解并收集家乡所在地域有关水文化习俗。

（4）请结合家乡所在区域的水利工程与水文化习俗，探求内在的科学治水思想。

# 第五章

# 近现代以来中国治水思路的发展演变

习近平总书记指出："兴水利、除水害，古今中外，都是治国大事。从一定意义上说，治水即治国，治水之道是重要的治国之道。"[1]在中国，治水的历史最早可以追溯到上古文明时期。从大禹的"改堵为疏"到孙叔敖的"引水灌溉"和西门豹的无坝取水枢纽及"低溢流堰"，再到李冰的都江堰、王景的"河汴分流"、范仲淹的"浚河、修圩、置闸"、郭守敬的"四海测"、潘季驯的"束水攻沙"……这些古代治理洪水的方法，无不呈现出先民们因地制宜、因势利导的治水理念，至今仍闪烁着智慧的光芒。近现代以来西学东渐，无论洋务派，还是维新派，为了挽救清政府的统治危机，主动学习西学，引入外来技术和理论。诸多有识之士留洋求学，把国外的治水理论和技术、人才引入国门，为当时的治水理念和治水实践注入鲜活力量。

中国共产党从成立之初，便确立了兴利除害的治水思路，把水利纳入党的纲领，放在党和国家事业的重要位

[1] 水利部编写组：《深入学习贯彻习近平关于治水的重要论述》，人民出版社，2023 年，第 3 页。

置。中华人民共和国成立后，毛泽东主席提出了“水利是农业的命脉”的著名论断，作出了“一定要把淮河修好”“要把黄河的事情办好”“一定要根治海河”等一系列的指示，从这些论断和指示中可以看出，“治水”始终是党治国理政的重要内容。进入新时代的中国，在习近平总书记的引领下，以“节水优先、空间均衡、系统治理、两手发力”治水思路为核心，形成了科学严谨、逻辑严密、系统完备的理论体系，明确了新时代治水工作的根本保证、重大原则、治水思路、目标任务、政策举措，为新时代治水指明了前进方向，提供了根本遵循，在中华民族治水史上有里程碑意义。

水文化是中华文化的重要组成部分，也是水利事业不可或缺的重要内容。习近平总书记先后对保护传承弘扬利用黄河文化、长江文化、大运河文化作出一系列重要指示批示，明确提出统筹考虑水环境、水生态、水资源、水安全、水文化和岸线等多方面的有机联系，为水文化建设提供了根本遵循和行动指南，同时也丰富了新时代中国治水思想的内涵。

近现代以来中国治水思路的发展和演变是一个复杂而深刻的过程，它经历了从古代朴素治水观念到“经义治水”向现代科学治水转变，它经历了从新中国成立后的“以蓄为主”方针到改革开放以来的系统治理和现代治水思路的不断演进和完善。它不仅涉及技术的进步和理念的更新，还与社会经济、文化传统以及生态环境保护等多方面因素紧密相关。是在继承传统的基础上，结合现代社会的需求和技术进步，不断进行理论创新和实践探索的结果。未来，随着社会经济的发展、生态环境保护意识的增强和人民对美好生活的向往，中国治水思路还将继续演进和发展。

## 第一节　近现代中国治水人物及其水利思想

近代水利是在江河失序、水旱灾害频仍的情势下开启的。1851 年，淮河改道由长江入海；1855 年，黄河改道恢复北行水道，自山东垦利入渤海。黄淮大改道，结束了 700 年黄河夺淮、自淮安以下黄淮合流入海的历史。改道后的几十年间，黄淮河势没有稳定下来，黄河时有决口泛道南侵淮河，以致黄淮平原诸省一年数灾。1902 年，以维系运河为主要目的的国家河工管理体制解体，持续数千年的古代水利事业走向终结。以经验为主的传统水利在日趋严重的水旱灾害和西方工程技术传入的多重冲击下，走到了必须有所突破的关头[1]。

这一时期，涌现出一批先进知识分子，以世界眼光洞察到科学技术对治水兴水的重要作用，致力于学习引进近代水利科学治水技术，在认识和把握治水

---

[1] 牛志奇：《张謇：我国近现代水利的奠基人》.《学习时报》，2020－12－11。

规律的前提下，以科学思维制定系统完整的规划，运用科学技术和方法，整治水利、疏通江河、化害为利。对中国近代由“经义治水”向现代科学治水转变产生了重大影响。其中，代表性人物主要有张謇、武同举、张沅、李仪祉、郑肇经等。

张謇（1853—1926）：中国近现代水利的奠基人。他的水利思想融会中西、影响深远；张謇正是在中国历史和水利大变革的时期执掌全国水利总局，成为辛亥革命后国家最高的水利行政长官。张謇开现代流域水行政管理体制之先河，建构起国家流域管理机构的最早雏形；他首开现近代流域规划、水利工程测量先河，是中国以近现代科学技术治水的先驱；他首创了河海工程专门学校和河海工程测绘养成所，由此奠定了近现代水利教育体系的基础。他把近代科学技术与治水兴水紧密相连，毕其一生致力于淮河、黄河、长江等江河的治理，在丰富治水实践的基础上，逐渐形成了内容丰富、内在精密关联的科学治水思想体系，作出了“功追大禹”、彪炳史册的贡献，其科学治水思想在我国近代治水思想史上占有一席之地。

以遵循规律为本、以查勘事实为基、以研究学理为稽、以统系治理为用、以养成人才为根本大计构成了张謇科学治水思想的核心内容，这是张謇在长期治水实践中对治水规律的科学认识以及治水经验的科学总结。“治水以唯水流势为主治”指出了科学治水尊重规律的本质内涵，“治水以测绘为先，乃不易之成法”揭示了科学治水尊重事实的科学原则，遵循规律的本质内涵与尊重事实的科学原则深刻回答了什么是科学治水；“以学理合筹治法”给出了以先进科学技术为治水手段的核心要义，“筹其全局”系统治水提出了科学治水统筹兼顾的重要举措，科学技术为保障的核心要义和统筹兼顾的重要举措系统回答了如何科学治水；“以储治水第一步之人材”为治水主体力量，自主培养人才，确立了科学治水主体力量的根本大计，回答了谁来实施科学治水。张謇科学治水思想是集科学治水本质、原则与方法、保障与举措以及根本大计的有机整体，对我国新时代治水兴水具有启迪与借鉴意义[1]。

武同举（1871—1944）：晚清至中华民国时期著名的水利学专家。武同举是我国最早研究沂、沭、泗流域水利问题的专家。清光绪年间先后考中秀才、举人、拔贡，清末任海州直隶州通判，分管粮食运输及农田水利事务。民国建立后，武同举曾任《江苏水利协会杂志》主编、国民政府江苏水利署主任，兼河海工科大学水利史教授，江苏建设厅第二科科长、“视察”等职。

光绪末年至民国初年，苏北的“徐海告灾，已成常例”，武同举急于“水患问题，日溢煎逼”，“早夜焦思而不能已”。他“奔走呼号”，于民国 4 年（1915）

---

[1] 沈大伟、王英：《张謇科学治水思想的核心内容研究》，《水利经济》，2023 年第 5 期。

5 月，大声疾呼："为我苏北数十县数百万之生灵请命，"慷慨激昂地写下了《呼兴苏北水利文》，并附有一份详尽的《水利图说》，向政府当局呼吁兴修苏北水利，"为民造福"。在此期间，武同举为了取得兴修水利的基础知识和技能，购置了《格致》《测量》等科学书籍，发奋攻读，从而为日后进行野外测量，室内制图和写作水利著作打下了坚实的基础。

武同举一生致力于水利事业，精研水利学术，生平致力于水利文献资料的收集、整理编纂，独辟蹊径，著作等身，造诣卓绝，发表了大量的水利著作，而《江苏水利全书》一书，对于当时开发华东水利问题，尤富参证研讨之价值。《江苏水利全书》共七篇四十三卷，约一百五十万字，是他历时十数载，倾注了他毕生的心血编纂而成，全书按编年体记载上自公元前 2286 年的夏朝，下至公元 1929 年四千年间，江苏的水系变迁、湖海沧桑、水利和水灾的史料。《江苏水利全书》是堪称"华东水利资料之宝库"，是江苏省水利史上空前的一部水利全书。

张沅（1880—1952）：三次大修都江堰的"现代李冰"。张沅，名子聪，字沅。1880 年生于成都，1903 年官费留学日本，毕业于东京帝国大学土木工程专业。1912 年回国后任成都水利知事，又创办工业试验讲习所。1915 年，主持了民国初年第一次大修都江堰工作，以后长期担任都江堰工程处处长。1914 年，时年 34 岁的张沅，接到了民国首次大修都江堰的《委任令》，并作为简任技正（总工程师）派驻灌县。从 1915 年 1 月 8 日起，张沅与四川工业讲习所的学员苏崇孝、唐聪虞一行，开始了大修前徒步考察都江堰流域的勘测工作；2 月 12 日他们成功绘制出了 1∶12000 的"四川省都江堰外江流域淘工、埂工平面图"，并标明了外江河道和大修工程的分布状况。这是都江堰有史以来第一张运用了现代科学技术的"淘工、埂工平面图"，从此都江堰结束了其传统的无图整治时代。1933 年，四川叠溪发生 7.5 级大地震形成堰塞湖，后堰塞湖溃决对下游都江堰工程造成毁灭性破坏。1935 年，张沅主持重修都江堰损毁工程，首次采用现代科技手段和钢筋水泥固定"鱼嘴"，其后 40 年，鱼嘴再未遭破坏，直到 1974 年修建外江节制闸时才拆除。1936 年成立四川水利局，张沅任局长。此后不久，张沅任都江堰堰务管理处处长，直到 1947 年因年事已高到四川省建设厅工作。张沅先生是民国时期治理都江堰的功臣，是知名的水利和土木工程专家。

李仪祉（1882—1938）：近现代水利先驱。李仪祉是我国近代著名水利学家和水利教育家，历任南京河海工程专门学校教授、陕西水利局局长、华北委员会委员长、黄河水利委员会委员长等职。

李仪祉先生在德国留学期间，目睹欧洲各国水利之发达，对我国当时水利的颓废十分感慨，立志振兴水利事业、服务国家发展。民国 4 年（1915）学成回国之初，李仪祉先任河海工专教授，专注培养水利人才。民国11年（1922）李仪祉任陕西省水利局局长，先后提出建设关中八惠工程计划。民国21年（1932）泾惠渠建成，当年灌溉农田50万亩，郑国渠焕发新生，八惠其他工程此后也陆续实施。李仪祉长期致力于黄河治理研究，他把我国治理黄河的理论和方略向前推进了一大步，对水利科技发展也做出突出贡献。

李仪祉终生以治水为志，求郑白之愿，效大禹之业，凿泾引渭，治黄导淮，足迹遍布祖国江河湖海，卓有贡献，尤对黄河治理，精心钻研，独有建树。他把国外的科学技术与我国古代的治水经验相结合，科学地提出一套治理黄河的理论，主张治理黄河要上中下游并重，防洪、航运、灌溉和水电兼顾，要综合开发，利用黄河，给我们留下了一笔宝贵的遗产。正如原水电部部长钱正英所说："李仪祉把我国治黄理论和方略向前推进了一大步，直到今天仍然具有现实意义。"李仪祉先生是中国水利从传统走向现代过渡阶段的关键人物之一，被誉为"中国近现代水利奠基人"。

郑肇经（1894—1989）：近代科学治水和水利科学研究事业的先行者、奠基人。郑肇经是辛亥革命以后对我国近代水利事业发展做出过开创性贡献的杰出人物之一。中国全国政协副主席、水利部原部长钱正英称郑肇经先生为"我国近代水利事业的元老"。

郑肇经是首批赴德学习研究现代水利技术的学生之一。留学期间，他潜心学习西方现代科学，探讨治河原理，掌握水工模型试验技术，并将导师的研究成果带回国内，译成中文《制驭黄河论》。郑肇经毕业后，放弃国外丰厚条件，回国发展。他从德国引进现代水工模型试验技术，创办了我国第一所现代水利科学实验研究机构——中央水工试验所（现南京水利科学研究院），以及盘溪、石门、武功水工实验室、土工实验室等，为我国开展水工模型试验、土工试验和水文测量等做了大量开拓性工作。

郑肇经不仅致力于水利科学研究，推动水利事业发展，还开启了我国仪器制造自力更生的历史。20世纪30年代我国工程测量仪器全靠进口，因时局动荡，仪器一旦出现故障，便再难修复使用，添购新仪器更是困难重重。在郑肇经的领导下，我国建立了第一个水工仪器制造厂。该制造厂通过拆解国外仪器、仔细研究，其科技人员不但能够修复水工仪器，而且还能生产光学测量仪器，成为测量仪器方面的最大供应商。

郑肇经心系水利，一生笔耕不辍，著有《河工学》《渠工学》《海港工程学》《中国水利史》《中国之水利》《城市计划学》《水文学》等。李约瑟博士在《中国之科学与文明》一书中说："如果没有郑肇经《河工学》《中国水利史》做指导，要想写就水利工程那一部分是不可能的。"

# 第二节　当代中国治水思路的发展

水利是现代农业建设不可或缺的首要条件，是经济社会发展不可替代的基础支撑，是生态环境改善不可分割的保障系统，具有很强的公益性、基础性、战略性。中国共产党领导下的治水历史是中国共产党百年历史的重要组成部分。不论是革命、建设、改革时期，还是新时代，党领导下的水利事业始终坚持以人民为中心，始终以服务保障国民经济和社会发展为使命，适应我国国情水情特点，适应各个时期国家中心工作需要，不断优化调整治水方针思路和主要任务，革故鼎新、攻坚克难，以治水成效支撑了中华民族从站起来、富起来到强起来的历史性飞跃。

## 一、中国共产党成立之初的治水思路

1923 年 6 月，中国共产党第三次全国代表大会制定的“中国共产党党纲草案”中明确提出“改良水利”[1] 的主张，这是有据可查的中国共产党最早的关于水利的基本主张。1925 年，《中国共产党告农民书》中提出：“中央及地方政府均须设立治河局，政府预算均须指定治河专款，不得移作他用。”毛泽东在《湖南农民运动考察报告》中提出的“十四件大事”，其中之一为“修道路修塘坝”；《寻乌调查》中指出“池塘分配问题”，这些都反映了以毛泽东为代表的中国共产党人非常早就关注到水利问题，并有了对水利的初步认识。中国是一个传统的农耕社会，历史上曾经创造了辉煌的农业文明，晚清以来，内战不断，农业生产十分落后，其中一个重要的原因就在于水利不兴。无论是基本农田水利建设，还是境内大江大河及湖泊支流的治理，普遍存在既缺少治理的和平环境，又缺少必要的资金、技术和人力等问题，党的领导人较早认识到水利的重要性，并在党的纲领中加以体现。

## 二、新民主主义革命时期的治水思路

如果说建党之初党的纲领和调查报告只是对治水问题有了初步的认识，那么，从江西瑞金到陕北延安这一时期则是治水思路的初步实践期。中国共产党在领导军民开展艰苦卓绝的革命斗争的同时，积极发展革命根据地的水利事业，极大地促进了根据地农业生产的发展。这一时期的治水思路分为苏维埃临时中央政府时期和延安时期两个阶段。

---

[1] 《中共中央文件选集》，第一册（一九二一——一九二五），中共中央党校出版社，1989 年，第 142 页。

第一阶段，瑞金时期的治水思路主要体现在专门治水机构的成立和治水制度的制定。1931 年，中华苏维埃共和国临时中央政府设立了专门的水利机构——山林水利局，这是中国共产党领导建立的第一个管理水利事务的机构，同时各区乡政府也组织了“水利委员会”；临时中央政府颁布了《怎样分配水利》《中华苏维埃共和国地方苏维埃组织法》等法规条例，其中《中华苏维埃共和国土地法》规定：一切水利、江河、湖泊归苏维埃管理，以便于贫下中农公共使用。著名的“水利是农业的命脉”的科学论断正是毛泽东同志在这一时期首次提出。

第二阶段，延安时期的治水思路主要是“兴修水利促生产”。这一时期水利事业得到迅猛发展，《陕甘宁边区抗战时期施政纲领》中明确规定：“开垦荒地，兴修水利，改良耕种，增加农业生产，组织春耕秋收运动。”同时，边区政府还要求各地“广泛发展水利”“多修水利”“把修水利作为重要工作之一”。这一时期，中国共产党大力倡导修建民间小型水利，先后建成了延安裴庄渠（幸福渠）、子长渠、靖边杨桥畔渠、绥德绥惠渠等一批重点水利工程和数量众多的小型水利工程。例如，南泥湾之所以变成歌曲中所唱的“陕北的好江南”，正是因为 1941 年 3 月八路军三五九旅在此地开展了著名的大生产运动，水利建设在这一过程中发挥了关键作用。“边区水利灌溉的耕地面积、粮食产量迅速增加，水浇地从 1937 年 801 亩增加到 1943 年 41109 亩，粮食产量由 100 万石左右增加到 200 万石以上”[1]。

图 5－1　延安幸福渠

---

[1] 中共水利部党组：《党领导新中国水利事业的历史经验与启示》，《水资源开发与管理》，2021 年第 9 期。

除了上述两个时期，解放战争时期党和人民军队在治水问题上也有所涉及。如 1947 年 6 月，刘邓大军渡过黄河后，邓小平即接见了冀鲁豫黄河水利委员会主任王化云，部署开展治黄工作。冀鲁豫黄河水利委员会及所属南岸修防处段随即动员 10 万民工迅速开展复堤整险工作[1]。

## 三、社会主义革命和建设时期的治水思路

中华人民共和国成立初期，百废待兴，治理水旱灾害，保障人民生命财产安全、恢复农业生产，成为摆在新政权面前非常紧迫而又艰巨的任务。这一时期的治水思路主要体现在对淮河、长江、黄河等大江大河的治理上。

在治理淮河的问题上，治水理念的转变尤为明显，时任水利部部长傅作义重点对治水理念从泄水排水转向蓄水的情况作了阐述："过去治水的方法，不外是防水、分水、泄水，总之是把水当作有害的东西，赶快送到海里，等农田灌溉或者航道交通用水的时候，却又无水可用，治淮工程师采取了蓄水为主的方针，要把今年七八九月的洪水储蓄起来，供给明年四五六月使用。"[2] 从傅作义这段话中可以看出，中国共产党领导下的人民政权，经过战争时期的治水实践，已经积累了一定的经验，同时吸纳了中华优秀水利思想，对洪水的认识有了极大的转变，从过去完全把洪水视为灾害，转变为蓄洪水利用，这种转害为利的观念意味着治淮思路发生了根本性转变。

这一时期水利工作把重点放在防洪排涝、整治河道、恢复灌区上，也调整了兴修水利工程的基本思路。1957 年，党中央、国务院对水利建设提出"贯彻执行小型为主，中型为辅，必要和可能的条件下兴修大型工程"的方针。针对淮河治理，中央人民政府发布《关于治理淮河的决定》，明确"蓄泄兼筹"的治淮方针，这是新中国成立后治理大江大河的第一个决定，毛泽东主席也是在这一时期发出"一定要把淮河修好"的号召；针对黄河治理，毛泽东主席在视察黄河时提出"要把黄河的事情办好"，此后便掀起大规模治理黄河的高潮；针对长江治理，最主要的成就是 1954 年建成了荆江分洪工程并投入运用，为有效抵御长江流域发生特大洪涝灾害发挥了重要作用，1956 年又建成杜家台分洪工程，也大大提升了汉水下游的防洪能力。

针对农田水利，全国各地积极引导开展中小型水利设施建设，农闲时节组织农民广泛兴修农田水利，极大改善了农业生产条件，全国农田灌溉面积发展



---

[1] 黄承梁，马军远，魏东，张连辉，张彦丽，杜焱强：《中国共产党百年黄河流域保护和发展的历程、经验与启示》，《中国人口·资源与环境》，2022 年第 8 期。

[2] 傅作义：《人民政协全国委员会第三次会议二十八日会上的专题报告和发言》，人民日报，1951－10－30。

到 4 亿亩。

“大跃进”和国民经济调整时期，国家重点在农田水利建设上进行布局。根据 1958 年发出的《中共中央关于水利工作的指示》，水利“以小型工程为主、以蓄水为主、以社队自办为主”的“三主”建设方针，成为这一时期主要的治水思路。这一时期的群众性水利建设运动取得了巨大的成绩，如青铜峡水利枢纽、北京密云水库、十三陵水库、新安江水库等这些新中国水利建设史上的重大工程，都是在这一时期开工建设的，同时，这些工程也是中国工业化道路的重要成就的体现，至今仍在地方发挥着积极作用。

在社会主义建设的艰辛探索和曲折发展时期。水利建设继续贯彻“三主”建设方针和“大、小、全、管、好”工作方针，全国的治水规模有所扩大、投入有所增加。值得一提的是，在三线建设中，比较有代表性的水利工程甘肃刘家峡水利枢纽、湖北丹江口水库建成投产，葛洲坝水电站开工建设。当时我国的治水思路也有一些明显的调整，除了常规性的在全国范围开展大规模农田水利建设，这一时期已经开始把治水和改土相结合，转向山、水、田、林、路综合治理的思路。

## 四、改革开放和社会主义现代化建设新时期的治水思路

这一时期治水的核心理念在于走市场化、法治化、可持续化治水之路，可持续水利、民生水利等观念得到重视和发展，中国特色水利现代化道路初现端倪。

其一，水利市场化理念。其核心要义是“加强经营管理，讲究经济效益”，确立了“全面服务，转轨变型”的水利改革方向，提出以“两个支柱（调整水费和开展多种经营）、一把钥匙（实行不同形式的经济责任制）”作为加强水利管理、提高工程经济效益的中心环节。1985 年，国务院发布了《水利工程水费核订、计收和管理办法》，这标志着水利工程从无偿供水转变为有偿供水。随着市场经济改革的推进，水利投资从过去国家投资、农民投劳的单一模式转变为国家、地方政府、集体、个人多元化共同投入的模式，如此一来，水利投入资金短缺矛盾就得到一定的缓解。水利改革不断深入推进，例如，浙江义乌率先开启了水权交易的先河，此外，还实施了农业水价综合改革试点。

其二，水利法治化理念。涉水法律法规的不断完善，水利法治化进一步落地。1988 年颁布的《中华人民共和国水法》，是新中国成立以来第一部水的基本法，标志着我国水利事业走上法治化轨道；1991 年颁布《中华人民共和国水土保持法》，1995 年国务院发布《淮河流域水污染防治暂行条例》，依法治水进程加快推进。

其三，可持续化治水理念。随着水资源危机的日益凸显，世界上对于水的治理也取得了更多的共识，中国治水理念向可持续化转变。随着我国进入全面

建设小康社会，加快推进社会主义现代化建设，中国水利也进入由传统水利向现代水利转变的重要时期。在如此的国际国内背景下，党的治水思想和政策随之进行了重要的调整，如，党的十五届三中全会提出水利建设要实行“兴利除害结合、开源节流并重、防洪抗旱并举”的方针，到了党的十五届五中全会上，党又把水资源提高到可持续发展的高度，而2011年的中央一号文件的主题就是水利改革发展，强调要走出一条中国特色水利现代化道路，以一号文件的形式对治水做出整体安排和部署，这在新中国的发展史上是不多见的。

## 第三节　新时代习近平总书记关于治水的重要论述

党的十八大以来，习近平总书记站在实现中华民族永续发展的战略高度，亲自擘画、亲自部署、亲自推动治水事业，发表了一系列重要讲话，作出了一系列重要指示批示，明确了“节水优先、空间均衡、系统治理、两手发力”治水思路，确立了国家“江河战略”，谋划了国家水网等重大水利工程，提出了一系列新理念新思想新战略。习近平总书记关于治水的重要论述，系统回答了新时代为什么要做好治水工作、做好什么样的治水工作、怎样做好治水工作等一系列重大理论和实践问题，具有很强的政治性、思想性、理论性，为新时代治水指明了前进方向、提供了根本遵循。新征程上，要深入学习贯彻习近平总书记关于治水的重要论述，完整、准确、全面贯彻新发展理念，推动新阶段水利高质量发展，为全面建设社会主义现代化国家、全面推进中华民族伟大复兴提供有力的水安全保障。

### 一、坚持和加强党对治水工作的全面领导

中国特色社会主义最本质的特征是中国共产党领导，中国特色社会主义制度的最大优势是中国共产党领导。深入学习贯彻习近平总书记关于治水的重要论述，要坚持以习近平新时代中国特色社会主义思想为指导，全面贯彻党的二十大精神，深刻领悟“两个确立”的决定性意义，增强“四个意识”、坚定“四个自信”、做到“两个维护”，不断提高政治判断力、政治领悟力、政治执行力，坚定不移在思想上政治上行动上同以习近平同志为核心的党中央保持高度一致，坚决贯彻落实好习近平总书记重要讲话、重要指示批示精神和党中央关于治水的各项决策部署。

### 二、坚持治水安邦、兴水利民

水是万物之母、生存之本、文明之源。深入学习贯彻习近平总书记关于治

水的重要论述，要站在党和国家事业发展全局的战略高度，深刻认识治水的重要战略地位作用，自觉把治水放在中国特色社会主义伟大事业的全局中去谋划和部署；要坚持民生为上、治水为要，始终把人民对美好生活的向往作为出发点和落脚点，下大气力解决好人民群众最关心、最直接、最现实的涉水利益问题，不断增强人民群众的获得感、幸福感、安全感。

### 三、坚持高度重视水安全风险

当前，我国发展进入战略机遇和风险挑战并存、不确定难预料因素增多的时期，水灾害突发性、极端性、反常性越来越明显，水资源短缺、水生态损害、水环境污染等新问题越来越紧迫。深入学习贯彻习近平总书记关于治水的重要论述，要进一步增强使命感、责任感、紧迫感，统筹发展和安全，深刻认识新征程治水肩负的新使命新任务，增强忧患意识，树牢底线思维，全面提升防范化解水安全风险的能力和水平，牢牢守住水安全底线。

### 四、坚持以“节水优先、空间均衡、系统治理、两手发力”治水思路为引领

保障水安全，关键要转变治水思路，牢固树立和践行绿水青山就是金山银山的理念，站在人与自然和谐共生的高度谋划发展，准确把握人与水、水与生态、水与经济社会等辩证统一关系，把“节水优先、空间均衡、系统治理、两手发力”治水思路不折不扣落实到推动新阶段水利高质量发展各领域、各环节、全过程。坚持节水优先方针，落实全面节约战略，大力推动农业节水增效、工业节水减排、城镇节水降损，推进由粗放用水方式向节约集约用水方式的根本性转变。坚持人口经济与资源环境相均衡的原则，全方位贯彻“四水四定”原则，把水资源、水生态、水环境承载能力作为刚性约束，严守水资源开发利用上限，促进经济社会发展全面绿色低碳转型。坚持山水林田湖草沙一体化保护和系统治理，从生态系统整体性和流域系统性出发，追根溯源、系统治疗，让河流恢复生命、流域重现生机。坚持政府作用和市场机制两只手协同发力，努力形成政府作用和市场作用有机统一、相互促进的格局，增强水利发展活力。

### 五、坚持始终把保障人民群众生命财产安全放在第一位

特殊的自然地理和气候条件决定了我国水旱灾害频发多发，防灾减灾是一项长期任务。深入学习贯彻习近平总书记关于治水的重要论述，要坚持安全第一、预防为主，锚定人员不伤亡、水库不垮坝、重要堤防不决口、重要基础设施不受冲击的目标，以流域为单元科学安排洪水出路，优化流域防洪工程布局，加快完善由水库、河道及堤防、蓄滞洪区等组成的流域防洪工程体系，加快数字孪生水利建设，强化预报、预警、预演、预案功能，提升水旱灾害防御的数

字化、网络化、智能化水平，构建抵御水旱灾害严密防线。

### 六、坚持加快构建国家水网

习近平总书记指出："水网建设起来，会是中华民族在治水历程中又一个世纪画卷，会载入千秋史册。"深入学习贯彻习近平总书记关于治水的重要论述，要适度超前开展水利基础设施网络建设，优化水利基础设施布局、结构、功能和系统集成，以大江大河大湖自然水系、重大引调水工程和骨干输配水通道为"纲"，以区域河湖水系连通工程和供水渠道为"目"，以控制性调蓄工程为"结"，联网、补网、强链，形成"系统完备、安全可靠，集约高效、绿色智能，循环通畅、调控有序"的国家水网，全面提升水资源统筹调配能力、供水保障能力、战略储备能力。

### 七、坚持实施国家"江河战略"

习近平总书记指出："继长江经济带发展战略之后，我们提出黄河流域生态保护和高质量发展战略，国家的'江河战略'就确立起来了。"深入学习贯彻习近平总书记关于治水的重要论述，要准确把握国家"江河战略"的丰富内涵和实践要求，以更大力度加强大江大河大湖生态保护治理，推进流域生态保护和高质量发展。长江流域要把修复生态环境摆在压倒性位置，统筹考虑水环境、水生态、水资源、水安全、水文化和岸线等多方面的有机联系，坚持生态优先、绿色发展和共抓大保护、不搞大开发。黄河流域要以水而定、量水而行，因地制宜、分类施策，上下游、干支流、左右岸统筹谋划，共同抓好大保护、协同推进大治理，让黄河成为造福人民的幸福河。要坚持以流域为单元、水资源为核心、江河为纽带，统筹流域和区域、上下游、左右岸、干支流、地上地下，强化流域统一规划、统一治理、统一调度、统一管理，促进人水和谐共生、建设幸福江河。

### 八、坚持保护传承弘扬中华水文化

文化自信是一个国家、一个民族发展中最基本、最深沉、最持久的力量。深入学习贯彻习近平总书记关于治水的重要论述，要增强文化自信，保护传承弘扬中华优秀传统水文化，立足治水实践，发展面向现代化、面向世界、面向未来的，民族的科学的大众的先进水文化。

习近平总书记关于治水的重要论述，为新时代我国水利事业擘画了宏伟蓝图、指明了前进方向。我们要不断深化对习近平总书记关于治水重要论述的学习研究，坚定不移用习近平总书记"节水优先、空间均衡、系统治理、两手发力"治水思路和关于治水的重要论述精神武装头脑、指导实践、推动工作，更加自觉地走好水安全有力保障、水资源高效利用、水生态明显改善、水环境有效治理的高质量发展之路，为强国建设、民族复兴作出水利新的更大贡献[1]。

## 第四节 新时代习近平总书记关于水文化的重要论述

习近平总书记在党的十九大报告中强调："文化兴国运兴，文化强民族强。"[2]"统筹推进'五位一体'总体布局、协调推进'四个全面'战略布局，文化是重要内容；推动高质量发展，文化是重要支点；满足人民日益增长的美好生活需要，文化是重要因素；战胜前进道路上各种风险挑战，文化是重要力量源泉。"[3]文化是一种精神、一种信念、一种力量，是民族的血脉，是人民的精神家园。水文化是中华文化的重要组成部分，深入学习贯彻习近平总书记关于水文化的重要讲话和指示批示精神，深刻领会其重要意义、理论内涵和文化逻辑，以保护、传承、弘扬为主线，以黄河文化、长江文化、大运河文化为重点，积极推进水文化建设，对于讲好"中国水故事"，延续历史文脉，弘扬中华文明，坚定文化自信，为实现中华民族伟大复兴的中国梦凝聚精神力量，具有重大的现实意义和长远的战略意义[4]。

### 一、水文化是中华文化的重要组成部分

习近平总书记指出，"在5000多年文明发展进程中，中华民族创造了博大精深的灿烂文化"[5]。中华优秀传统文化是我们必须世代传承的文化根脉、文化基因，也是我们坚定道路自信、理论自信、制度自信、文化自信的深厚基础。考察中华文化的发展史，不难发现，水与中华文化的孕育、发展关系密切。比如，人们习惯把黄河称为中华民族的母亲河和中华文明的摇篮，从一定意义上道出了中华优秀传统文化与水关系的真谛。在长期的治水实践中，中华民族不仅创造了巨大的物质财富，也创造了宝贵的精神财富，形成了独特丰富的水文化。水文化是以水为特征展示在人们面前的一种文化形态，其特殊性主要表现



---

[1] 李国英：《深入学习贯彻习近平关于治水的重要论述》序言，人民出版社，2023年。

[2] 习近平：《决胜全面建成小康社会夺取新时代中国特色社会主义伟大胜利—在中国共产党第十九次全国代表大会上的报告》，人民日报，2017-10-28。

[3] 《习近平主持召开教育文化卫生体育领域专家代表座谈会强调全面推进教育文化卫生体育事业发展不断增强人民群众获得感幸福感安全感》，人民日报，2020-09-23。

[4] 水利部编写组：《深入学习贯彻习近平关于治水的重要论述》，人民出版社，2023年。

[5] 《习近平在中共中央政治局第十二次集体学习时强调建设社会主义文化强国着力提高国家文化软实力》，人民日报，2014-01-01。

在是与水有关的文化，是以水和水事活动为载体形成的文化现象，中华文化中的各种文化都有水文化的印迹。从历史上看，水是文化之源，自从人类社会形成以后，水与文化便须臾不可分离。人水关系伴随着人类社会发展的始终。水文化以"润物细无声"的形式渗透到中华文化的各个方面。中华文化是水文化的深厚沃土和坚实基础，水文化是中华文化的重要组成部分，在中华文化中有着特殊的重要位置。

习近平总书记强调，"对中国人民和中华民族的优秀文化和光荣历史，要加大正面宣传力度"，"要使中华民族最基本的文化基因与当代文化相适应、与现代社会相协调，以人们喜闻乐见、具有广泛参与性的方式推广开来，把跨越时空、超越国度、富有永恒魅力、具有当代价值的文化精神弘扬起来，把继承传统优秀文化又弘扬时代精神、立足本国又面向世界的当代中国文化创新成果传播出去"，"综合运用大众传播、群体传播、人际传播等多种方式展示中华文化魅力"。[1] 在习近平新时代中国特色社会主义思想引领下，大力保护传承弘扬水文化，深入挖掘水文化的时代价值，丰富水文化的时代内涵，以水文化的繁荣发展推动社会主义文化大发展大繁荣，是深入贯彻以习近平同志为核心的党中央对文化建设部署的具体体现，对于坚持社会主义先进文化前进方向，准确把握文化发展规律，集中展示中华文化独特魅力具有重要意义。[2]

## 二、水文化是形成中华文明的重要源泉

江河是人类文明的摇篮。习近平总书记指出："中华文明源远流长、博大精深，是中华民族独特的精神标识，是当代中国文化的根基，是维系全世界华人的精神纽带，也是中国文化创新的宝藏。在漫长的历史进程中，中华民族以自强不息的决心和意志，筚路蓝缕，跋山涉水，走过了不同于世界其他文明体的发展历程。"[3] 世界四大文明古国都因水而兴、因水而盛。中华民族在认识、利用、改造自然的过程中，在与水相伴、相争、相和的实践中，形成了中华水文化，孕育了中华文明，是世界上唯一自古延续至今、从未中断的文明。中华民族的生活因大江大河的流动而绵延，川流不息的水文化，在有着5000多年文明历史的中华文化中占据特殊地位并构成人类文明史中光辉璀璨的篇章。

习近平总书记指出："中华优秀传统文化源远流长、博大精深，是中华文明的智慧结晶，其中蕴含的天下为公、民为邦本、为政以德、革故鼎新、任人唯

---

[1] 《习近平在中共中央政治局第十二次集体学习时强调建设社会主义文化强国着力提高国家文化软实力》，人民日报，2014-01-01。

[2] 水利部编写组：《深入学习贯彻习近平关于治水的重要论述》，人民出版社，2023年。

[3] 《习近平在中共中央政治局第三十九次集体学习时强调把中国文明历史研究引向深入推动增强历史自觉坚定文化自信》，人民日报，2022-05-29。

图 5-2 黄河鸟瞰图

贤、天人合一、自强不息、厚德载物、讲信修睦、亲仁善邻等，是中国人民在长期生产生活中积累的宇宙观、天下观、社会观、道德观的重要体现，同科学社会主义价值观主张具有高度契合性。”❶ 这些宇宙观、天下观、社会观、道德观都能在水文化中找到源头。这就要求必须立足中国大地，讲好中华文明故事，向世界展现可信、可爱、可敬的中国形象。挖掘水文化蕴含的时代价值，讲好“中国水故事”，延续水历史文脉，推动社会主义文化大发展大繁荣，不断增强中华民族凝聚力和中华文明影响力，朝着建设社会主义文化强国的目标不断前进，这对于弘扬中华文明蕴含的全人类共同价值，提高我国在世界文化格局中的地位，提高我国国际地位和国际影响力，助力实现中华民族伟大复兴的中国梦，具有重大意义。



### 三、水文化是坚定文化自信的重要根基

习近平同志在庆祝中国共产党成立 95 周年大会上的讲话中把文化自信与道路自信、制度自信、理论自信相提并论，并指出“文化自信，是更基础、更广泛、更深厚的自信”❷ “文化自信”理念是习近平总书记在“道路自信、理论自信、制度自信”基础上的创造性发展，是马克思主义文化理论中国化的创新性成果，是建设文化强国和复兴中华文明的重要理念。习近平总书记指出：“坚定文化自信，离不开对中华民族历史的认知和运用。历史是一面镜子，从历史中，我们能够更好看清世界、参透生活、认识自己；历史也是一位智者，同历史对

❶ 习近平：《高举中国特色社会主义伟大旗帜为全面建设社会主义现代化国家而团结奋斗》，人民日报，2022-10-26。

❷ 习近平：《在庆祝中国共产党成立 95 周年大会上的讲话》，人民日报，2016-07-02。

话，我们能够更好认识过去、把握当下、面向未来。”[1] 文化立世，文化兴邦。文化自信，是一个国家、一个民族、一个政党对自身文化价值的充分肯定，是对本民族优秀传统文化生命力和继承、弘扬、发展、繁荣的坚定信念和信心，是一个民族可贵的精神品质。坚定文化自信对坚持中国道路、弘扬中国精神、凝聚中国力量，实现“两个一百年”奋斗目标和中华民族伟大复兴的中国梦，具有特殊重要的意义。

2017 年，习近平总书记指出大运河是祖先留给我们的宝贵遗产，是流动的文化，要统筹保护好、传承好、利用好。2019 年以来，习近平总书记先后考察了长江流域、黄河流域，南水北调工程等，明确指出“九曲黄河，奔腾向前，以百折不挠的磅礴气势塑造了中华民族自强不息的民族品格，是中华民族坚定文化自信的重要根基”[2]。习近平总书记高度重视文化建设，围绕坚定文化自信、建设文化强国发表了系列重要讲话，作出了系列重要论述，为我们推进水文化建设提供了根本遵循。我们要充分认识坚定文化自信的重要意义，准确把握坚定文化自信是实现中华民族伟大复兴的必然要求、是牢牢掌握意识形态工作领导权的题中之义、是参与世界文明格局重构的客观需要，进一步坚定文化自信，延续历史文脉，加强水文化建设，努力续写好我们这代人的新篇章。水文化作为中华文化的重要组成部分，保护传承弘扬水文化就是在保护传承弘扬中华文化，这对于坚定文化自信，对于复兴中华文明和中华民族、全面建设社会主义现代化国家，对于增强各民族对中华民族和中华文化的认同、铸牢中华民族共同体意识，具有重要的理论意义和现实意义。[3]

### 四、水文化为实现中华民族伟大复兴的中国梦凝聚精神力量

习近平总书记强调：“一个国家、一个民族的强盛，总是以文化兴盛为支撑的，中华民族伟大复兴需要以中华文化发展繁荣为条件。”[4] 以黄河文化为例，作为中华文化中最具代表性、最具影响力的主体文化，其发展对中华民族的伟大复兴具有重要意义。习近平总书记指出：“要深入挖掘黄河文化蕴含的时代价值，讲好‘黄河故事’，延续历史文脉，坚定文化自信，为实现中华民族伟大复兴的中国梦凝聚精神力量。”[5] 在我国 5000 多年文明史上，黄河流域有 3000 多年是全国政治、经济、文化中心，孕育了河湟文化、河洛文化、关中文化、齐

---

[1] 习近平：《在中国文联十大、中国作协九大开幕式上的讲话》，人民日报，2016-12-01。

[2] 中共中央党史和文献研究院：《十九大以来重要文献选编（中）》，中央文献出版社，2021 年。

[3] 水利部编写组：《深入学习贯彻习近平关于治水的重要论述》，人民出版社，2023 年。

[4] 《习近平在山东考察时强调认真贯彻党的十八届三中全会精神化改革的强大正能量》，人民日报，2013-11-29。

[5] 习近平：《习近平谈治国理政（第三卷）》，外文出版社，2020 年。

鲁文化等，文化底蕴深厚。我们要加强黄河治理历史研究，深入挖掘黄河文化的时代价值，讲好“黄河故事”，系统梳理其中蕴含的中华优秀传统文化、革命文化和社会主义先进文化元素，让黄河文化与现代价值相承接，不断增强人民群众的文化自信，为实现中华民族伟大复兴的中国梦凝聚精神力量。

我国正处于全面建成社会主义现代化强国、实现第二个百年奋斗目标的关键时期，为实现中华民族伟大复兴的目标，必须付出更为艰巨、更为艰苦的努力。习近平总书记指出：“年轻一代要继承和发扬吃苦耐劳、自力更生、艰苦奋斗的精神，摒弃骄娇二气，像我们的父辈一样把青春热血镌刻在历史的丰碑上。实现第二个百年奋斗目标也就是一两代人的事，我们正逢其时、不可辜负，要作出我们这一代的贡献。”[1] 习近平总书记指出：“红旗渠精神同延安精神是一脉相承的，是中华民族不可磨灭的历史记忆，永远震撼人心。”[2] 红旗渠精神、抗洪精神已成为中华民族精神的象征，中国人民长期以来形成的伟大创造精神、伟大团结精神、伟大梦想精神，共同铸就了不断传承和发扬的奋进之魂。这些宝贵的精神财富必将鼓舞和带领新时代的中国青年积极投身党和国家发展建设的伟大事业中。中华儿女责无旁贷要将红旗渠精神、抗洪精神镌刻于心、落实于行，赓续红色血脉，坚定理想信念，牢记宗旨使命，传承奋斗精神，凝聚力量，心无旁骛，苦干实干，从而全面建成小康社会，实现中华民族伟大复兴的中国梦[3]。

## 附：延伸阅读与实践教学设计

1. 延伸阅读

王瑞芳：《当代中国水利史》，北京：中国社会科学出版社，2014 年。

张含英：《历代治河方略探讨》，郑州：黄河水利出版社，2014 年。

2. 实践教学设计

查阅资料，了解浙江新安江水库的修建历史，并进行简要梳理。

---

[1] 《发扬延安精神和红旗渠精神，全面推进乡村振兴——习近平总书记陕西延安和河南安阳考察重要讲话引发热烈反响》，人民日报，2022－10－30。

[2] 《发扬延安精神和红旗渠精神，全面推进乡村振兴一习近平总书记陕西延安和河南安阳考察重要讲话引发热烈反响》，人民日报，2022－10－30。

[3] 水利部编写组：《深入学习贯彻习近平关于治水的重要论述》，人民出版社，2023 年。

# 第六章 近现代以来治水兴水的实践、成就及意义

近代以来，面对“三千年未有之大变局”，清王朝在风雨飘摇中艰难维持政局：政治上，朝廷对地方的掌控力不断减弱，从上到下，腐败严重；经济上，各种不平等条约带来的巨额赔款，使清政府背上了沉重的债务包袱，西方资本主义入侵进一步深化，封建统治者赖以统治的农村自然经济开始解体……这些导致清政府难以正常运转，各个领域多无暇顾及，治水之事日益荒废。民国时期，中国传统水利科学技术向现代水利科学技术过渡。这一时期，江河治理及防洪形势日趋严峻，一批仁人志士为长江治理开发进行了不懈的努力和探索，专门的治江机构建立，三峡水力资源开发的设想被提出，中国第一座水力发电站——石龙坝水电站诞生。中国共产党在艰苦卓绝的环境下，在革命根据地积极开展水利建设，兴修了许多水利工程，成绩斐然。中华人民共和国成立后，新政权马上投入到兴修水利这一事关人民生命财产安全、农业生产发展的大事中来，党和政府带领全国人民开始了治水兴水的伟大实践，取得了举世瞩目的伟大成就。

# 第一节　近现代社会的水利实践

## 一、晚清时期

晚清河道治理积弊严重，正如姚汉源指出的："自乾隆以后，河岁修、抢修经费每年约六十万两，另外还有厢埽、筑坝等工费叫'另案'，每年常为一二百万两。两项常在三百万两以内。实际上工程多虚报数量，或先打算要多少钱，再折算数量，当时成为习惯。"[1] 到了嘉庆、道光年间，尽管整修河道费用成倍增长，但河道官员贪污腐败、奢侈豪华之风日盛，清帝多次申斥，毫无效果。

自清咸丰五年（1855）至民国38年（1949），黄河多次决口，水患不断。清光绪二十年（1894）至清朝灭亡，运河以西决口两次，其余数十次决口均在运河以东。清光绪二十四到二十五年（1898—1899），李鸿章勘查山东黄河，建议河道大修，曾聘任比利时人卢法尔查勘河道，并提出设电线、通电报、定规章、上游造林、培堤、守险等措施，但多未执行。后随着帝国主义入侵而止，到了清光绪二十八年（1902），山东设立河防电报局，清宣统元年（1909），开始用电报传递洪讯，各种新设备逐渐引入，但在工程建设上仍沿用传统旧法，效率低下。

整个近代社会，河患愈烈，淮河、长江、永定河等也时常发生水灾，清政府进行了大量修治。京杭大运河明代曾重整畅通，但到清末淤塞以至湮废。农田水利日益衰落，运河行漕层层盘剥，黄河决溢干扰淮河，也加剧了灾害，百姓苦不堪言，民生凋敝。

## 二、民国时期

### （一）国统区

自1912年至1949年止，黄河决溢107次；淮河时常泛滥；长江发生特大洪水，多处决堤，国民政府多次修防。这一时期是中国传统水利科学技术向现代水利科学技术过渡的重要时期，引进了西方新的科学技术和治理方法。

黄河所带来的灾害自古就是治黄的难题，1937年，抗战全面爆发前，国民政府大致构建起一套事权相对统一、专业化程度较高的黄河治理体制，隶属于全国经济委员会的黄河水利委员会（以下简称"黄委会"），负责黄河"一切兴利防患事务"。黄委会在沿黄各省设立修防处，负责具体的修守事项；沿黄各省军政协助办理黄河河务；各省的黄河修防经费由黄委会监管，各省按时拨交黄

---

[1] 姚汉源：《中国水利发展史》，人民出版社，2005年，第476页。

委会规定的修防经费备用，不足的部分由中央酌量补助。全面抗战开始后，出于国防需要，国民政府将军事力量注入既有的治黄架构，形成一套结构松散的战时治黄体制❶。

1919 年，孙中山先生发表著名的《建国方略》，最早提出整治长江航道和开发三峡水力资源的设想。1931 年、1935 年长江流域发生了两次大洪水，湖北、湖南最严重，京汉铁路一度停运，武汉整个汉口、半个武昌、部分汉阳浸在水中一个多月。此后，政府开始重视长江防洪问题，国民政府以工代赈，加固修筑沿江堤防，这是民国时期规模最大的一次堤防修筑工程。在长江上游，重点维修了都江堰。在长江中游，20 世纪 20—30 年代，汉中、南阳等地修建了一些中小型灌溉工程。1912 年在昆明建成的石龙坝水电站，是中国第一座水力发电站，1925 年在泸州建成的济和水力发电厂（后改名为洞窝水电站）是中国自主设计建造的第一座水力发电站。

农田水利建设方面也有进展，被称为关中八惠的泾惠渠、渭辉渠、泔惠渠、洛惠渠、梅惠渠、黑惠渠、涝惠渠、沣惠渠大部分建成于 20 世纪三四十年代。

**（二）解放区**

中国共产党在领导革命斗争的同时还发展生产，积极进行水利建设，取得了很大的成就。共产党领导下的治水兴水可以追溯到湖南农民运动时期，毛泽东把修筑塘坝列为农民运动的 14 件大事之一；1934 年 1 月 23 日，毛泽东在江西瑞金召开的第二次全国工农代表大会上发出了“水利是农业的命脉”的号召；到了革命圣地延安，在陕甘宁边区，同样开展了轰轰烈烈的水利建设与大生产运动。

这一时期先后修建了东华陂、红井、新四沟、裴庄渠（幸福渠）、绥惠渠、南泥湾渠、宋公堤、雪枫堤、淮北大堤、石津灌区、沕沕水水电站、导沭整沂工程等重要水利工程，这些水利工程虽然功能不尽相同，但代表了当时共产党人在那段峥嵘岁月里一边战斗、一边建设的卓越水利成就。

以裴庄渠为例，裴庄渠又叫幸福渠，1939 年 8 月动工，1939 年 4 月底建成竣工并开闸放水，共历时 8 个月。这一工程是在陕甘宁边区政府领导下，广泛动员人民群众共同参与建设完成的。当时边区政府财政极度困难，仍然拨付建设经费 4000 元，同时委派水利专家丁仲文对水渠建设进行勘测设计，指导整个修建过程。建成之后，被《新中华报》称为“新式水利工程”，为了充分发挥裴庄渠的功能，陕甘宁边区政府建设厅自 1942 年起，加强了对这一工程的管理。一方面，成立了裴庄水利管理所，配备了专业技术工作人员；另一方面，创新了管理机制，先是成立了裴庄渠水利合作社，民主选举主任、会计、宣传、组

❶ 张岩：《战时国民政府治黄体制的运行及其困境——以黄泛区治黄工程为中心》，《近代史研究》，2023 年第 2 期。

织、工程等5个委员，组成管理机构，具体负责水渠的护理和灌溉等事宜；同时，发动周边群众按照每亩地2元入股。

## 第二节 当代治水兴水的伟大实践

习近平总书记指出："我国是世界上水情最为复杂、江河治理难度最大、治水任务最为繁重的国家之一。"[1] 对于一个以农业生产为经济基础，农耕文明为底色的国家，水利与国家的历史变迁、前途命运、国计民生密切相关。因此，中华人民共和国成立后，党就开始领导全国军民，坚持不懈地探索实践，治水兴水事业在各个方面都得到了蓬勃发展。

### 一、大江大河治理

1949年11月8—18日，水利部在首都召开全国各解放区水利联席会议，将水利作为安邦兴国的一项重大工作进行部署，这实际上是第一次全国水利会议。会议正式确定了新中国水利建设初期的基本方针，同时"对于各河流的治本工作，首先是研究各重要水系原有的治本计划，以此为基础制订新的计划"[2]。新中国的大规模的治水事业是从治理淮河起步。

（一）治理淮河的实践

首先，成立机构。1949年4月，安徽组织领导10余个县治理淮河支流；6月，成立淮河防汛委员会；8月13日，淮河防汛委员会首次开会，明确提出"全面防汛，重点抢修"的方针；1950年11月，治淮委员会正式成立，负责规划和领导淮河流域水利工作，指挥机构从江苏南京迁到安徽蚌埠。其次，明确方针。1950年10月14日，当时的政务院发布周恩来总理主持制定的《政务院关于治理淮河的决定》，明确了治淮的方针、步骤、机构、经费等重大问题，正式将"蓄泄兼筹"作为治理淮河的指导方针。再次，制定规划。1951年4月底，治淮规划《关于治淮方略的初步报告》在原淮河水利工程总局规划的基础上完成，7月，又对这一报告进行了补充，并最终得到中共中央和水利部批准。最后，兴修工程。1950年11月，新中国第一个大型水利建设工程——淮河治理工程开工。第一期是拦蓄洪水工程，主要是兴修三座山地水库。到1957年冬，历经8年的不懈治理，淮河治理初见成效，兴修了蓄洪工程、灌溉渠道与水闸，治理了河道、修建了堤防等。

---

[1] 水利部编写组：《深入学习贯彻习近平关于治水的重要论述》，人民出版社，2023年，第2页。

[2] 中国社会科学院，中央档案馆编：《1949—1952年中华人民共和国经济档案资料选编·农业卷》，社会科学文献出版社，1991年，第444页。

### （二）治理黄河的实践

习近平总书记曾深刻指出："实践证明，只有在中国共产党领导下，发挥社会主义制度优势，才能真正实现黄河治理从被动到主动的历史性转变，从根本上改变黄河三年两决口的惨痛状况。"当这一历史性任务交到中国共产党人手中，便开启了党治理黄河的伟大实践。

一是成立专门治黄机构。1946 年，中国共产党领导成立了冀鲁豫解放区黄河水利委员会，由此翻开了人民治黄的新篇章。

二是构建防洪工程体系。1950 年，黄河水利委员会根据下游河道特点和堤防工程的状况，制定了以"宽河固堤"为主要内容的一系列措施，正式开启人民治黄史上第一次黄河大修堤。此后，党和政府不断投入大量的人力、物力、财力进行大规模的治黄建设，三门峡水利枢纽、陆浑水库、故县水库、小浪底水利枢纽和河口村水库等水利工程先后在黄河中游干支流建成，而且实现了五库联合调度。黄河下游两岸临黄大堤总长 1371.2 千米，经历了 4 次加高培厚；开辟了北金堤、东平湖等分滞洪工程，开展了河道整治工程和滩区安全建设，基本形成"上拦下排、两岸分滞"的下游防洪工程体系。70 多年来，黄河从早期"宽河固堤""蓄清排浑"，到如今"拦、调、排、放、挖"的立体防护模式，中国这条独特的河流治理之路，流淌出绿的底色。



三是治理水土流失。水土流失是治理黄河的重要难题，也是造成黄河水患的重要原因，随着治理黄河思想的不断进步和完善，治黄理念和措施也随之调整。据黄河水利委员会发布的《黄河流域水土保持公报（2021 年）》显示：黄河流域累计初步治理水土流失面积 25.96 万平方公里，黄河流域水土保持率从 1990 年的 41.49％、2020 年的 66.94％提高到 2021 年的 67.37％，其中黄土高原地区 2021 年水土保持率 63.89％[1]。黄河在历史上有过惨痛的教训，导致水土流失非常严重，因此，沿黄各省份在治理水土流失问题上均下了较大力气，尤其上中游，以宁夏为例，大力开展小流域综合治理、坡改梯和淤地坝建设，南部山区探索出"山顶封山育林、山坡荒山造林、山脚退耕还林、山村生态移民"的治理方式，形成了"工程引水、水库蓄水、地窖存水、智能节水、生态养水"的水生态建设模式，蓄水保土功能显著增强[2]。

四是科学合理用水。黄河流域水资源利用问题，是治理黄河的一大难题。一方面，水资源严重不足、供需矛盾突出，用水结构不合理、水资源利用率不高等问题长期困扰黄河治理；另一方面，沿线人口多，涉及省份多，用水需求

---

[1] 王浩：《黄河流域治理水土流失 25.96 万平方千米 水土保持率提高到 67.37％》，人民日报，2022－12－05。

[2] 王延斌，王迎霞，张景阳，史俊斌：《治理水土流失，黄河流域在行动》，科技日报，2022－08－01。

多。因此，在治黄过程中，逐渐摸索出了将水资源作为最大的刚性约束，以“节水增效”为核心，加快形成绿色生产生活方式，坚决遏制不合理用水需求，提高水资源配置效率，精打细算、从严从细用好黄河水，为破解“用水之困”提供有效方案。

五是形成治理新格局。在新时期，随着数字化技术的普及和应用，治黄思想也随之调整，如何更好地利用数字技术推动治黄事业高质量发展就成为首要课题。最近几年来，黄河流域治理通过稳步推进“数字黄河”向“智慧黄河”升级发展，以及“黄河一张图”“一个数据库”等信息化工程建设取得显著成效，新时期黄河治理“大平台共享、大数据慧治、大系统共治”的格局初步形成，有力推动了黄河治理体系和治理能力现代化。

（三）治理长江的实践

长江治理在中华人民共和国成立以后有了翻天覆地的变化。治理长江是中国共产党水利事业的重要组成部分，党的第一代领导集体对长江治理同样倾注了大量的心血。毛泽东同志“截断巫山云雨，高峡出平湖”的宏伟蓝图得到了实践。

首先，搭建组织架构，进行制度设计。1950 年 2 月，组建长江水利委员会（以下简称“长江委”），负责长江的治理开发保护工作；1951—1953 年，提出了《关于治理长江计划基本方案的报告》，制订了治理长江的三阶段计划，包括培修加固堤防为主、堤防结合运用蓄洪垦殖区、兴建山谷水库拦洪。



其次，修建一系列水利工程。一是开展大规模干支流堤防修复，比如长江堤防堵口复堤、荆江分洪工程等，成功战胜 1954 年全流域性大洪水；二是修建了以灌溉、供水功能为主的水库和灌区配套工程；三是建设了一批大型水电工程，如丹江口水利枢纽、鸭河口水库、白莲河水库、柘溪水库、漳河水库、陆水水库等，实施了下荆江裁弯工程。

再次，保护中上游生态环境，治理水土流失。由于长江中上游长期存在的森林植被破坏、围湖造田等问题，导致水土流失严重，沿线湖泊的蓄水调节能力不断减弱，治理长江的重要实践之一就是保护上游生态环境，提高中下游地区的防灾减灾能力，治理入海口和沿海区域的水污染问题。

最后，推动实施长江流域协同治理。2016 年，专门指导长江经济带发展的《长江经济带发展规划纲要》明确要求“推动协同治理，协调处理好上中下游、干流支流等关系”。2021 年施行的《中华人民共和国长江保护法》专门强调了长江流域的协同治理。实践方面，长江流域各行政区域积极开展协同治理工作，加强长江流域司法协作，健全长江流域协调机制。

## 二、农田水利建设持续推进

中华人民共和国成立前，中国共产党就非常重视农田水利建设。中华苏维

图 6－1 长江干堤湖口段



埃临时中央政府时期，江西、福建等苏区就组织工农代表大会讨论兴修水利问题，江西农民代表大会通过了《整顿水利草案》，闽北分区工农民主政府颁布了《改良水利宣传大纲》，修理整顿水利陂圳、山塘、水塘等，修复筒车、水车等水利工具以灌溉农田，栽种树木涵养水源。从抗日战争时期到解放战争时期，各边区政府都出台了兴修农田水利的政策措施。1938 年，陕甘宁边区公布《陕甘宁边区抗战时期施政纲领》，规定要“开垦荒地，兴修水利，改良耕种，增加农业生产”；1942 年，晋绥边区颁布《晋绥边区兴办水利条例》；1943 年，晋察冀边区政府颁布《晋察冀边区兴修农田水利条例》，晋冀鲁豫边区颁布《太行区兴办水利暂行办法》；同时，各革命根据地军民在党的领导下，开渠、凿井、修堤、挖沟、疏浚河道，积极开展农田水利建设和治河运动，到 1948 年年底，华北解放区水地已达 1552.6 万亩，太行区增加水田 529417 亩[1]。

中华人民共和国成立之初，全国的农田灌溉面积为 2.4 亿亩，大约占当时耕地面积的 16.3%，人均灌溉面积仅有 0.44 亩。中华人民共和国成立后，中国共产党一方面优先治理江河水灾，另一方面，加大了对农田水利建设的投入。

随着国民经济的恢复，党和政府充分认识到农业基础地位的重要性，更加重视农田水利建设，农田水利建设工作的重点也进行了一些调整，从最初以整修恢复原有灌溉、排水工程为主，逐步转为按照国民经济发展的需求，有步骤、有计划地兴修新的水利工程设施，提高和扩大农业抵抗水旱灾害的能力，尽可

[1] 王瑞芳：《当代中国水利史（1949—2011）》，中国社会科学出版社，2014 年，第 72－78 页。

能地发挥水资源的使用效益，扩大农田水利灌溉面积。在全国多个地方修复了一些重要的水利灌溉工程，极大地解决了农业生产中的干旱灌溉问题，这些灌溉工程包括河北省的金门渠、蓟运河的扬水灌溉工程、山东省的绣惠渠、四川省的都江堰、陕西省的洛惠渠等，同时新建了河北石津渠、河南省引黄灌溉济卫工程等。“大跃进”时期，全国各地掀起了群众性的农田水利建设高潮，江苏、湖南、湖北、广东等省农田机电排灌发展迅猛，尤其江苏省发展速度最快，走在了全国的前列，这一时期取得了空前的成就，为农业生产创造了有利条件，也为此后的水利建设打下了一定基础，但也出现了一些错误。农业学大寨运动中，全国农村掀起了农田水利基本建设的高潮，先后建成了甘肃景泰川高扬程提水一期工程、陕西宝鸡引渭上塬工程、四川都江堰扩建工程、湖北引丹灌溉工程、安徽淠史杭灌区、江苏江都排灌站等，特别值得一提的是安徽淠史杭灌区工程，从 1958 年决定兴建，到 1988 年，先后建成总干渠 2 条，总长 145 公里，干渠 11 条，总长 840 公里，实际灌溉面积达到了 830 万亩[1]。这些农田灌溉工程，扩大了农田灌溉面积，对改变上述地区的贫困落后面貌起到了一定的积极作用。



根据 1981 年中国共产党十一届六中全会通过的《关于建国以来党的若干历史问题的决议》中总结：“全国灌溉面积已由一九五二年的三亿亩扩大到现在的六亿七千多万亩，长江、黄河、淮河、海河、珠江、辽河、松花江等大江河的一般洪水灾害得到初步控制。”

经过中华人民共和国成立后的建设实践，农田水利建设形成了以群众运动方式兴办小型水利的模式。农田水利灌溉管理制度进行了一系列改革，更加重视管理，提高水利工程设施的效益，促进了水土保持工作的起步并取得了一定成效。

### 三、重大水电工程的建设

旧中国战争频繁，经济发展迟缓，国力衰落，缺少必要的资金支持，水电工程建设极其艰难。到 1949 年，全国水电总装机仅 36 万千瓦，年发电量仅有 12 亿千瓦时[2]。

中国水能资源十分丰富，水电潜能巨大，水电事业有着十分美好的前景。中华人民共和国成立后，中国共产党领导下的新中国十分重视发展水电事业，自力更生，艰苦奋斗，开启了水电事业的新征程。从第一座“自主设计、自制设备、自己建设”的大型水电站——新安江水电站开始，中国水电事业蓬勃发

❶ 安徽省地方志编纂委员会编：《安徽省志·水利志》，方志出版社，1998 年，第 322 页。

❷ 水利部：《70 年水电之变，中国越来越“亮堂”》，中国日报网，2019－09－29。

展，越来越多的大型综合性水利水电枢纽屹立在全国各地的大江大河之上。

大致上说，新中国的重大水电工程建设可分为三个阶段。

第一阶段，百废待兴艰难起步。新中国的水电事业可以追溯到1948年，当时东北三省刚刚解放，中国共产党迅速对日伪时期留下的丰满水电站进行了维修、加固和改扩建工作。应当说，对丰满水电站开展的上述工作，不仅为当时整个东北发展提供了重要的能源保障，而且还为新中国培养了一大批水电技术骨干人才，堪称新中国水电事业的摇篮。黄河上的第一座电站——三门峡水电站，是中华人民共和国成立后的首座大型水电站。1957年4月开工，1960年4月第1台机组发电。新安江水电站是我国自行设计、自制设备、自主建设的第一座大型水电站，也是我国第一座百米高的混凝土重力坝。新安江水电站的建设不仅在各方面都达到了设计目标，而且还结合我国的国情，实现了不少重大技术创新，如宽缝重力坝、坝后式厂房溢流等，这些技术方面的创新和突破为我国的水电建设带来了巨大的经济和社会效益。1958年9月，我国首座百万千瓦级的水电站——刘家峡水电站在黄河上游开工建设，1975年，刘家峡水电站建成，成为中国水电史上的重要里程碑。此后，我国又陆续建成了一批百万千瓦级的水电站。

图6-2　新安江水电站

第二阶段，改革开放转型发展。党的十一届三中全会以后，国家确立以经济建设为中心的发展方针，全面实行改革开放政策，水电也进行了建设体制改革的探索。1992年，全国人民代表大会批准建设三峡水利枢纽。1999年，全国水电装机容量7297万千瓦（其中抽水蓄能547.5万千瓦），年发电量2219亿千瓦时，分别居世界第2位和第4位。国家实施西部大开发战略，为西部水电开发带来了难得的机遇。雅砻江、大渡河、澜沧江、金沙江、乌江等水能富矿基地按照流域规划有序开发，一批水电工程项目在西部大开发战略和“西电东送”战略实施之后陆续开工并相继投产，我国的水电工程在装机容量与发电量、设计与施工、设备制造与运行管理等多个方面迅猛发展。

第三阶段，自主创新高质量发展。进入 21 世纪以后，水电建设引入竞争机制，投资主体更加多元，梯级开发流域化，水电开发建设步伐不断加快。2012 年 7 月，世界第一大水电工程三峡工程全面竣工，成为全世界最大的清洁能源生产基地，奠定了我国的水电强国地位。单就规模而言，截至 2023 年 6 月底，全国水电累计装机容量达 4.18 亿千瓦，其中常规水电 3.69 亿千瓦。党的十八大以来，在“创新、协调、绿色、开放、共享”发展理念指引下，我国水电发展又进入一个崭新的时代。水电开发被赋予新任务和新使命，要在保护生态环境和做好移民安置的前提下，科学有序开发水电，加快建设抽水蓄能电站，加强流域综合管理。在此背景下，水电开发继续保持高速发展的态势，并迈进高质量发展新阶段。这一时期，国家先后建设了金沙江白鹤滩、乌东德、溪洛渡、雅砻江两河口、大渡河双江口等一批高坝大库。这些工程建成后，通过联合调度、优化运行，一方面，提高了全梯级水电发电量，为电力保供作出重要贡献；另一方面，还显著提升了流域防洪抗旱能力。截至 2020 年年底，全国各大江河水库群总库容超过 9300 亿立方米，可调度总库容超 5000 亿立方米，专设防洪库容 1800 多亿立方米，通过水资源调配、蓄洪补枯，显著降低了洪涝和水旱灾害的损失，长期困扰中华民族生存发展的大范围水患、大面积持续干旱已经成为历史。

## 四、水土保持工作的探索

中华人民共和国成立后，党和政府从单纯的治地表之水转向了“系统治水”，表现在对水土保持工作的重视，在各个不同时期，推动水土保持工作的实践形式也不相同，既有宏观上的制度设计，也有法律、机构、机制方面的努力，还有具体的水土保持行动，水土保持工作成绩斐然。

水土保持工作重点在黄河，各项政策措施、机构设立也都是以黄河为主要治理目标和服务对象。1952 年，当时的政务院发出了《关于发动群众继续开展防旱、抗旱运动并大力推行水土保持工作的指示》；1957 年，国务院发布了《中华人民共和国水土保持暂行纲要》，并成立了国务院水土保持委员会；1964 年，国务院制定了《关于黄河中游地区水土保持工作的决定》；1965 年，成立黄河中游地区水土保持委员会；1955 年、1957 年、1958 年三次召开全国水土保持工作会议；1963—1966 年曾先后召开三次水土保持重点地区会议；1973 年、1977 年两次召开黄河中游水土保持工作会议。

在各地试点的示范带动下，以黄土高原和黄河中游地区治理为先导，水土保持工作在各地展开。1982 年，国务院颁发了《中华人民共和国水土保持工作条例》，成立了全国水资源水土保持工作协调小组，召开了第四次全国水土保持工作会议，提出了普遍宣传、坚决保护、重点治理的方针。随着对水土保持工作认识的不断深化，治理水土流失更加精准化，也从黄河流域扩大到对其他大江大河水土流失的治理。比如，1983 年，国家明确将辽河流域的柳河上游，海河流域的永定河上游，黄河流域的皇甫河、三川河、无定河以及定西县，长江流域的葛洲坝库区和江西兴国县等八个片区列为国家水土流失治理重点区。到了 1988 年，长江上游也被列入国家重点治理区。1991 年 6 月，《中华人民共和国水土保持法》颁布实施，标志着我国由此走上依法防治水土流失的轨道。

此后，国务院相继出台了一系列配套法规，建成了比较完善的水土保持管理和监督机构，有力地推动了生产建设项目水土保持“三同时”制度的落实。水利部根据党中央的战略部署和经济社会发展对水土保持工作的要求，以及基层的探索实践，在充分肯定以往成功经验的同时，对新时期治理思路进行了调整，提出要树立人与自然和谐共生的思想，既要提升保护意识，采取有力的措施，又要尊重大自然的力量，发挥生态的自我修复能力，重点是促进植被恢复和生态系统整体性改善，这是水土保持生态建设的一个重大战略调整。2001 年 11 月，水利部发出了《关于加强封育保护，充分发挥生态自我修复能力，加快水土流失防治步伐的通知》（水保〔2001〕529 号），正式提出了开展生态修复的设想和要求；2003 年 6 月，印发了《关于进一步加强水土保持生态修复工作的通知》（水保〔2003〕236 号），从认识、规划、政策、监督等多个方面对生态修复进行了部署。



为探索不同地区实现生态自我修复的途径，以便在大范围开展生态修复工程积累经验，2002 年开展了“水土保持生态修复试点工程”，至 2008 年年底，先后两批在 200 多个县开展了试点工程。各省（自治区、直辖市）也开展了一批地方试点工程。在试点过程中，地方政府加强了生态修复保护的配套建设，主要通过建设优质高效小流域水源工程；在水源地推行舍饲养畜；开展实施生态移民、以电代柴等，较好地解决了群众生产生活问题，为大面积封育保护创造了条件。此后，2020 年，自然资源部印发《山水林田湖草生态保护修复工程指南（试行）》（自然资办发〔2020〕38 号）；国家发展改革委、自然资源部印发《全国重要生态系统保护和修复重大工程总体规划（2021—2035 年）》（发改农经〔2020〕837 号）的通知；2021 年 12 月，水利部出台的《“水安全”保障规划》，有专门章节强调“水土保持和河湖整治”。关于生态修复问题，除水利部之外，自然资源部、生态环境部等更多国家部委参与其中，可以说，生态修复已成为 21 世纪水土保持的核心理念，并逐步得到了全社会广泛认同。

除了以上四个重要方面外，当代治水兴水的实践中还有一个尤其值得注意的方面，那就是解决饮水困难，让老百姓喝上放心水，河南安阳林县的红旗渠就是其中的典型。20 世纪 80 年代以前，农村供水设施匮乏，有些地方农村群众直接饮用坑塘水、涝坝水。改革开放后，我国实施饮水解困工程，解决了严重缺水地区的饮水困难问题。进入“十三五”时期，农村饮水安全保障工作转入巩固提升阶段。到了“十四五”时期，水利部等 9 部门印发《关于做好农村供水保障工作的指导意见》（水农〔2021〕244 号），把农村供水保障推进作为全面推进乡村振兴的一项重要任务。回顾这一阶段，从水井时代到自来水时代，我国老百姓经历了从“扁担挑水”到“水龙头一拧”的巨大跨越，饮用水方式的改变使得乡村生产、生活方式迎来质变。可以说，水给乡村振兴注入了新的巨大的活力。进入新时代，中国共产党把满足人民日益增长的对美好生活的向往作为出发点和落脚点，进一步完善农村供水工程体系，无论是东部发达省份，还是中部的安徽、湖北，或是西部的宁夏、甘肃等省份均已实现城乡同饮。更进一步说，亿万中国农村居民生产生活用水无忧，生存的尊严和生命本身的幸福感就有了无比坚实的根基。



## 第三节　当代治水兴水的重大成就

中华人民共和国成立后，党领导下的水利事业发生了重大变化，取得了重大成就，像红旗渠、三峡工程、南水北调工程等重大水利、水电工程都举世闻名，成为新中国标志性的建设成果和许多国家政要和人民的参观目的地。各级党委政府始终把治水作为重要的建设任务，先后开展了对黄河、海河、长江、淮河等大江大河的治理。改革开放以来，党和政府把水利建设摆到了国民经济发展更加重要的位置，对水利的投入进一步加大，建设步伐明显加快，关系国计民生的一大批重点水利工程开工兴建，中国共产党人以战天斗地的勇气与魄力创造了令人振奋、前所未有的辉煌成就，为国家富强、人民幸福提供了坚强有力的物质支撑和保障。

### 一、社会主义革命和建设时期

中华人民共和国成立之后，一穷二白，百废待兴，财政相当紧张。对当时的中国而言，农业是国民经济的基础，水利则是农业的命脉，水利关系亿万人民的生产生活，关系国家的粮食安全，国家投入了巨大的资金用于水利建设，水利工程和规模跃居世界前列，水利工程体系日益形成。这些水利工程在防御水旱灾害、保障工农业生产和人民生命财产安全、保障经济社会可持续发展、改善人民饮水质量等方面发挥了重要作用。

灌溉工程类包括十八团渠、人民胜利渠、苏北灌溉总渠、天渠、位山灌区、淠史杭灌区、韶山灌区、景泰川电力提灌工程、固海扬水工程等。例如，固海扬水工程是国家级大型电力提灌工程，是宁夏建设最早、规模最大的公益性生态扶贫扬黄灌溉工程。从1975年至2003年，宁夏固海扬水工程先后修建了同心系统、固海系统和固海扩灌系统，该工程受益区域为吴忠市同心县、红寺堡区，中卫市沙坡头区、中宁县、海原县，固原市原州区等3市6县（区）共16个乡镇，为161.79万亩农田和120多万人及70多万头大家畜提供了生命之水、生态之水、幸福之水。

防洪水库类包括官厅水库、佛子岭水库、梅山水库、大伙房水库、十三陵水库、岗南水库、山美水库、松涛水库、岳城水库、密云水库、沂沭泗河洪水东调南下工程。

水电站类包括长寿狮子滩水电站、新安江水电站、刘家峡水电站、万安水电站、乌江渡水电站、白山水电站、龙羊峡水电站等。

水利枢纽工程类包括荆江分洪工程、三门峡水利枢纽工程、青铜峡水利枢纽工程、丹江口水利枢纽工程、江都水利枢纽工程、葛洲坝水利枢纽工程等。

饮水工程类包括红旗渠、东深供水工程、引滦工程。

水土保持类工程（如黄土高原淤地坝）极具特色，在中华人民共和国成立后的诸多水利工程中，所占的比例并不高，但它们的意义非常重大，影响非常深远。除了淤地坝建设，党和政府还领导实施了坡地改梯田、小流域治理、退耕还林等重要措施。经过多年治理，黄土高原的水土流失得到了显著改善，流失面积从最严重时的45万平方公里，减少到21万平方公里，年均流入黄河的泥沙已由中华人民共和国成立之初的16亿吨减少到2亿～3亿吨，黄土高原由“黄”变“绿”，大大改变了黄河沿线的生态。

图6-3　黄土高原无定河畔淤地坝

## 二、改革开放和社会主义现代化建设新时期

进入改革开放和社会主义现代化建设新时期，受市场经济观念和改革开放的影响，水利建设的方针政策也开始出现转变，水利工作的重点从抓建设新工程转移到抓管理、注重发挥现有水利工程的效益上来。但随着一些水利设施的老化、损坏，防洪功能受到严重影响，1991 年的华东特大洪水和 1998 年全国范围的特大洪水发出了警示。此后建设了多项各类水利工程，既开发利用了水资源，又从整体上提高了防御特大洪水的能力，最大限度地减轻了水旱灾害对中国经济社会及生态环境的负面影响。

水电站类包括鲁布革水电站、天生桥一级水电站、二滩水电站、李家峡水电站、广州抽水蓄能电站、锦屏一级水电站、溪洛渡水电站、糯扎渡水电站、拉西瓦水电站、向家坝水电站、水布垭水电站、小湾水电站、索风营水电站等。

防洪水库类包括观音阁水库、青草沙水库等。

水利枢纽工程类是这一时期水利建设成就的核心组成部分，包括小浪底水利枢纽工程、乌鲁瓦提水利枢纽工程、满拉水利枢纽工程、万家寨水利枢纽工程、三峡工程、江垭水利枢纽工程、尼尔基水利枢纽工程、龙滩水利枢纽工程、百色水利枢纽工程、紫坪铺水利枢纽工程、峡江水利枢纽工程、亭子口水利枢纽工程。其中，三峡工程即长江三峡水利枢纽工程，于 1992 年由全国人民代表大会批准建设，1994 年正式动工，2003 年 6 月 1 日开始蓄水发电，2009 年全部完工。它历经百年设想、半世纪论争、反复论证，它的决策凝结了党的三代中央领导集体的无数心血——毛泽东同志描绘三峡工程蓝图，邓小平同志拍板修建三峡工程，江泽民同志把三峡工程的梦想变为现实，中华民族的三峡梦终于得以实现。建成之后的三峡工程，是世界上规模最大的水电站，也是中国有史以来最大型的水利工程项目，具有航运、发电、防洪等十多种功能。

水域治理类包括治太骨干工程、浙东千里海塘、淮河入海水道工程、木兰溪综合治理工程、长江重要堤防整治加固工程、塔里木河流域综合治理工程、临淮岗洪水控制工程、黄河标准化堤防、黑河流域综合治理工程、石羊河流域重点治理工程、坡耕地水土流失综合治理工程、渭河综合整治工程等。

饮水工程类包括南水北调东中线一期工程、浙东引水工程、牛栏江—滇池引水工程、引洮供水工程、陕甘宁盐环定扬黄工程、引黄济青工程、引大济湟工程、引黄入晋工程等。以浙东引水工程为例，1971 年，浙江大旱，即提出浙东引水设想，但受当时条件所限，一度搁置。2003 年，在浙江省委、省政府领导、谋划下，工程进入实质性阶段；2005 年，曹娥江大闸开工；2009 年，萧山枢纽开工，该工程以杭州萧山枢纽为起点，引富春江水至萧绍宁，分南北两路并行，北线经曹娥江到慈溪，南线则经曹娥江到宁波以及舟山，主要由富春江

引水枢纽及输水河道、曹娥江大闸、曹娥江上游水库、曹娥江以东配套输配水建筑物及河道等工程组成。建成以来，惠及杭州、宁波、绍兴、舟山 4 个市、18 个县（市、区）、1750 多万人口。

图 6 - 4　中国第一河口大闸——曹娥江大闸

### 三、中国特色社会主义新时代

党的十八大以来，习近平总书记站在战略和全局的高度，深刻洞察我国的国情水情，深刻分析经济社会发展大势，提出“节水优先、空间均衡、系统治理、两手发力”治水思路，为新时代水利工作提供了根本遵循和行动指南。在新时代，党中央统筹推进水灾害防治、水资源节约、水生态保护修复、水环境治理，解决了中华人民共和国成立以来许多长期想解决而没有解决的水问题，水利事业取得了历史性成就、发生了历史性变革，筑牢了国泰民安的水利根基。

这一时期的水利建设成就涵盖了水电站、流域治理、水利枢纽、引水工程、地下水监测工程等。

水电站类包括丰宁抽水蓄能电站、丰满水电站全面治理（重建）工程、两河口水电站、双江口水电站、乌东德水电站、白鹤滩水电站等。

流域治理类包括叶尔羌河防洪治理工程、雄安新区新安北堤防洪治理工程（一期）、黄河宁蒙河段二期防洪治理工程、红石岩堰塞湖整治工程、松花江干流治理工程、出山店水库等。

水利枢纽工程类包括大藤峡水利枢纽工程、拉洛水利枢纽工程、阿尔塔什水利枢纽工程等。

饮水工程类包括鄂北地区水资源配置工程（一期）、夹岩水利枢纽及黔西北供水工程、农村供水工程、引江济淮工程、引汉济渭工程。

地下水监测工程类主要是国家地下水监测工程，这一工程应该是具有鲜明时代特色的基础性工程。长期以来，地下水超采问题严重，国家层面缺少全面、科学的监测数据。该工程于2015年6月启动，总投资金额达22亿元，由自然资源部和水利部共同建设，共建成20469个监测站点。这一工程具有重大意义，它成为国家级地下水三维自动化监测网，对人口密集区、国家重大工程区、地下水超采区、地面沉降区进行重点监测，实现了对我国主要平原盆地和岩溶含水层地下水水位、水质的有效监测。

## 第四节　当代治水兴水伟大实践的重大意义

中华人民共和国成立后，党和政府在各个历史时期都高度重视水利事业，在重大水利水电工程建设、大江大河治理、农田水利建设、小流域治理、水土流失治理、大型调水工程等诸多方面，都取得了前所未有的辉煌成就。新中国治水兴水的伟大实践，功在当代，利在千秋，对人民群众生产生活条件的改善以及国家的富强、民族的复兴，乃至于全社会生态文明观的塑造都具有重大的意义。

### 一、治水兴水提高广大人民群众的民生福祉

中国共产党100余年来持续不断的水利建设，所产生的影响是多方面的，单从物质角度来说，首先，人民的生命财产安全有了基本的保障。从因水旱灾害导致百姓流离失所、饿殍遍野的悲惨世界变成了安居乐业、国泰民安的太平盛世，水旱灾害防御能力日益提高，抗旱抗涝能力显著提升，保障了国家粮食安全。其次，人民用水用电得到了充分保障，“农村水电造福全国1/2地域上3亿多无电人口……累计解决了5.2亿农村居民和4700多万农村学校师生的饮水安全问题，提升了2亿多农村人口的供水保障水平”[1]。最后，水土流失得到有效治理，生态环境明显改善。“累计治理水土流失面积131.5万平方公里”，习近平总书记高度肯定了“黄河流域生态环境明显改善”，指出“三江源等重大生态保护和修复工程加快实施，上游水源涵养能力稳定提升。中游黄土高原蓄水保土能力显著增强，实现了‘人进沙退’的治沙奇迹，库布齐沙漠植被覆盖率达到53%”[2]。

---

[1] 《治水为民 兴水强国——热烈庆祝中华人民共和国七十华诞》，中国水利报，2019-10-01。

[2] 习近平：《在黄河流域生态保护和高质量发展座谈会上的讲话》，《求是》，2019年第20期。

图 6-5　库布齐沙漠植被



因此，党领导下的治水兴水实践，不仅保障人民的人身安全、饮水安全、粮食安全，而且维护了生态安全，改变了生态环境。共产党人除水害、兴水利，为民造福，不懈努力，把江河泛滥、灾害频发、社会动荡、民不聊生的旧中国，变成了江河安澜、水旱从人、山清水秀、社会安定的美丽中国。

## 二、治水兴水推动中华民族实现伟大复兴

历代党和国家领导人都高度重视治水兴水的伟大事业，参与了重大水利工程建设、大江大河治理等方面的决策和重要水利方针政策的制定。毛泽东主席发出了“一定要把淮河修好”“要把黄河的事情办好”“一定要根治海河”等一系列伟大号召，绘制了新中国水利建设的宏伟蓝图。邓小平同志积极推动三峡工程的论证和前期准备工作，为三峡工程最终上马作出了积极贡献。江泽民同志强调：“水利是功在当代、利在千秋的伟大事业，每个人都有义务关心、支持水利建设，为水利事业做出贡献。”胡锦涛同志明确指出：“水利工作要把切实保护好饮用水源，让群众喝上放心水作为首要任务。”习近平总书记汇聚了历史的经验、前人的智慧以及中国共产党治水的经验教训，对水利事业作出了一系列重要指示和论述，形成了新时期党的治水方略。

正是在每一代领导集体的重视和推动下，新中国先后建成了长江三峡、黄河小浪底、葛洲坝工程、南水北调工程等一大批令全世界刮目相看的重大水利水电工程，一项项工程刷新了中国乃至世界的纪录，让新中国逐步成长为水利大国、强国。这些伟大实践，不仅为中国经济的腾飞奠定了基础，也为最终实

现中华民族的伟大复兴注入了强大的动力。回顾100余年的治水实践，中国共产党始终是领导治水的核心力量，带领全国人民，谱写了中华民族治水史上一篇又一篇辉煌壮丽的篇章。

## 三、治水兴水走出了具有中国特色的水利现代化道路

与世界上其他文明相比，中国治水兴水的历程波澜壮阔，影响巨大，意义非凡，创造出了独具特色的水利文明，它是以马克思列宁主义、毛泽东思想和中国特色社会主义理论体系为指导，充分发挥中国特色社会主义制度的优越性，充分发动各族人民群众，凝聚出团结治水、合力兴水的巨大力量，探索出一条具有中国特色的水利现代化道路。

中国共产党始终坚持以人民为中心，从抗洪救灾到饮水安全，从水土流失到地下水开采，从大江大河到各个小流域有序开发，始终坚持把人民群众最关心、最直接、最现实的水利问题摆在重要位置。通过长期不懈的努力，让人民群众感受到水利事业不断发展给自身带来的便利感、安全感和幸福感。中国共产党始终高瞻远瞩，着眼于党和国家发展全局，牢牢把握水利事业改革、发展的方向，科学谋划水利事业的总体布局，精心制定水利建设的目标任务，为新中国经济社会发展提供了水安全、水支撑、水保障。中国共产党历经艰难和挫折，不断总结经验，吸取教训，尊重并敬畏自然规律，既讲人定胜天、改造自然，也讲人水和谐、尊重自然，用科学的态度看问题，按规律办事情，处理好国家发展与生态环境之间的关系，重视利用思想创新、科技创新，不断调整发展和保护、利用和修复的关系，统筹解决水资源、水生态、水环境、水灾害问题。

## 四、治水兴水促进生态文明思想日趋完善成熟

习近平总书记指出："水是生存之本、文明之源。""要坚决落实以水定城、以水定地、以水定人、以水定产，走好水安全有效保障、水资源高效利用、水生态明显改善的集约节约发展之路。"我国治水思路经历了从主要"为农业服务"向"为国民经济和社会发展全面服务"转变，从"传统水利"向"现代水利、可持续发展水利"转变。这是一种治水思想的转型，意味着生态环境作为一种系统性工程，不断得到有效治理，江河湖泊总体面貌发生历史性变化；水安全保障更加牢固，国家水网建设迈出坚实步伐；水支撑能力不断夯实，助力经济社会高质量发展；山水林田湖草沙系统化治理成为新时代水利治理的核心理念。建立在治水兴水实践中的生态文明思想随着时代的发展、经验的累积、观念的进步日益成熟，成为今后及未来中华文明的重要组成部分。

如今，我们已经踏上了新的伟大征程，坚持用习近平生态文明思想为航向，

继续努力治水兴水，绘就人水和谐、人水共生的大美画卷，为中华民族永续发展、为人类文明长盛不衰提供更加坚实的水利保障。

## 附：延伸阅读与实践教学设计

1. 延伸阅读

习近平：《在黄河流域生态保护和高质量发展座谈会上的讲话》，《求是》，2019 年第 20 期。

习近平：《在深入推动长江经济带发展座谈会上的讲话》，新华网，2018－06－13。

水利部编写组：《深入学习贯彻习近平关于治水的重要论述》，北京：人民出版社，2023 年。

2. 实践教学设计

组织参观一次水情教育基地、水利博物馆或其他与水利相关的展览，了解当地水利发展的历史，从一个区域的角度感受中国共产党治水兴水的伟大功绩。

# 第七章 当代水文化研究与水利人才培养

水文化研究作为一项综合性的学科领域，旨在研究水文化对于社会、经济、环境等方面的影响和推动力，并探讨人类与水资源的关系、不同文化对水的认知和价值观。当代水文化研究不仅关注传统的水文化遗产，还强调对当代水资源问题的思考和解决方案。通过深入研究和理解水文化，能够更好地面对当前的水资源挑战，促进可持续的水资源管理和社会发展。

与此同时，水利人才的培养也具有重要意义。水资源管理涉及多个领域，包括水资源规划、水利工程建设、水环境保护、水灾害防治等，需要拥有跨学科背景和专业知识的人才支持。只有通过培养高素质的水利专业人才，不断提高水资源的综合利用效率，加强水环境保护，创新水利技术和管理模式，才能够应对日益增长的水资源需求和挑战。

因此，水文化研究与水利人才培养既是应对当代水资源挑战的必然需求，也是实现可持续水资源管理的重要保障。本章将回顾当代水文化研究的发展现状，探究水文化研究在理论和实践方面的突破和成果；同时介绍当前水利人才培养几种策略和路径，希望为读者提供有益的思考和启示。

## 第一节　国内外当代水文化研究

自 20 世纪 60 年代以来，全球经济快速发展，受资源开发、城市化和人口增长等因素的推动，人类对水资源的需求持续增长，这导致水资源供应矛盾、过度利用和水环境污染等问题愈发严重，全球水危机日益显现。与此同时，全球气候变化和城市化进程等因素进一步加剧了全球水危机。为解决这些问题，人们不仅需要运用工程技术手段，更需从人类与环境的关系角度思考水问题，寻求新的解决策略。因此，从人文社会科学角度关注水问题，通过强化和提升人们的价值观念来影响人类的水行为和水事决策，已经成为解决水危机和实现水资源可持续利用的关键环节。正是在这样的背景下，水文化的研究和应用得到了重新认识和重视。

水文化研究涉及多个学科，如地理学、生态学、社会学、历史学等，旨在从不同角度探讨水资源与人类文明、社会经济发展之间的关系，有助于更好地认识水资源的内涵和价值，为水资源管理、水环境保护和可持续发展提供有效途径。当代水文化研究是对全球水资源、水环境保护及可持续发展的关注和回应。在应对全球水资源挑战的过程中，水文化研究发挥着重要作用。

### 一、国际水文化研究概况

19 世纪末，西方国家开始对流域水环境进行综合治理，主要以防洪、供水和航运治理为目标，以造福人类的观念为主导，逐步展开了水资源调配、水土保持、发电和旅游等多维度的统一规划。1972 年，联合国教科文组织（United Nations Education Scientific and Culture Organization，UNESCO）在斯德哥尔摩召开了首届世界水资源大会，提出了水资源可持续利用和水环境保护的重要性。此后，随着生态环境问题的日益突出，人们意识到水不仅是人类社会发展的资源，还是精神慰藉、灵感和身份认同的来源，水文化研究逐渐成为全球范围内的研究热点。

1999 年，联合国政府和联合国教科文组织水理事会共同成立了国际水历史学会，旨在向公众传播水文化知识，提高人们对水在人类发展进程中的作用的认识。关注并理解水在人类社会进步中的地位和作用，人类改造水环境的过程，以及水与不同国家、不同民族及不同文化背景人们的经济、社会、文化发展之间的密切关系等问题。

2010 年，包括意大利、法国、葡萄牙和西班牙等国家的相关研究机构和高等院校在内的多个国家发起了“水的形态”研究项目。该项目旨在通过设计和开展水文化遗产专题活动，探索水文化遗产系统的研究方法，提高水文化遗产的研究水平，从而在世界范围内提升社会公众对与水相关的文化遗产的认知和保护意识，引导社会公众用历史发展的眼光重新审视水资源短缺和气候变化的严峻形势，并反思人水和谐关系[❶]。

2013 年，美国著名学者戴维·格罗恩费尔特出版了《水伦理：用价值的方法解决水危机》[❷] 的专著，主要探讨了如何通过伦理分析来解决水危机。他致力于探索如何使"价值判断"成为水资源决策必须考虑的前提条件之一，以期采取人类价值层面的若干措施来逐步缓解并最终解决全球水危机等问题。

联合国教科文组织一直致力于构建水资源学科的知识基础，相关成果包括国际水文计划和《联合国世界水资源发展报告》等。21 世纪以来，以流域协调发展为目标的流域综合治理受到越来越多的重视，学者开始研究古代水利工程对现代和未来可持续用水技术的潜在参照价值。他们认为，水利基础设施在国家建设中具有核心作用，科技发展带来的新型信息技术不断应用于流域保护工作，促进流域的可持续发展。



从国际研究进展来看，西方国家出现了大量与水伦理、水文化、水文化传播和全球水危机等相关的非政府、非营利组织，其研究重点在水文化和水文化传播方面。西方学者强调文化应属于公众，并认可水文化在社会发展中的核心价值。

国际上普遍把水文化分为精神层面、行为层面、制度层面和物质层面。在精神层面上，各民族和宗教文化都有关于水的理解，不同民族和文化基于对水的不同理解，形成了不同的关于水的价值观，进而影响人们对水的伦理判断和行为。在行为层面上，人们对待水的行为受价值观的直接影响，这种影响表现在如何认识水、使用水、保护水等方面。不同的价值观导致人类不同的水行为，进而影响水的状况，主要表现在水和人类生存的平衡关系上。不良的水状态，如水短缺和水环境污染等，将直接影响人类的生存。制度层面上，主要是不同民族、不同国家、不同文化利用水、管理水的各种制度。物质层面上，主要是具有文化内涵的古代或现代水利工程，如古罗马时期的引水渠、喷泉等。水文化的产生与水和人类社会生活方方面面不可分割的联系是一致的[❶]。

## 二、国内水文化研究的发展历程

1988 年，当时水利部淮河水利委员会召开的淮河流域的宣传工作会议首次

---

❶ 邓俊、吕娟、王英华：《水文化研究与水文化建设》，《中国水利》，2016 年第 21 期。

❷ Groenfeldt D：Water and ethics：a values approach solving the water crisis，London and New York：Routledge，2013.

提出了开展水文化研究的倡议。其提倡的研究领域包括研究水事、水政、水利的发展历史和彼此关系，研究水文化与人类文明、社会发展的密切关系和研究水利事业的共同价值观念等。1989 年《治淮》杂志第 4 期发表《应该开展对水文化的研究》❶ 的文章；《水利天地》发表了《漫谈水文化》❷ 的文章。同年 11 月 5 日，由《中国水利报》淮河记者站和《治淮》杂志编辑部联合向全国发出了《关于召开水文化研讨会的倡议》。这些有关水文化的讲话、文章和倡议，很快在社会上引起了强烈反响，自此，水文化研究逐渐受到广泛关注。

1993 年，中国水利文学艺术协会水文化研究会成立，进一步推动了水文化研究事业的发展。自 1995 年起，连续举办五届中国水文化研讨会，累计征集论文 400 多篇，与会人员 350 余人，形成了一支分散在各地的水文化研究队伍。此后，众多水文化研究专著相继出版。目前国内对水文化的研究以水利工程为切入点，深入探讨灌溉、引水、防洪设施等方面的问题。此外，还整理、研究了水文化相关的古籍文献，并加强了对水文化遗产的保护。在人文社科研究领域，一些学者探讨了水文化在政治史、经济史及社会史方面的影响，以及涉水相关民间信仰与民俗的研究。



党的十七大以后，为了贯彻推进社会主义文化大发展、大繁荣的精神，时任水利部党组书记、部长陈雷同志在学习贯彻党的十七大精神传达报告中提出："积极推进水文化建设，以水利实践为载体，弘扬水文化传统，创造无愧于时代的先进水文化，推动社会主义文化大发展大繁荣。"在此形势下，陕西省渭河流域管理局把首届渭河论坛的主题确定为水文化。山东省水利厅把 2008 年确定为中国水文化年。这一切对提高水利工程和水利建设在文化品位、满足人民日益增长的物质和文化的需要、振兴可持续发展水利等方面都发挥了积极作用。党的十七大精神和陈雷部长的重要讲话为加强水文化建设指明了方向，预示着水文化将迎来又一个繁荣发展的新阶段。

2011 年，中共十七届六中全会要求全党全国人民共同努力，推进社会主义文化的大发展大繁荣，掀起社会主义文化建设的新高潮。会议强调，应从文化的角度对河流、水利、涉水工程等进行研究，重新审视水与人的关系。为了贯彻中共十七届六中全会的这一精神，水利部颁布了《水文化建设规划纲要（2011—2020 年）》，从而为中国水文化建设提供了共同的行为指南。❸

水文化研究的号召提出不久，水文化开始进入院校教育的殿堂。清华大学、

---

❶ 李宗新：《应该开展对水文化的研究》，《治淮》，1989 年 4 期。

❷ 吴宗越：《漫谈水文化》，《水利天地》，1989 年 5 期。

❸ 时德青、孔玲：《水文化研究 20 年：历程、成就和展望》，《河流开发、保护与水资源可持续利用：第六届中国水论坛论文集》，北京：中国水利水电出版社，2008 年，第 982 - 987 页。

河海大学、华北水利水电大学、浙江水利水电学院、南昌工程学院等高等学府都开展了一些不同形式的水文化研究活动。这一切对水文化的传承和深入研究具有深远的意义[1]。水文化的研究逐渐由分散的个体行为逐步转入有专职人员、专职机构、专门课题进行深入研究并较系统地进行水文化教育的新阶段。目前，华北水利水电大学、浙江水利水电学院、安徽省水利水电职工学院和南昌水利工程学院等高校已把水文化列为选修课，水文化的研究也开始逐步走向专业化、正规化。

中国目前对水文化的研究，以对某项水利工程的科学研究最为深入，包括灌溉、引水、防洪设施。以钱塘江海塘工程文化遗产为例，许多论文及专著分别从不同方面对钱塘江古海塘的塘岸防护方略、塘型结构和附属设施等海塘工程技术进行了较为透彻的解析[2]。其次是整理、研究水文化相关的古籍文献。例如，系统整理海塘相关文献的有：《海塘历史文献集成（上、中、下）》，包含《敕修两浙海塘通志》《海塘览要》《海塘录》《海塘新志》《续海塘新志》《海塘新案》六种文献[3]；李续德等整理的《道光朝东西两防海塘全纪》，由《海盐县新办塘工成案》《续海塘新志》及《东西两防海塘图》三部文献汇录成册，不仅涵盖上谕、奏疏，且收集了勘估筹议及石工、埽工等章程办法，还汇集了不少文告及往来函件，全面反映了当时海塘建设的艰难过程，方便读者深入了解和理解某一案例的来龙去脉，对海塘研究和水利工程建设有借鉴意义[4]。在水文化基础上展开的人文社科研究，则是近几年新兴的水文化研究主题。例如，和卫国、王大学等人对明清钱塘江海塘修筑程的政治史、经济史及社会史解读[5]，还有少数文章着眼于钱塘江海塘民间信仰与民俗的研究[6]。



---

[1] 李宗新、靳怀堾、尉天骄：《中华水文化概论》，郑州：黄河水利出版社，2008 年，第 347 页。

[2] 陶存焕、周潮生：《明清钱塘江海塘》，北京：中国水利水电出版社，2001 年；赵刚等：《钱塘江海塘塘型结构沿革》，《浙江水利科技》，2015 年第 3 期；赵刚等：《钱塘江海塘护塘建筑物技术演进》，《浙江水利科技》，2015 年第 2 期；贺俊、陈振华：《钱塘江临江古海塘维修养护若干技术问题探讨》，《城市道桥与防洪》，2014 年第 9 期；陈伟、袁淼：《钱塘江古海塘护塘技术》，《浙江建筑》，2019 年第 2 期；蒋弘毅等：《钱塘江古海塘护坦结构失效机制试验研究》，《岩土力学》，2013 年第 1 期；蒋弘毅等：《钱塘江古海塘塘基防渗加固现场试验研究》，《岩土工程技术》，2013 年第 5 期。

[3] 符宁平、闫彦：《海塘历史文献集成（上、中、下）》，北京：中国水利水电出版社，2017 年。

[4] 李续德等：《道光朝东西两防海塘全纪》，北京：中国水利水电出版社，2016 年。

[5] 主要代表作有：和卫国：《治水政治：清代国家与钱塘江海塘工程研究》，北京：中国社会科学出版社，2015 年；王大学：《明清"江南海塘"的建设与环境》，上海：上海人民出版社，2008 年。

[6] 杨丽婷：《清代钱塘江潮神崇拜研究》，《浙江水利水电学院学报》，2019 年第 4 期；陈方舟：《钱塘江海塘的水神祭祀文化》，载杭州市政协文史委员会：《杭州文史》第 7 辑，杭州：杭州出版社，2017 年，第 33－49 页。

## 三、国内外水文化研究的对比与思考

从前两部分对国际上水文化研究与国内水文化研究的发展历程的介绍可以发现，中外水文化研究的内容、研究对象及研究方法都存在一定的差异。

任何一种与水有关的持续性人事活动或者社会行为都能成为一种水文化，而中西方不同的地理环境造就的社会特征造成了双方水文化研究内涵上的差异。中国的水文化本质上是围绕大河流域发展起来的农耕文化，体现出中国民族的统一性、政治的内向性和凝聚力；而西方的水文化本质上是沿海地区的人民建立的海洋文化，体现了海洋文明的扩展性和外向性。

此外，国际上水文化研究人员来自政治学、社会学、人类学等不同学科行业，对水与文化之间的关联研究颇广，因此开展的水文化研究较为系统，有些成果还成为联合国起草相关文件时的重要参考。反观中国，从事水文化建设的群体主要来自水利行业的科研人员，研究内容主要包括水与人类、社会、经济等方面的内在关系，相比国外学者的全社会性思考，中国对水文化的探讨与研究在内容和形式上并不宽泛。

在研究主题上，西方国家更注重人类普遍水权利和全球水危机等主题的研究，并能够借助联合国等国际平台在相关领域做出一些规范性工作。而中国水文化研究则停留在跟踪记录传统水文化的阶段，在传统水文化文献的考证和解读上做了大量工作，研究成果主要为各类图书期刊，主要供水利高校和相关水利机构参考。

在社会推广方面，美国、澳大利亚等国家已经将水文化科普作为基础教育编入中小学文化教育课程中，国外的科普场馆也经常包含内容丰富、形式多样的水文化科普内容，具有很强吸引力。中国的水文化科普教育还处在摸索与起步阶段，科普场馆人均拥有量偏低，青少年科普活动组织力度不强，水文化科普宣传力度和民众参与度较低。

基于当前中国水文化研究的发展现状，中国水文化工作应当紧紧围绕提升文化自信这一目标，抓住中国水利事业发展的大好时机以及保护传承弘扬水文化的历史机遇，从社会关注度、基础教育、体制机制及法律建设、交流宣传等方面持续发力，真正做好水文化建设工作，使水文化成为新阶段水利高质量发展的重要支撑[1]。

---

[1] 许诗丹等：《国内外水文化研究对比与思考》，《人民黄河》，2022 年第 A1 期。

## 第二节　当代水利教育与水利人才培养

“水利”最早见于《吕氏春秋·孝行览·长攻》，但最早给予水利一词以比较完整的概念的，是西汉的司马迁。他在《史记·河渠书》中提到：“自是（瓠子堵口成功）之后，用事者争言水利。”司马迁时代“用事者”所争言的“水利”，其实包含三个方面的重要内容，即以黄河干流沿岸为代表的洪水治理、以运河修建为主的河道整治以及以渠系建设为核心的灌溉事业。此后，中国便沿用水利这一术语。到了近代，1934 年，中国水利工程学会第三届年会的决议提出：“水利范围应包括防洪、排水、灌溉、水力、水道、给水、污染、港工八种工程在内。”现代以来，随着社会经济的发展，人和水的关系越来越密切、复杂，水利也就有了更丰富的内容。国外没有与“水利”一词完全对应的词语，有关水利专业内容的教育大都放在土木工程或环境工程教育当中，一般很少有专门的水利院校。而在中国，早在学习西方开办学堂的时候，就有水利专业方面的教育。进入现代化以后，水利教育的体系和教育形式有了很大进步，并且培养了大批高质量的水利人才。



### 一、中国当代水利教育体系概况

水利教育是以水利科学的基本理论、基本知识、基本技能和先进技术为教学内容，对具有初中以上文化程度的学生及水利职工所实施的专业教育，其任务是培养水利高中级专门人才和水利技术工人，提高水利职工的业务素质和科学技术水平。

水利教育是一个复杂且多元的体系，既要满足整个社会教育体系的要求，又要适应水利行业的特性。在社会的人才结构决定教育结构的规律下，水利教育作为社会教育体系的一部分，既有其共性，又具有其特性。现代教育是一个包括学校教育和非学校教育、普通教育和职业教育、成长教育和继续教育、基础教育（特指初等、中等教育）和高等教育的大系统。这些教育类型，也必然要反映到水利教育结构体中来。现代水利系统主要人才类型包括知识型（工程型）、技术型（知识-技能型）、技工型（技能-知识型）。学科类别上属于“大理工类”范畴，这构成了水利人才的基本结构。其中知识型人才承担着知识创新和技术开发的使命；技术型人才起着将科学技术转化为现实生产力的中间传递作用；而技工型人才则负责将技术创新成果应用于具体的操作中。

中华人民共和国成立以后，水利教育经历了曲折的发展道路。1951 年，全国高等学校进行院系调整，成立了华东水利学院（1985 年改名河海大学）和武汉水利学院（1959 年改名武汉水利电力学院）。1952 年前后相继建立了黄河水利学校、辽宁省水利学校等一批水利中等专业学校、水利技工学校和水利职工学校。1958—1960 年，除部分高等学校增设水利专业、扩大招生外，又增加水利高等院校 21 所。与此同时，有些省、自治区又新成立一些水利学校、水利技工学校和水利职工学校。1959—1961 年，各级各类水利院校先后进行调整、撤并。1966—1970 年的 5 年中，水利高等教育完全停止了招生，20 世纪 70 年代初开始招收工农兵学员，学制 2～3 年，人数依然很少。至 1978 年，全国共有 26 所高校设有水利学科专业，从 1950—1978 年累计培养水利学科专业本科毕业生近 4 万名。20 世纪 80 年代，经过拨乱反正，水利高等教育得到恢复与一定的发展。从 20 世纪 90 年代初开始，随着水利基础设施和基础产业地位的逐步确定，国家加大了对水利的投入，水利高等教育得到了较快的发展。至 1999 年，全国有 61 所高等学校设有水利学科专业，其中独立设置的以水利为特色的高校 8 所（含大专）。1978—1999 年累计培养水利学科专业本科毕业生近 8 万名。

1998 年至今，水利高等教育迎来了一个新的发展时期，其历史背景有以下两点：①从 1999 年开始的全国范围的大扩招，高等教育规模迅速扩大，开始从精英教育走向大众化教育；②从 1998 年洪水以后，中央提出了水利工作的新方针与水利发展的新思路，进一步明确了水利作为国民经济基础设施和基础产业的地位，水资源可持续利用以及人与自然和谐相处的观念已逐步为社会所接受，水利、水电、水运事业迎来了又一个大发展的时期。与此相适应，水利学科专业的设置数、招生人数也有了大幅度的增加[1]。党的十八大以来，聚集水利事业高质量发展目标，水利高等教育开始了以培养高素质应用型水利人才为重点的新的一轮教育教学改革，以适应社会经济的发展对人才的新需求，适应治水思路从传统水利向现代水利和可持续发展水利的转变。

1. 水利高等教育

水利高等教育分专科、本科和研究生三个层次。专科培养面向生产第一线的以技术应用为主的工程技术人才，招收具有高中毕业文化程度的学生，修业年限为 2～3 年。本科培养高级工程技术人才，招收具有高中毕业文化程度的学生，修业年限为 4 年，少数大学为 5 年，毕业生可获得学士学位。研究生分攻读硕士学位和博士学位两个独立培养阶段，修业年限各为 2～3 年。专科水利类专业与本科相近。

2. 水利职业技术教育

水利职业技术教育分水利中等专业教育和水利技工教育。水利中等专业教育培养中级工程技术人才，招收具有初中毕业文化程度的学生，修业年限一般

[1] 陈自强：《水利概论》，南京：河海大学出版社，2002 年。

为 4 年，设置的专业有农业水利技术等。

3. 水利职工短期培训

水利职工短期培训是以工作岗位、职务所必需的理论知识和技能为主要学习内容，培训工人、专业技术人员、行政管理人员和领导干部，培训期多在一年以内。短期培训一般由职工所在单位或主管部门组织安排。

4. 水利网络教育

目前，万物互联的格局正在形成并逐步转入深层次融合发展，在大力实施《全国水利人才队伍建设“十三五”规划》的背景下，出现了“互联网＋水利教育培训”。

以 2009 年由水利部统一建设、面向行业开展网络教育培训的中国水利教育培训网为例，水利网络教育的优点可以总结为以下几点：

（1）水利网络教育具有高效性和便捷性。中国水利教育培训网作为水利电子政务的重要应用系统，能够面向全行业开展网络教育培训，使得水利职工可以随时随地进行学习，提高了教育培训的效率。

（2）水利网络教育具有针对性。根据《2024 年水利干部教育培训规划》等文件的要求，中国水利教育培训网对水利行业干部参加网络培训的覆盖率和每人每年应取得的学时数作出了具体规定，使得培训更具针对性。



（3）水利网络教育具有丰富的课程资源。中国水利教育培训网的课程资源丰富多样，既有理论教育、党性教育等党政干部培训课程，也有水资源管理、水生态文明建设、水法律法规、水库运行管理等各类“短、平、快”的水利业务网络培训课程，为广大水利干部职工开展网络自主选学提供了门类多样的课程资源。

（4）水利网络教育具有强大的技术支持。中国水利教育培训网采取分布式部署方式，在长江委、黄委、海委、淮委、珠江委、小浪底枢纽管理中心等 6 个单位部署分布式课件服务器，大大提升了远程培训能力。

总的来说，水利网络教育通过其高效性、针对性、丰富的课程资源和强大的技术支持，为我国水利行业职工提供了优质的教育培训服务。

## 二、中国当代水利专业概述

水利科学是一门人类社会改造自然的科学，涉及自然科学和社会科学许多门类的知识。它的内涵学科主要有基础学科和专业学科，其中基础学科包括水文学、水力学、河流动力学、固体力学、土力学、岩石力学等；专业学科包括防洪、水力发电、港口与航道、海岸防护与围垦、水土保持、城镇供水与排水等。它的外延学科主要有气象学、地质学、地理学、测绘学、农学、林学、生态学、机械学、电机学以及经济学、历史学、管理科学、环境科学、计算机科学等。水利类专业包括水利水电工程专业、水文与水资源工程专业、港口航道与海岸工程专业等[1]。本科专业介绍根据《普通高等学校本科专业目录（2024年版）》所列，水利类（0811）专业类下设4个基本专业、2个特设专业。基本专业介绍如下：

1. 水利水电工程

培养目标：本专业培养具有水利水电工程勘测、规划、设计、施工、科研和管理等方面的知识，能适应社会经济发展的需要，基础扎实、知识面宽、能力强、素质高，富有创新精神和能力，具有国际视野和交流能力，能在水利、水电、土木、交通等行业从事勘测、规划、设计、施工、科研和管理工作的高级工程技术人才和管理人才。本专业学生主要学习水利水电工程的基本理论、基本知识，接受水利水电工程规划与设计、建设与管理基本技能的训练，具有水利水电工程的勘测、规划、设计、施工管理等基本能力。

主干课程：工程测量学、动力学、钢筋混凝土、结构动力学、水工建筑学、工程水文、水利工程经济学、水工建筑物设计、水电站建筑物、结构设计与应用等。

2. 水文与水资源工程

培养目标：本专业培养适应经济社会发展需求，具备水文学、水资源、水环境以及计算机、外语、经济和管理等方面的知识，能力强、素质高，敢于创新，善于合作，能在水利、水务、能源、交通、城建、农林、环保、国土等部门从事与本专业有关的勘测、评价、规划、设计、预测预报、科研和管理等方面工作的高级专门人才。本专业学生主要学习水文学、水资源及水环境等方面的基本理论和基本知识，接受工程测量、科学运算、实验和测试等方面的基本训练，掌握水文学、水资源及水环境等方面的专业基础知识与基本技能，并具备运用所学知识与技能分析解决实际问题、开展科学研究和从事管理工作的基本能力。

主干课程：水力学、水文统计学、水文学原理、水文水利计算、气象学与气候学、水资源系统分析、流域水资源信息系统、水资源勘察与评价、水利水能规划、水资源综合利用等。

3. 港口航道与海岸工程

培养目标：本专业培养具备港口航道与海岸工程专门知识以及一定的工程管理、技术经济和人文科学等方面的知识，能从事港口航道工程、海岸工程以及相近的水利工程、土木工程等领域的勘测、规划、设计、施工、科学研究、

---

[1] 教育部高等学校教育指导委员会：《普通高等学校本科专业类教学质量国家标准》，北京：高等教育出版社，2018年，第366页。

技术开发、技术管理等方面的工作，具有广博的科学素养、深厚的人文素养、扎实的专业素养、创新探索精神和实践能力，具有国际视野的港口航道与海岸工程方面的高素质复合型人才。本专业学生需具有科学、工程和人文三方面的综合素质。学生主要学习港口航道与海岸工程建设所必需的基本理论和基本知识，接受必要的工程设计方法、施工管理方法和科学研究方法的基本训练，掌握较好的科学素养，获得工程测量、科学运算、实验和测试、工程设计与施工等方面基本技能，具备运用所学到的专业知识分析解决实际问题、科学研究、组织管理的基本能力。

主干课程：钢筋混凝土结构学、水力学、工程水文学、河流动力学、海岸动力学、港口规划与布置、港口与海岸建筑物、水运工程施工、航道工程、海岸工程。

4. 水务工程专业：

本专业培养适应21世纪科技生产力发展要求，德、智、体全面发展，具有广泛扎实的自然科学基础，具备良好的计算机、外语、经济、管理等方面的应用基础，掌握水务工程专业基础知识以及专业技能，具有较强的适应性、创新性及协调能力的复合型人才，能在水务、水利、市政、环境、交通等部门从事与水务有关的规划、设计、施工、管理，以及相关的科学研究工作。

主干课程：高等数学、大学物理、大学化学、工程制图、高级语言程序设计、测量学、水力学、工程力学、结构力学、水工建筑物、钢筋混凝土结构、工程水文学、计算水力学、城市规划原理、工程项目管理、给水排水工程、水处理工程、水质模型、水务规划与管理、水灾害防治、环境美学等。

5. 水利科学与工程专业

水利科学与工程主要研究解决水问题所需要的地理学、力学、工程学、管理学等方面的基本知识和技能，了解水资源问题的现状及其发展趋势，进行水利工程的勘测、规划、设计、施工以及水工建筑物的设计、建造等。常见的水工建筑物有坝、水闸、输水管道、码头等。

主干课程：工程力学、结构力学、工程计算机制图、测量学、建筑材料、土力学、水力学、水文学原理与应用、水工建筑学、水资源规划与管理等。

6. 智慧水利专业

智慧水利是指利用物联网、智能传感、云计算、大数据等技术对供水、排水、节水、污水处理、防洪等水利环节进行智慧化管理。

主干课程：水工建筑材料及检测、水利工程测量、工程力学与建筑结构、工程水文与水力学、工程地质与土工技术、水利工程制图、CAD制图、水利工程BIM、数据库基础（SQL）、Python数据分析、物联网技术及应用、水工建筑物、GIS技术、水利信息技术、水利工程智能施工及管控技术、水利工程智能监测与养护维修等。

## 三、国外水利教育概况

21 世纪高等教育改革与发展已成为各个国家十分关注的一个主题。从发达国家高等教育的改革与发展来看，宏观上主要呈现以下趋势：

（1）越来越灵活多样化。在欧美发达国家，一方面大学已不是唯一的高等教育机构，另一方面则是对传统的高等学府脱离社会、周期长、不能适应非正规学习的学生的要求等弊病进行根本性的改革。灵活多样的授课制度、学籍管理制度和办学制度，开放大学、无墙大学、虚拟大学等，使得高等教育的内涵和外延都有了重大变化，无论是在结构、层次、形式、课程还是学生、经费来源方面，都出现了前所未有的灵活多样化。

（2）经济效益与社会效益并重。经济发达国家在十分重视高等教育经济效益的同时，并没有因此而忽视高等教育的社会效益，因为社会效益和经济效益是对立统一的。

（3）扩大数量与提高质量并重。20 世纪 60 年代以来，欧美发达国家的高等教育在规模上发展得非常快，高等学校的在校生数量迅速增加。80 年代虽然有所减缓，但 90 年代又有较大幅度的增长。高等教育已从大众化阶段过渡到普及化阶段。随着规模的迅速扩大，学生人数的剧增，各高校都投入了大量的精力来保证学生达到“高质量”标准。

（4）国际化程度越来越高。第二次世界大战结束以来，各国经济在新技术革命浪潮的推动下，呈现出经济国际化的趋势。适应这一经济国际化的进展，在教育方面推进了学校制度、教育目标与内容的国际化，许多国家都纷纷提出了教育国际化，以适应世界的需要。

由于欧美发达国家工业在经济中的比重下降，再加上已经度过了大规模水电开发和工程建设的阶段，因此很少开设水利工程专业，一般都是在土木工程专业中设有水利工程方向，但是对水文水资源等“偏软”的水利专业，则将其与环境类、管理类专业合并开设，如设水资源与水环境专业、水管理专业等。这与我国水利高等教育的专业设置存在显著区别。下面介绍几个国家的水利高等教育的情况。

### （一）美国水利高等教育特点

美国高校的工程类本科和研究生专业广泛，允许学生在主干课程之外有自由选课的机会。学生可以根据个人兴趣和职业规划自主选择课程，尤其研究生阶段在导师指导下针对特定领域展开有目的的专业培养。实践性教学环节被各学校高度重视，学生在选择实习时间和地点上具有自主权，并有机会联系导师和感兴趣的研究课题。学校与行业、研究机构联系紧密，提供丰富的实习机会，学生的实习经历对毕业后的就业至关重要。

美国高校工程专业课程注重培养学生的综合能力，除工程核心课程外还注重理科、人文、社会科学的学习，学生可以跨学科选修，进一步拓展知识结构，增强就业竞争力。

（二）英国水利高等教育特点

在英国，土木工程学成为一门关于社会基础设施设计、建造、管理与维护的应用工程科学，包括建筑、交通设施、供水、供电、通信、废物处理等方面。土木工程师负责规划、设计和施工各类建筑、桥梁、大坝、管线、水处理厂和交通系统。在这一领域，知识面广泛，强调分析设计、施工管理，同时注重固体力学、水力学以及水处理知识。

英国大学教育注重培养学生独立思考和开放性思维，教育的目的是适应生活和世界，而非仅适应大学本身。这符合 17 世纪英国哲学家洛克关于教育的理念，至今仍占重要地位。知识教育强调性格塑造，将独立思考能力视为核心训练。

（三）德国水利高等教育特点



在德国高等院校的水利学科主要分为四个方向：给水排水工程，水利与经济，水经济与环境工程，水、土地与垃圾管理，各自设在环境工程系、供给工程系或土木工程系。专业方向涵盖水资源保护、水法、环境法、建筑法和水经济等关键课程，培养学生技术、业务、法律、经济、管理多方面能力。教学注重系统性和个性结合，强调专业课教师的组织与支持，内容广泛且新颖。实践教学突出，学生需进行两次长达半年的实习，得到法律保护和经济支持，培养社会需要的高级人才。近年来，外语、信息科学、生态与环境保护等课程备受关注，有助调整专业方向，适应社会需求。

德国教授在教学同时从事科研和社会兼职，高校注重基础性与应用研究并重，聘用科研单位或企业技术人才兼职授课，加强与产业联系。强调实践，学生须在第一线实习，并完成实验设计，培养实际操作技能。学生须参加中期考试和学位考试，考试难度高，内容涵盖多方面，要求综合能力。德国高校注重教学与最新学术成果结合，鼓励学生自主学习和深入思考，并实现大众化教育，实行宽进严出制度，考试成绩不影响教师评价，学生实际就读时间长，充分整合资源，为学生成长提供广泛支持。

（四）俄罗斯水利高等教育特点

在俄罗斯，水利领域的高等教育主要集中在高等技术院校。进入 21 世纪后，该国在水利高等教育领域致力于进行深入和及时的专业设置与教学计划修订和改革，以满足国家发展需求。新的教学计划将学生独立复习时间纳入考虑，并添加了有教师指导的个人作业以提高教学质量。课程设置的变化包括计算机相关、反映科技成就和人文社会科学课程。在教育、生产、科学一体化的理念下，积极推进教学、科研、生产联合体和教研室的建立。作为例子，圣彼得堡国立技术大学已建立两个教学、科研、生产联合体和37个教研室，将教研成果直接应用于企业合作项目。

俄罗斯人认为该系统结构应包括垂直和水平轴向构建，涵盖一般和职业教育阶段，以满足国家能源需求和民生水利高等教育等不同领域的发展要求。因此，着力推动建立完整的继续教育系统❶。

## 第三节　当代水文化公众教育与传播途径

虽然现代社会的水资源问题日益严重，水资源供需矛盾加剧，但人们并未普遍认识到人类活动对水资源破坏的严重程度。为解决日益严重的水问题，推动对水资源进行综合性统筹规划和管理，除了在政策、法律、管理体制方面加强对水资源管理外，还必须开展宣传教育以提高公众的认识。

近年来，我国在水文化传播方面取得了显著进步。这主要体现在以下几个方面：首先，国家和地方政府积极建设各类水文化博物馆、塑造水利先贤雕像以及设立水文化纪念场馆等。其次，创办了一系列刊物和文化网站。此外，利用世界水日、中国水周等重要节日，广泛开展水文化宣讲活动，以此传播水文化以及节水、惜水、水资源保护等理念。

### 一、大众传媒方式中的水文化教育与传播

大众传媒在传播水文化方面起到了重要作用，这些媒体包括但不限于报纸、杂志、广播、电视、互联网以及社交媒体平台。通过这些渠道，水文化的相关知识、理念和价值观得以有效传播，从而提高公众对水资源的保护意识、节水意识、水危机意识以及水忧患意识等方面的认识。

#### （一）报纸、杂志类

《中国水利报》：《中国水利报》前身为1986年由水利电力部主办的《中国水利电力报》；1989年1月，水利部与电力部分开出版报纸，《中国水利报》作为周刊正式出版；1990年1月改为周二刊，1994年1月改为周三刊；1999年至今，由原4版扩为8版，前4版为新闻版和专题版，后4版分别为《蓝色周刊》《经济周刊》和《生活周刊》。以宣传大政方针、指导行业改革、追踪水事热点、开拓涉水市场、报道经济动态、关注基层冷暖为宗旨。其任务是围绕水利中心

❶　黄首晶、李建林：《为行业服务的水利学科特色办学研究　以三峡大学为例》，武汉：华中师范大学出版社，2013年，第45页。

工作，宣传党中央和国务院关于水利工作的大政方针、重要指示，报道水利部的治水思路、工作部署以及水利的大事要闻；宣传水利“两个文明”建设，深入挖掘和剖析水利工作中的热点、难点和焦点问题，交流水利政策、法规、理论和研究成果；关注水在社会各领域的作用和影响，服务地方，服务基层；注重报纸的可读性、知识性和趣味性，宣传水文化，努力提高水利人的文化修养和知识水平。

《中国水利》期刊：水利部主管，中国水利报社主办的综合类机关刊物。前身是创刊于 1950 年的《人民水利》，1956 年更名为《中国水利》。1958 年水利部与电力工业部合并后，《中国水利》与《人民电力》《水利电力工人报》合并为《水利与电力》（半月刊），1966 年起停刊。1981 年更名为《中国水利》复刊，并改为月刊。2003 年起又改为半月刊。大 16 开本，印刷精美（在北京出版），国内外发行。致力于探讨水利发展对策，交流水利科学研究新进展、推广水利新技术、沟通水利与社会。集权威性、前瞻性、指导性、系统性、实用性、可读性于一体，发行量大、覆盖面广、实效性强，是关心关注中国水问题的各级领导、社会知名人士、各级水行政主管领导、水利水电建设和管理人员、规划设计人员、科研院所和大专院校专家、师生的必备案头读物。



《水文化》期刊：源自 1987 年创刊于河海大学的《水利电力政工研究》，1991 年根据水利部、电力部各自独立后的实际情况和工作需要，更名为《水利水电政工研究》。1993 年，《水利水电政工研究》杂志移交长江水利委员会承办，主办单位变更为中国水利职工思想政治工作研究会。2001 年，主办单位变更为水利部精神文明建设指导委员会办公室和中国水利职工思想政治工作研究会。2006 年，为适应水利改革发展和水文化建设的需要，更名为《中国水文化》。2021 年更名《水文化》正式公开发行，成为全国首个公开发行的水文化研究期刊。

30 余年来，杂志作为行业内唯一思想文化类及社科类综合期刊，始终坚持正确的办刊方针，在水文化建设与研究、精神文明建设、思想政治工作研究、单位文化建设等方面作出了重要贡献，刊物质量不断提高，受众面不断扩大，社会影响力不断增强，在水利行业以及部分大专院校、研究机构赢得了普遍认可和广泛关注。

此外，全国各省和有关市水利部门也积极创办水文化刊物，大力宣传地方水文化、传播水文化知识、推广水文化建设的地方经验，积极为推动地方水文化研究和教育搭建平台，产生了一定的影响。其中创办历史较长、较具影响力的主要有《浙江水文化》和《宁波水文化》等。

《浙江水文化》是经浙江省新闻出版局批准，由浙江省水利厅主办、浙江水文化研究院承办的内部刊物（季刊），于2011年创刊，刊物以总结浙江水利好经验、好做法，传播浙江水利好故事、好声音，研究浙江水利建设、水环境治理、水文化资源及开发利用、水文化遗产保护等方面的生动实践为特色，以挖掘弘扬中华优秀传统水文化，保护传承各类水文化遗产，促进水利工程与文化有机融合，大力推动水文化建设，构建人类水生态文明为宗旨，系省域水文化研究、交流和传播的重要平台。主要刊登水政前沿、水文化遗产、地方水利实践、水史论坛、水利工程与文化、水文化研学等题材的文章，主要文类有调研报告、学术论文、人物专访及案例研究等。刊物以水利系统干部职工、水利院校师生、相关研究机构专家学者和水文化爱好者为主要服务对象，立足浙江，服务全国，面向世界。

《宁波水文化》自2014年6月创刊以来，始终坚持围绕习近平新时代中国特色社会主义思想和社会主义核心价值观，坚持正确政治方向和舆论导向，会刊内容积极向上，坚决贯彻以服务现代水利改革发展大局为中心的方针，以“立足行业、面向公众、服务社会”为要求，以打造“宁波水文化品牌”为目标，在深入挖掘水利文脉，主动讲述水利好故事，积极传播水利好声音，进一步提升水利人、水利工作、水利行业的公众知晓度与社会美誉度，以及努力留住宁波人的水利记忆与水文化乡愁、助力宁波文化强市建设等方面积极发挥宣传载体作用。

（二）电视、互联网类

电视、互联网类包括网站、微信公众号等媒介和水文化专题节目、公益广告、动漫等。

“水利文明网”于2006年创建，是反映水利精神文明建设工作的综合性网站，多年来充分发挥了传达上级精神、部署重大工作、展示创建成果、沟通联系基层的重要作用。为适应新时代水利精神文明建设和水文化建设工作的新要求，提高水利精神文明宣传和服务质量，2018年对网站进行了改版升级。改版后聚焦水利精神文明建设主责主业，突出资讯发布，设置中央精神、水利部署、基层动态、通知公告、专题等栏目；拓展服务功能，将文明单位、文明工地、最美水利人、水工程与水文化有机融合。

20集大型文化专题片《水与中华》，2007年6月开始，由中央电视台摄制，水文化研究会副秘书长靳怀堾任总撰稿人，余秋雨任总顾问。通过一个个有关水的故事，全面展示了中华文明与水的关系，黄河文明、长江文明以及都江堰、郑国渠和灵渠等古代伟大的水利工程都得以全面展现。该片在展示中华水文明的同时，也展现了我国目前面临的水污染等问题。希望这部纪录片能够唤起人们对水的崇拜和敬畏，让世人能更自觉地保护水资源。

动画片《中华治水故事》讲述了中国历史上与治水相关的26个故事。如神话中的女娲补天、精卫填海和历史上的大禹治水、西门豹、隋炀帝开大运河等，都是脍炙人口的故事题材。动画片旨在更多地传递人与自然和谐相处、“天人合一”的中国传统治水理念。

《浙水千秋》是一部系列动画评述片，以群众喜闻乐见的动画艺术形式展示历史治水人物形象，弘扬浙江水文化，展现浙江人民传承大禹治水精神，讴歌“五水共治”、共建“两美”浙江的生动场景和精神风貌。入选国家广播电视总局2019年“弘扬社会主义核心价值观共筑中国梦”主题原创网络视听优秀节目。

## 二、节庆活动中的水文化教育与传播

### (一) 世界水日

根据联合国环境与发展大会在《21世纪议程》第十八章所提出的建议，联合国第47届大会将每年的3月22日定为“世界水日”，从1993年开始启动。这一倡议由联合国教科文组织发起，旨在强调全球对水资源的重要性。每年的世界水日活动围绕水资源的多个方面展开，包括水资源与可持续发展、水资源与卫生、水资源与文化等议题。通过组织各种庆祝活动、研讨会和展览，旨在提升公众对水资源的认知和重视，促进社会对水资源的合理利用和保护。这一全球性的倡议旨在唤起人们对水资源可持续发展的意识，倡导保护水资源，强调每个人在维护全球水资源上的责任。



### (二) 中国水周

1988年，《中华人民共和国水法》的颁布标志着中国在水资源管理方面迈出了重要的一步。为了进一步强调水资源的重要性，水利部确定每年的7月1—7日为“中国水周”。然而，考虑到“世界水日”与“中国水周”的主旨和内容基本相同，自1994年起，中国决定将“中国水周”的时间调整为每年的3月22—28日。这一举措的主要目的在于与“世界水日”日期的重合，更加突出宣传活动的重点，进一步凸显“世界水日”的主题。

自1996年开始，中国在每年的“中国水周”活动中设定了特定的宣传主题，以便更好地引导社会关注和重视水资源问题。中国水周活动的举办旨在加强全民对水资源的保护和合理利用意识，推动水资源管理工作的开展，并促进水资源领域的可持续发展。随着中国经济的快速发展和城市化进程的加速推进，水资源供应、质量保护、生态环境修复等问题变得更加紧迫和重要。

在中国水周期间，政府部门、企事业单位、学校和社会组织等各方将共同开展一系列宣传教育活动，包括举办论坛研讨会、举办主题展览、开展水资源科普宣传、推广水资源节约利用技术等。借助互联网和社交媒体的便利，中国水周的宣传活动已经覆盖到更广泛的群体，提高了社会公众对水资源问题的认知度。

中国水周活动的举办不仅有助于加强国民水文化意识和水资源管理能力，也有助于推动政府相关部门出台更加切实有效的水资源管理政策和措施。同时，中国水周的设立为各地区各部门提供了开展水资源管理、保护和宣传工作的契机，推动了全社会对水资源问题的关注和行动，有助于构建生态文明，实现可持续发展目标。

通过每年“中国水周”的举办，中国不仅在国内推动了水资源管理和保护工作的开展，也向世界传递了中国对水资源问题的重视和解决的决心。中国的经验和成果将为全球水资源可持续发展提供宝贵的参考和借鉴，促进国际合作，共同应对全球水资源挑战。随着全球气候变化和人口增长等压力的增加，水资源问题将愈发凸显，中国水周的持续举办将在全球范围内发挥重要的示范和引领作用，为构建水资源保护的美好未来贡献中国智慧和力量。

(三）节水宣传周

从 1991 年起，中国还将每年 5 月的第二周作为城市节约用水宣传周。节水宣传周是一种以提高公众节水意识为目的集中进行的宣传活动。通过举办节水知识竞赛、节水主题讲座、节水科技展览等多种形式，向公众传播节水理念、技术和产品。

全国各省高校组织广大师生开展进学校、进乡村和进社区的水文化宣传“三进”活动，开展系列主题宣传活动，体现出了广泛的社会参与面和强大的社会宣传、教育的辐射效应。通过网络组织水利百科知识竞赛、《中华人民共和国水土保持法》知识竞赛、水法律法规学习考试、水行政执法技能竞赛等，宣传普及水利知识和水利法规。

## 三、公众交流中的水文化教育与传播

### (一）水文化教育基地

水文化教育基地是一种以传播水文化为主要任务的场所，通常设有水文化展览馆、节水教育中心、水科学实验室等。通过参观和体验，使公众更好地了解水文化的内涵和价值。国家与地方政府建设的一些博物馆、水利先贤塑像和水文化纪念场馆等；在公共场所设置水文化相关的标识、雕塑、景观等，营造浓厚的节水氛围，如在公园、广场、街道等地方设置节水宣传牌、喷泉、人工湖等。

进入 21 世纪后，许多省、市、地区水利水务部门，在加强水文化意识和保护水文化的物质文化遗产和非物质文化遗产方面积极开展工作。例如，2000 年，浙江余姚市水利局建立了水利志书收藏馆；2002 年，浙江绍兴市水利局在长时间策划、收集、保护绍兴地区散落民间的水利文物的基础上，恢复、保护了环城运河、运河故道，建立了运河文化园；2009 年，山东滨州市水务局广泛收集可移动水文化遗产和非物质文化遗产，建立了内容丰富的滨州水文化馆；2009 年，水利部在杭州萧山建成了中国水利博物馆；2012 年，陕西水利博物馆建成，是一座集水文化收藏、展示、研究、水情教育及园林景观艺术于一体的水利专业博物馆；2014 年，宿迁市成立水文化展示馆；2021 年，颐和园昆明湖入选北京市第一批水利遗产名录；2021 年，苏州建成印象苏州水文化馆，通过图片、文字、数字沙盘、声光电多媒体等展陈形式，水情教育融入城市文化，展示苏州城市从古至今水利水务的历史变迁；2024 年，由四川省都江堰水利发展中心东风渠管理处、成都市郫都区水务局共同建成蜀水文化博览馆，通过视频故事、动态演示、互动感受等方式传播水文化，集中展示了灌区水利事业历史成就和新时代盛世兴水、治水兴川的丰硕成果。

图 7-1　杭州水利科普馆



（二）水文化建设论坛

水文化建设论坛是一种以水文化为主题的学术研讨会，旨在推动水文化研究的深入发展。2010 年，水利部在济南市召开了第一届中国水文化论坛，编辑出版了《首届中国水文化论坛优秀论文集》并制定颁布了《水文化建设规划纲要（2011—2020 年）》，这标志着中国政府对于水文化建设的全面推动。水文化建设论坛承载着探索传统水文化价值、推动现代水文化发展的使命，为水文化领域的学术研究和交流提供了重要平台。论坛的举办不仅有助于加强国内外水文化领域的合作与交流，还推动了水文化资源的挖掘和传承。随着论坛规模与影响力的逐步扩大，预计未来的水文化建设论坛将继续发挥引领和促进作用，在推动水文化事业繁荣发展的道路上迈出坚实的步伐。

（三）水文化国际交流

2006 年，由世界水文化研究会和国家发展改革委公众营养发展中心主办的以“水、人、和谐社会”为主题的“中国首届水文化高峰论坛”在人民大会堂举行。高峰论坛通过了《北京水文化宣言》。

2013 年 1 月 28—30 日，国际水历史学会在昆明举行了主题为“水在历史上的角色：当代水治理与历史智慧”的国际学术会议，有 20 多个国家的 100 多位专家学者参会。会议就水在历史上的角色，水文化的理论与实践，水文化及其当代价值，人类治理、管理、保护水的历史智慧，当代水治理、水危机、水环境的化解，滇池水环境等议题展开了深入讨论。

2016 年 10 月 17 日，在法国戛纳秋季电视节“感知中国”中国影视内容推介会上，一部由中国水利水电出版社、浙江水利水电学院和浙江中南卡通股份有限公司联合出品的 26 集《中华治水故事》精彩亮相，以动画片的方式向国际社会推出中华水文化。

2021 年 11 月 18 日，由中国水科院和联合国教科文组织联合举办的第一届水文化国际研讨会成功召开。本届研讨会以“水与文明：水文化的传承与创新”为主题，旨在推动各方对水与社会、水与文明关系的深入思考。2022 年 12 月 1 日，第二届水文化国际研讨会以线上线下结合方式成功召开。本届研讨会由中国水科院、联合国教科文组织与四川省都江堰水利发展中心联合主办，以“古代文明中的水与环境：传统、技术与文化”为主题，旨在贯彻落实水利部《“十四五”水文化建设规划》，推动各方对水与社会、水与环境关系的深入思考，聚焦探讨水文化建设话题。2023 年，第三届水文化国际研讨会在北京举办，与会嘉宾围绕“寻迹水文明：水利遗产中的文化智慧”这一主题，共同探讨推动人类文明发展的治水智慧，为水文化国际交流互鉴提供助力。这几届水文化国际研讨会的召开，必将对中国的水文化的国际传播产生深远的影响。

随着对水文化认识的不断深化，水文化的传承逐渐受到社会公众的广泛关注。水资源保护意识、节水意识、水危机意识以及水忧患意识等方面都得到了不同程度的提升。展望未来，水文化的传播将逐步实现专业化、规范化。

## 附：延伸阅读与实践教学设计

1. 延伸阅读

郑晓云：《近年国外水文化的发展与创新》，《中国水利》，2017 年第 9 期。

李宗新：《应该开展对水文化的研究》，《治淮》，1989 年 4 期。

吴宗越：《漫谈水文化》，《水利天地》，1989 年 5 期。

张耀南、吴铭能：《水文化》，北京：中国经济出版社，1995 年。

郑国铨：《水文化》，北京：中国人民大学出版社，1998 年。

2. 实践教学设计

组织观看一次水文化传播相关影片，如大型文化专题片《水与中华》或动画片《中华治水故事》中的一集，感受水文化传播的多种形式。

# 第八章

# 新时代水文化建设的新实践

2020年11月，习近平总书记在江苏考察时提出“要统筹考虑水环境、水生态、水资源、水安全、水文化和岸线等多方面的有机联系”，把水文化和其他“四水”并列提出，充分体现了水文化在水利工作中的重要地位。习近平总书记的系列重要讲话和指示批示精神中提到的水文化的建设可以总结为保护、传承、弘扬、利用等四个环节。保护、传承、弘扬、利用不是独立的，而是相辅相成、互相促进、有机联系的。这四个环节有机串联起了中华优秀传统水文化、革命水文化和先进水文化，同时也贯穿于水利遗产保护、水文化理论研究、水利工程与水文化融合、水文化传播等各项工作，贯穿于黄河、长江、大运河等江河文化之中，契合了文化发展规律，是实现水文化繁荣进步的现实之道。

以黄河文化、长江文化、大运河文化为代表的江河文化积累、传承并丰富了中华民族的集体记忆，成为国家治理能力的集中反映。新时代水文化建设的新实践必须深刻领会习近平总书记的重要指示批示精神，以黄河文化、长江文化、大运河文化为重点，推进水文化建设。

# 第一节　新时代黄河水文化建设

黄河全长5464公里，流经9省（自治区），横跨青藏高原、内蒙古高原、黄土高原、华北平原等四大地貌单元和我国地势三大阶梯，其流经区域地理环境变化大，沿线人民在认识和适应自然环境的过程中形成了丰富多彩的物质文化和精神文化。2019年9月，习近平总书记在河南调研考察时明确指出，黄河文化是中华文明的重要组成部分，是中华民族的根和魂。同时，习近平总书记在黄河流域生态保护和高质量发展座谈会上强调："要推进黄河文化遗产的系统保护，深入挖掘黄河文化蕴含的时代价值，讲好'黄河故事'，延续历史文脉，坚定文化自信，为实现中华民族伟大复兴的中国梦凝聚精神力量。"

图8-1　黄河俯瞰图

## 一、作为"根"和"魂"的黄河水文化

黄河孕育出来的水文化是中华民族极其重要的母亲河文化，是黄河古今流域多民族人民在与自然的交互作用中创造的灿烂文化，是中华文明的重要组成部分，是古代中国政治、经济、军事、科技、思想的中心和重心所在地的文化，是中华民族之根，是华夏文明之魂。在兴利除害的黄河水事活动中，人类形成了具有黄河水利特点的思维方式和行为方式，在工程、工具、建筑、艺术、科技、工艺等方面创造了丰富的黄河水文化遗产，包括水利工程、古渡口、古建筑等物质文化遗产，以及黄河号子等非物质水文化遗产。黄河水文化主要由三个层面要素构成：一是物质形态的文化，如被改造的、具有人文烙印的水利工程、水工技术、治水工具等；二是精神形态的文化，如对黄河的认识、有关黄河的价值观念、文化心理等；三是制度形态的文化，如以黄河为载体的风俗习

惯、宗教仪式、社会关系及社会组织、法律法规等。

黄河水文化是中华民族之根，黄河流域是中华文明的核心发祥地，作为中华民族公认的人文初祖炎黄二帝，其称雄的历史舞台就在黄河流域。考古发现的距今9000～7000年前（即前仰韶时代）中原的裴李岗文化和磁山文化、陕西的老官台文化（北首岭下层文化）、甘肃的大地湾一期文化、山东的后李和北辛文化，分布在黄河流域；距今7000～5000年前的史前中国最灿烂的彩陶文化——仰韶文化和著名的山东大汶口文化以及甘青地区的马家窑文化，都是在黄河流域发育发展起来的。这些璀璨的新石器时代文化，经历了由平等的农耕聚落形态到不平等的中心聚落形态的演进，其社会复杂化的发展，使得它们成为迈向文明时代的一个重要过渡阶段。紧接而来的是考古学上的龙山时代，史称“万邦时代”。“万邦时代”也是早期国家诞生的时代，形成了邦国林立的格局，黄河流域考古发现20多座当时的城址，如山西襄汾陶寺、河南登封王城岗、河南新密古城寨、山东章丘城子崖、日照两城镇和尧王城等。在这一格局中，黄河流域还出现了颛顼、尧、舜、禹等为首的著名邦国和族邦联盟，形成了万邦中的政治中心。之后，夏商西周三代王朝国家，乃至秦汉以后的历代王朝的国都几乎也都建立在黄河流域，黄河文明成为每个时代的最高文明。这就决定了黄河文化在国家形成之前，属于中国文明起源过程中重要的主导性文化；而自国家诞生之日起，黄河文化就是国家文化。国家认同、民族认同和中华大一统是以黄河水文化为核心而凝聚和发展起来的。



黄河水文化是华夏文明之魂，近代之前的中国历史道路的演变轨迹概括为五大阶段：①史前平等的农耕聚落形态；②不平等的中心聚落形态；③早期国家的邦国形态；④夏商周三代多元一体的复合制王朝国家形态；⑤秦汉至明清的帝制国家形态。伴随着这五个阶段的发展，中华民族也逐渐形成了：由五帝时代与邦国（族邦国家）相联系的部族，发展为夏商周以来与多元一体复合制王朝国家相联系的华夏民族，再发展为秦汉以来与统一的多民族国家相联系的汉民族及其正在形成中的中华民族。民族与国家在它们诞生伊始就是密不可分的，一个民族的伟大每每表现为她所在国家的灿烂辉煌。延绵不断的悠久的中国历史表明，民族类型是由其国家形态结构决定的，有什么样的国家形态结构就会产生什么样的民族类型。黄河文化是沿黄地区人民群众在长期的社会实践中创造的物质财富和精神财富的总和。在“物质”的层面，包括承载黄河文化的历史文物、考古遗址、古建筑群等；在“精神”层面，包括黄河历史凝练的民族精神、价值理念、生活习俗、手工技艺、戏曲文艺等。黄河文化源远流长、博大精深，包含着丰富的思想观念、道德情操、审美品格和科学智慧，积淀着中华民族崇高的精神追求、独特的精神标识和深沉的行为准则。

## 二、黄河水文化的特征

黄河水文化作为一种深邃博大、涵盖广泛的文化复合体，其内涵非常丰富，既包括政治制度、文化艺术、经济成就、哲学思想等方面，也包括思维模式、情感模式和行为模式，即民间信仰、道德规范和社会生活习俗等方面。就其主要特征来看，黄河文化具有起源性与延续性、开放性与包容性、正统性与典型性、创新性与象征性等核心特征。

### （一）黄河水文化具有起源性与延续性

中华文明发祥于此，中华民族发源于此。从旧石器时代的许家窑遗址、丁村遗址、下川遗址等，到新石器时代早期的裴李岗遗址、中期的仰韶遗址、晚期的庙底沟遗址、龙山时代的陶寺遗址等，再到夏商周三代的二里头、郑州商城、殷墟、湖北盘龙城、郑韩故城、曲阜鲁国故城等，以及秦汉以降的汉长安城、汉魏洛阳城、隋唐长安城、隋唐洛阳城、北宋东京城等，这些遗址不仅见证了整个中国历史绵延不断的持续发展，还反映了盛世文明的伟大记忆与历史成就。在这个漫长发展过程中，裴李岗文化、仰韶文化、中原龙山文化一脉相承；城市、文字、青铜器、农业灌溉、畜牧养殖、宫室宗庙等文明要素熠熠生辉；夏商周三代文明礼仪承袭不曾断绝；儒、道、法、墨等百家争鸣；汉代经学、魏晋玄学、宋明理学代际有承；诗经、楚辞、汉赋、唐诗、宋词、元曲、明清小说尽显风华。可以说中华文明的众多元素，其根源均深植于黄河水文化之中。

### （二）黄河水文化具有开放性与包容性

沿黄地区自古就是多民族和多文化的水乳交合之地。无论是二里头遗址，还是恢宏雄伟的汉长安城，抑或是气象万千的汉魏洛阳城等，这些黄河文化主地标不仅见证了炎黄时期多部族的融合，秦汉时期汉民族的形成，以及魏晋南北朝时期汉族与匈奴、鲜卑、羯、氐、羌等多民族的交融，更蕴含着“尚和合”“求大同”的民族文化认同和主流意识。最终形成了兼容并蓄、博采众长的黄河文化，共同构成了中华民族多元一体的精神纽带。“邦畿千里，维民所止”，从先秦时代起，中华大地的锦绣河山就是在各族先民披荆斩棘、筚路蓝缕的开拓中奠定了蓝图。黄河文化恰恰能凸显各民族共同开拓中华疆域的悠久历史。通过对重大考古遗址的展示与挖掘，能够充分证明黄河流域的中原先民与边民是在不断地交流碰撞中，逐渐形成了以炎黄华夏为核心、凝聚“东夷”“北狄”“西戎”“南蛮”，“五方之民”共天下的交融格局。

### （三）黄河水文化具有极其显著的正统性和典型性

发达的农业经济是黄河流域始终位于文化中心地位的重要支撑。依托先进的生产力，黄河文化发展出了兼容并包、海纳百川的丰富内涵和深厚思想传统，创造了代表当时中国最先进物质文化水平和精神文化水平的文明成就。以能代表中国古代政治、经济、文化等方面最高发展水平的都城遗址来说，无论是双槐树遗址、陶寺遗址、王城岗遗址，还是二里头夏都遗址、偃师商城、郑州商城、安阳殷墟、丰镐、洛邑，都说明黄河文化长时间占据中华文明的发展主流地位。汉唐时期西安洛阳双京闪耀，五代北宋开封异军突起，历史时期中华文明最具正统性的文化象征大都孕育于黄河流域。从典型性来看，黄河文化可谓是集传统文化精华之大成者。无论是儒家、道家、法家、佛教思想不断碰撞而迸发出的思想火花和经典著作，还是文学的诗经、楚辞、汉赋、唐诗、宋词、元曲、明清小说的百花齐放，都是黄河文化汲取各地优秀传统文化书写在中华大地上的璀璨篇章。可以说黄河文化用自身的正统性和典型性时时刻刻影响着中华民族的呼吸命运。

（四）黄河水文化具有明显的创新性和象征性

黄河水文化在绵延发展的过程中非常注重不断吸收各地的先进文化和生产经验。古代文献就记载了嫘祖发明桑蚕养殖技术，仓颉创制文字，黄帝造舟车、作《黄帝内经》并教民众顺四时播种百谷草木、驯化鸟兽等。虽然这些文献记载并非全部为真，但不可否认的是，其说明黄河流域古代先民不断进行创新创造。黄河文化还具有显著的象征性，从文字发明、发展的角度来看，在裴李岗文化时期的舞阳贾湖遗址出土了最早的契刻符号，之后考古学家又在安阳殷墟发掘出中国最早的系统性文字体系——甲骨文，随着商周金文到大篆再到秦始皇时期小篆出现，以及许慎《说文解字》的横空出世，可以说汉字文明每一次最具象征意义的历史节点都产生于黄河流域，孕育自伟大的黄河文化。从以上角度来看，黄河文化不仅是中华文化不断吸收外部优秀文化融合创新的产物，亦是中华文明不断更新自我、奋力创新的具象表征，是坚定自信的文化之光。



## 三、新时代黄河水文化的价值

黄河水文化寄托着中华民族伟大复兴的梦想，是中华民族不断攻坚克难的精神支撑，其时代价值突出体现在以下六个方面。

（一）为中华民族伟大复兴凝聚精神力量

黄河文化是中华民族的根和魂，沉淀和积累了几千年来中华民族持续创造的大量优秀物质财富与精神财富，是中华民族世界观与方法论的基本起点。在建设社会主义现代化国家的进程中，无论走得多远，既需要“不忘初心，牢记使命”，也需要“心有所信，方能行远”。因为文化自信是更基础、更广泛、更深厚的自信，是中华民族伟大复兴进程中统一思想、形成广泛共识的思想基础，而当这种自信根植于中华民族优秀的传统文化之中时，在全社会凝聚磅礴的历史动力就将自然天成。所以，保护、传承、弘扬与创新黄河文化，就是坚定文化自信的重要基石，也是中华民族伟大复兴进程中凝聚民族伟力的力量源泉。

（二）为生态环境治理提供价值引导

习近平总书记强调，“治理黄河，重在保护，要在治理。要坚持山水林田湖草综合治理、系统治理、源头治理，统筹推进各项工作”“要坚持绿水青山就是金山银山的理念，坚持生态优先、绿色发展”“加强生态保护治理”。习近平总书记对黄河流域生态保护考虑得非常细致，我们要按照习近平总书记的要求，深度理解黄河文化中“天人合一”的理念，尊重自然、爱护自然、保护自然、利用自然，以系统性思维，推动生态环境保护，促进人与自然和谐相处，把“生态优先”“重在保护”落到实处，拥有越来越多的“绿水青山”。

（三）为弘扬传统文化启迪创新智慧

在黄河流域，从历史神话、民间艺术、建筑工艺、礼仪风俗、戏曲歌舞，到大禹治水、愚公移山、精忠报国，再到红旗渠精神、焦裕禄精神等，都充满人类文明的智慧之光，对人们认识自然、适应自然、利用自然都起到了重要作用。在国内外一直受到追捧的少林武术、温县太极拳、洛阳牡丹以及唐诗宋词，都充满着神奇的智慧与迷人的诱惑力，对全球传统文化传承、弘扬、光大都具有非常重要的影响力。而这些丰富多样的传统文化品牌，都是由黄河水文化孕育而来的。所以，讲好黄河故事，弘扬黄河文化，搞清楚我们从哪里来，要到哪里去，启迪更多智慧，创造更加美好的生活，永远都具有历久弥新的价值。

（四）为区域协同发展探索多重路径

黄河文化的保护、传承、弘扬与创新，第一次从沿黄九省（自治区）跨区域联合协调推进的角度，提出了一种全新的不同于以往单纯以工业化、城镇化为支撑的区域发展模式。黄河流域生态保护与高质量发展，作为国家重大战略，将依据传统地域文化或生态保护主题进行跨区域协同发展，展现出更宏大更协调更可持续的经济发展战略布局和多元发展理念，为区域经济发展与地域文化全面融合提供了新机遇。特别是黄河文化博大精深，沿黄九省（自治区）地域差异巨大，发挥各自优势与特色，保护、传承、弘扬与创新黄河文化，将为各地因地制宜、探索有地域特色的高质量发展之路、支撑我们迈向建设社会主义现代化国家新征程提供新机遇、创造新亮点。

黄河文化源远流长、博大精深，具有根源性、灵魂性、包容性、忠诚性、原创性、可持续性特质，这些特质共同铸就了中华民族的文化特质。全面认识和把握这些特征，有利于我们坚定文化自信，保护生态环境，促进高质量发展，构建人类命运共同体。在保护、传承、弘扬和创新黄河文化方面要谋划开展丰富多彩的活动，系统打造代表黄河文化六大特征的典型地标，以传统艺术和现代艺术相结合的形式认真讲好“黄河故事”，延续历史文脉，以具体行动激励全社会坚定文化自信，以更好的包容性合作奏响新时代黄河大合唱，为实现中华民族伟大复兴的中国梦凝聚精神力量，谱写新时代建设社会主义现代化国家更加出彩的绚丽篇章。

## 四、新时代黄河水文化的保护和发展

2021 年 10 月 8 日，中共中央、国务院印发了《黄河流域生态保护和高质量发展规划纲要》（以下简称《纲要》），《纲要》是指导当前和今后一个时期黄河流域生态保护和高质量发展的纲领性文件，是制定实施相关规划方案、政策措施和建设相关工程项目的重要依据。规划期至 2030 年，中期展望至 2035 年，远期展望至 21 世纪中叶。《纲要》对于黄河文化的保护传承和弘扬做了系统性的阐述，提出保护传承弘扬黄河文化就是着力保护沿黄文化遗产资源，延续历史文脉和民族根脉，深入挖掘黄河文化的时代价值，加强公共文化产品和服务供给，更好满足人民群众精神文化生活需要。并且从四个方面进行了系统的阐述：

（1）系统保护黄河文化遗产。开展黄河文化资源全面调查和认定，摸清文物古迹、非物质文化遗产、古籍文献等重要文化遗产底数。实施黄河文化遗产系统保护工程，建设黄河文化遗产廊道。对濒危遗产遗迹遗存实施抢救性保护。



（2）深入传承黄河文化基因。深入实施中华文明探源工程，系统研究梳理黄河文化发展脉络，充分彰显黄河文化的多源性多样性。开展黄河文化传承创新工程，系统阐发黄河文化蕴含的精神内涵，建立沟通历史与现实、拉近传统与现代的黄河文化体系。打造中华文明重要地标，深入研究规划建设黄河国家文化公园。

（3）讲好新时代黄河故事 。启动“中国黄河”国家形象宣传推广行动，增强黄河文化亲和力，突出历史厚重感，向国际社会全面展示真实、立体、发展的黄河流域。加强黄河题材精品纪录片创作。在国家文化年、中国旅游年等活动中融入黄河文化元素，打造黄河文化对外传播符号。支持黄河流域与共建“一带一路”国家深入开展多种形式人文合作，促进民心相通和文化认同。

（4）打造具有国际影响力的黄河文化旅游带。推动文化和旅游融合发展，把文化旅游产业打造成为支柱产业。强化区域间资源整合和协作，推进全域旅游发展，建设一批展现黄河文化的标志性旅游目的地。

2022 年 10 月 30 日，中华人民共和国第十三届全国人民代表大会常务委员会第三十七次会议通过《中华人民共和国黄河保护法》（以下简称《黄河保护法》），自 2023 年 4 月 1 日起施行。《黄河保护法》是为了加强黄河流域生态环境保护，保障黄河安澜，推进水资源节约集约利用，推动高质量发展，保护传承弘扬黄河文化，实现人与自然和谐共生、中华民族永续发展制定的法律。《黄河保护法》专设第八章以法律制度的方式规定了保护、传承、弘扬黄河文化的具体举措，这在涉及资源环境的相关法律中也是首次创新。把文化作为独立的一章与资源、环境以及经济社会发展统筹起来考虑，有助于增强文化自信，同时推动黄河流域的生态保护、经济发展和社会长治久安。将“文化”纳入流域的内涵，体现了流域的“自然属性”“经济社会属性”和“文化属性”。坚持“八个统筹”，即统筹治黄文化与多元文化，统筹物质文化遗产与非物质文化遗产，统筹软硬载体建设，统筹文化建设与旅游产业，统筹对内挖掘与对外宣传，统筹技艺传承与文艺创新，统筹传统方式与信息化手段，统筹群众性与专业性。

## 第二节　新时代长江水文化建设

长江水文化是既博大精深又源远流长的中华文化的重要组成部分，促进长江文化繁荣兴盛是新时代的重大战略任务。习近平总书记在主持召开全面推动长江经济带发展座谈会发表的重要讲话中指出，长江造就了从巴山蜀水到江南水乡的千年文脉，是中华民族的代表性符号和中华文明的标志性象征，是涵养社会主义核心价值观的重要源泉。要把长江文化保护好、传承好、弘扬好，延续历史文脉，坚定文化自信。要保护好长江文物和文化遗产，深入研究长江文化内涵，推动优秀传统文化创造性转化、创新性发展。这一重要论述体现了以习近平同志为核心的党中央在全面推进社会主义现代化新征程中对文化价值的高度重视，为新时代促进长江文化繁荣兴盛指明了方向。

### 一、华夏民族南方文明的摇篮

长江流域不仅是中华民族重要的一脉，更是南方文明的摇篮。进入新石器时代，人类已开始由单纯地使用工具到制造工具了。20 世纪 30 年代至 21 世纪，人们先后在长江流域的上、中、下游发现多处新石器时代的文化遗址。这些古文化都是傍河流而生，而河流的变迁也影响着文化的兴衰。

长江上游有径流丰富而稳定的金沙江水系，长江洪水主要来源的川江水系及乌江水系，拥有众多河流这一必备条件使长江上游的云南、贵州、四川等地发现新石器遗址最多。在云南，已知的新石器时代遗址和石器出土地点达 300 多处，其中较重要的有元谋大墩子遗址、宾川白羊村遗址和怒江流域遗址等；在四川，以西南的礼州遗址最典型，被称为“礼州文化”。上游最值得一提的是四川广汉三星堆遗址，其年代大约起始于中原地区新石器时代晚期，而其辉煌一直延续到殷末周初。从已出土的文物可以看出，那时三星堆的先民们已开始以农业为主，并能够饲养牲畜和捕鱼。当时的陶器制作已达到一定的水平，而且已开始养蚕从事纺织业了。

在长江入海水量中，中游水系约占一半，其中近 90%的水量来自洞庭湖、汉江和鄱阳湖三大水系，为人类的发展提供了良好的条件。长江流域最早发现人类文明是在中游，位于江西万年县的万年仙人洞遗址和湖南道县玉蟾岩最久远，据考证在公元前 9000 年左右，它们一个在鄱阳湖流域，一个在洞庭湖流域。大溪文化出现在公元前 6000 年左右，主要分布于三峡、鄂西南与湘北。屈家岭文化出现在公元前 5000 年左右，主要分布于汉江流域、鄂北等地。长江下游水系主要有皖河、青弋江、水阳江及黄浦江、太湖水系。紧靠长江下游，新石器时代文化主要有属于浙江宁绍平原的河姆渡文化，距今约 7000 年；太湖的马家浜文化（以后发展成为崧泽文化），距今约 6000 年；位于浙江杭州的良渚文化，距今约 5000 年；还有位于江苏的北阴阳营文化、位于安徽的薛家岗文化，距今约 4000 年。在长江流域发现的早期稻谷遗址已有 150 余处，最值得一提的是 20 世纪 90 年代，江西万年仙人洞和湖南道县玉蟾岩发现水稻遗存，经鉴定为公元前 9000 年左右，比早先发现长江三角洲河姆渡的水稻遗存早近 3000 年，这些都是目前世界上最古老的人工栽培水稻遗存，对于探讨世界水稻栽培的起源及中国在世界稻作农业史上的地位，具有十分重要的意义。

图 8－2　位于浙江宁绍平原的河姆渡遗址

另外，长江流域的祖先从以江西万年仙人洞文化为代表的穴居，经过以河姆渡文化为代表的干栏式建筑，终于进入到以良渚遗址为代表的地面建筑时代。综上所述，长江文明是中华文明的发祥地之一，更是南方文明的摇篮。

## 二、新时代长江水文化的内涵

近年来，随着国家长江大保护战略的实施，长江流域文化的保护传承也进一步受到重视。2020 年 11 月 14 日，习近平总书记在全面推动长江经济带发展座谈会上提出“要保护好长江文物和文化遗产，深入研究长江文化内涵，推动优秀传统文化创造性转化、创新性发展”。他同时指出，在长江大保护中要“统筹考虑水环境、水生态、水资源、水安全、水文化和岸线等多方面的有机联系”。习近平总书记的以上论述充分肯定了长江文化的重要价值，同时也将水文化提升到重要的位置上。因此在长江经济带发展和长江大保护过程中，水文化作为长江文化的重要组成部分，也同样将展现出其重要的价值。

长江流域自古就有丰富的水文化，长江水文化是人类和长江水环境长期互动过程中所形成的文化现象，是长江流域各民族人民在感悟和适应水状态、利用水资源、改造水环境、依水构筑自己的生计模式和生存家园过程中所形成的以水为核心的文化，是长江不同流域段水文化的聚合体和整体概念。长江水文化作为一种文化，包括了以下几个方面的内涵：

（一）系统性内涵

长江水文化是一个系统。水文化是人类在长期生存发展过程中和水互动而形成的相关文化现象。水文化包括了人们对于水的认识、有关水的价值观、信仰；管理水的方式、社会规范和法律制度；对待水的社会行为；因水而形成的生活方式、社会关系、风俗习惯等，以及和水的互动的过程中所产生的物质性结果。水文化可以通过和水相关的价值、认同、宗教、文学艺术、制度、社会行为、生活方式、物质创造和建设等得以表达。水文化是一个包括了从精神、社会、制度到物质建设层面的系统性概念。长江水文化也正是由长江的地理及社会特性所孕育出的一种水文化，和长江流域的自然和社会特征密不可分。因此从水文化的系统结构上来说，长江水文化也包括了上述一般水文化系统的各个方面，是一个基于水的文化系统，可以从以下四个方面加以理解：一是长江水文化的精神内涵。这包括了对长江的认知、有关长江自然规律和水资源利用的知识系统、对长江环境的认知、价值取向、宗教信仰和崇拜；和长江水环境相关的文学艺术、历史记忆、文化认同等。二是社会层面的内涵。包括因长江水环境和水资源利用而形成的社会组织、居住方式和社会关系、社会活动、民众的生活方式、节日、风俗习惯等因长江水资源状况而形成的生计方式。三是行为及技术层面的内涵。包括长江流域民众对待水的行为模式，利用水资源、治理水环境的方式、技术等。四是物质层面的内涵。包括利用和治理水资源、水环境等的物质创造建设成果，例如居住环境中的供水、排水工程、水环境整治建设、水景观建设及农业灌溉设施、生产生活中的用水工具等具有文化内涵的物质建设成果。

（二）历史和当代发展要素统一的内涵

长江水文化虽然是今天才提出来的一个概念，但是支撑长江水文化的要素并非今天才有。长江和人类有上万年的互动关系，在历史上已经形成了丰富的水文化现象。尤其是在农耕时代，长江流域作为中国面积最广阔的水稻种植区域，在此基础上形成了包括水的崇拜、社会关系和社会生活、习俗、水利灌溉工程和管理制度等水文化。这些水文化中很多要素今天仍然充满活力，有的尽管在今天由于社会经济环境的变化而不再具有实用价值，但仍然是一笔重要的文化遗产，诸如一些历史上形成的水利工程、历史文献等。因此，历史上所形成的水文化是今天构建长江水文化不可割裂的脉络。长江水文化的内涵中理所当然地包括了长江流域在历史上形成的各种水文化现象。在今天构建长江水文化，更重要的是要适应当代发展的要求，注入新的要素。尤其是适应长江经济带建设、长江大保护等国家战略需要以及长江流域社会经济发展需要的水文化要素，实现历史的水文化要素和当代发展需要的水文化要素的统一。

（三）地域多元和全流域统一的内涵

长江流域存在着地理环境的多样性。在这种多样性之上所形成的水文化也同样是五彩斑斓、丰富多样的，包括了在上游青藏高原、云贵高原生态系统之上所形成的水文化以及在中下游地区平原、湖泊生态系统上形成的水文化。除了长江干流生态系统对水文化形态形成的影响，长江还有众多的支流，同样形成了多样的生态系统，影响着长江流域水文化的形成。因此长江流域的水文化呈现出鲜明的地域多样性。但是长江作为一条流动的河流，也有生态系统整体性特征，也同样造就了水文化的诸多整体性要素，例如稻作农业中的水文化，就是一个可以反映长江水文化整体特征的要素。因此今天构建长江水文化，不仅要基于长江流域地域多元基础上的水文化丰富性，同样也要考虑长江作为一个整体生态系统对于水文化的影响，更多地彰显出长江水文化在其整体生态系统上的共同特征。要在地域多元和流域生态系统整体性相统一的基础上构建长江水文化。



（四）民族水文化的多样性与长江水文化整体性统一的内涵

少数民族众多是长江流域人文环境的重要特征，尤其是长江中上游地区，自古以来就是很多民族活动的走廊，今天则是包括了藏族、纳西族、彝族、白族、土家族、苗族等在内的很多少数民族和流域内汉族人民生存的家园。各民族所创造的水文化构成了长江流域水文化最光彩夺目的图景。但今天更重要的是要构建起一种各民族共同拥有的水文化，包括各民族共同拥有的精神文化、保护长江生态环境的观念和行为模式、制度等在内的水文化。总之，长江水文化将是一个被不断构建的文化，在长江既有的水文化基础上，随着时代的发展以及对于长江的保护开发利用、长江水资源和水环境与人类生存关系的变化，乃至于应对气候变化、保护长江流域的生物多样性等时代需求，都将注入更多新的要素，使长江水文化不断获得新的活力。

## 三、新时代长江水文化的保护传承和弘扬发展

长江支流众多、流域广阔、流域自然地理环境变化多样等，也形成了长江

水文化的地域性和多样性特征。长江水文化的构建是时代的呼唤，对于长江大保护、长江经济带建设和长江流域的高质量发展都有重要的意义。今天构建长江水文化，是在长江流域人类千万年来所形成的丰厚水文化遗产基础上加以创新，在传统的基础上融入反映时代性特征的水文化要素、适应新的发展需要而进行构建。因此，我们仍然要传承、保护好传统的水文化，重视不同流域段地域性的水文化传承和建设。

2023 年 7 月，为贯彻落实习近平总书记关于保护传承弘扬长江文化的重要讲话精神，文化和旅游部、国家文物局、国家发展改革委联合印发了《长江文化保护传承弘扬规划》（以下简称《规划》）。《规划》坚持以习近平新时代中国特色社会主义思想为指导，深入贯彻党的二十大精神，紧紧围绕举旗帜、聚民心、育新人、兴文化、展形象的使命任务，在保护好、传承好、弘扬好长江文化等方面作出安排部署，力求充分发挥长江文化在长江经济带高质量发展中的重要作用，推动长江文化育民、惠民、利民，使长江文化成为全体人民精神生活共同富裕的重要引领和社会主义文化强国建设的重要支撑。

图 8－3　武汉百里长江生态廊道

《规划》提出七个方面的主要任务。一是挖掘弘扬长江文化内涵，深入研究长江文化的起源特质和发展脉络，注重用社会主义先进文化、革命文化、中华优秀传统文化培根铸魂，彰显长江文化时代价值。二是全面推进长江文物和文化遗产系统保护，建设长江国家文化公园，加强长江文物保护管理，推动长江文物活化利用，提高长江非物质文化遗产保护水平，传承好中华文化基因，守护好中华历史文脉。三是推出长江题材优秀文艺作品，发挥文艺成风化人的作用，加强艺术创作生产引导和扶持，推出更多体现长江文化的文艺精品，展现中华历史之美、山河之美、文化之美。四是提升长江流域公共文化服务水平，优化供给、创新机制、提高效能，加强资源整合和共建共享，推动长江文化融入公共文化产品和服务，为沿线群众提供更高质量、更为丰富的精神文化生活。五是推动长江流域文化产业和旅游业提档升级，丰富优质文化产品供给，建设长江国际黄金旅游带，推进文化和旅游深度融合发展，发挥旅游在传播弘扬长江文化方面的独特优势，让长江文化可见、可感、可亲。六是加强长江文化国际交流传播，提高长江文化走出去水平，向世界讲好长江故事，使长江文化成为展示中华文明的亮丽名片。七是发挥长江文化的引领作用，突出文化和旅游在长江经济带高质量发展中的独特优势，加强战略对接和区域统筹，推进长江文化融入城乡建设，促进长江上、中、下游协同发展，提升长江经济带沿线经济社会整体发展水平。

《规划》的印发出台，将为长江水文化保护传承弘扬工作的持续推进提供指引和保障，更好助力长江经济带发展战略深入实施。

## 第三节　新时代大运河水文化建设



大运河是中国东部平原上的伟大工程，是中国古代劳动人民创造的一项伟大的水利建筑，是世界上最长的运河，也是世界上开凿最早、规模最大的运河。2014 年 6 月 22 日，第 38 届世界遗产大会上，中国大运河获准列入世界遗产名录。2023 年 9 月 20 日，习近平总书记在浙江省绍兴市考察浙东运河文化园，了解古运河发展演变历史和大运河保护及大运河国家文化公园建设等情况。他强调：“大运河是世界上最长的人工运河，是十分宝贵的文化遗产。大运河文化是中国优秀传统文化的重要组成部分，要在保护、传承、利用上下功夫，让古老大运河焕发时代新风貌。”

### 一、中华先民千年智慧与持续创造的结晶

中国大运河是世界上开凿时间最早的巨型人工运河。它起源于先秦，发展于秦汉、隋唐时期，繁荣于两宋，兴盛于元明清，衰落于清朝末年。

公元前 486 年，吴王夫差在邗城引江水北行至末口入淮河，将江、淮两大水系连接起来，成为中国大运河的滥觞。

秦汉统一王朝的建立，为大运河的初步发展创造了条件。西汉时期，沟通全国的运河体系已初步形成，由漕渠、黄河、鸿沟、汴渠、邗沟等构成的水运通道成为汉王朝的交通大动脉，形成了保障都城长安生活及战略物资需求的全国性水路物流网。东汉时期，都城洛阳成为当时全国的水运中心。东汉末年，曹操建立起以邺城为中心的河北平原水运网络。三国两晋南北朝时期，曹魏政权在黄淮平原上开凿运河，加强了长江、淮河、黄河、海河之间的水运联系。

东吴政权开凿了破岗渎，并连接直达都城建业的秦淮河，缩短了绕道长江的航程。可见，从秦到南北朝时期，大运河都是以都城为中心构建运输系统，这一态势一直到清代都未改变。

隋唐时期，中国的经济中心逐渐南移，为确保政治中心和经济中心的一体化，巩固多民族中央集权国家的统一，必须大规模开挖、整治联系南北的大运河。隋唐时期的大运河网络由广通渠、永济渠、通济渠、山阳渎、江南河五段组成，南北全长 2900 多公里，沟通了海河、黄河、淮河、长江、钱塘江五大水系，连接了关中及华北、黄淮和长江下游三大平原，形成以长安、洛阳为轴心的庞大运河水系，又形成贯通长江、黄河等各大自然水道、纵横全国的水上交通网络，发达而完善的运河系统为唐代的经济繁荣和文化昌盛提供了优越条件。

北宋建都开封，但当时中国的经济中心已经完全转移到南方，大运河成为都城的生命线，其建设的成就、系统的发达、漕运体系的完善、漕运的繁荣、朝廷对运河的依赖程度都超过以往。南宋时期，宋室南迁，大运河南北交通暂时中断，以都城临安为中心的区域性运河系统生成，依赖通畅而发达的漕运系统和江南经济重心区的优势，南宋王朝得以偏安不辍。



元朝定都北方长城脚下的大都。为解决南方粮食和物资北运问题，元政府对隋唐大运河进行了大规模开发，自北而南开凿了会通河、通惠河，使京杭大运河首次实现全线贯通。明代的大运河路线与元代基本一致，主要进行了一些局部建设和调整。

明清两代，中央政府高度重视大运河漕运，设置“漕运总督”和“河道总督”，分别掌管运河漕运管理和运河水利管理。运河沿线的城市也因漕运而繁荣，北方的天津、德州、沧州、临清等城市迅速发展起来，东南地区的淮安、扬州、苏州、杭州也成为繁华的都市，并称运河沿线“四大都市”和“东南四都”。明清两朝对大运河的治理，主要是围绕解决水源、保护河堤、疏浚河道、治黄保运、利用河闸围堰以控制调节水量等问题展开。

大运河衰落于清代晚期。清咸丰五年（1855），黄河在铜瓦厢决口，京杭大运河被拦腰截断，淮南运道受到较大影响。清同治十三年（1874），漕船由海轮代替。清光绪二十六年（1900），漕运全罢，大运河作为国家漕粮等物资运输大通道的历史使命也就到此终结。传统运河体系解体后，多数沿运河城市因丧失对外联系的主要通道而迅速衰落。

新中国成立以后，党和国家非常重视大运河航运水利事业，采取提高航道标准、修建现代化闸坝桥梁、对运河持续进行疏浚与维护等方式，从而使其运输能力大为提高。21 世纪初期，随着大运河成为国家重点文物保护单位及申遗的成功，加上南水北调工程的进行，大运河迎来了新的春天，其文化与生态价值得以呈现，古老的大运河焕发新的生机和活力。

## 二、新时代大运河的文化特质

“千年运河、沟通南北”是大运河区别于长城、黄河的重要特点，在“千年”与“南北”所建立的时空之中，运河“沟通”的功能最为显著。在“大运河”全景意识之下，大运河物理空间中的“通”在文化空间中演化出了联通、流通、变通和融通等多重特性与价值。

**（一）“联通”是运河人工开挖并利用自然河道联江达海以通四域的功能**

封山浚川、连接江河湖海是中国传统“天下观”和帝王交通天下的文化理想。自春秋以来，各级各类政权所不断进行的开凿运河的实践，正体现了对这一文化理想的不懈追求。大运河跨越区域之畛域，进而通过其他东西之自然河流及交通枢纽相互联结，共同构建了中国地域的线性框架格局，不仅从空间上拉近了中国南北的距离，更从国家战略格局上促进了传统经济格局和政治地缘格局的改变，部分解决了集权政治的稳定性、区域地方社会发展的不平衡性等问题，保证了国家统一和安全。

**（二）“流通”是运河因联通而带来的物流与信息传播，以及进而形成的社会流动**



漕运无疑是运河最重要的流通功能。所谓“漕”者，与车运相对，“车运谷曰转，水运谷曰漕”。漕运是国家行为，而包括漕运在内的物资与信息流通则不仅是“国之制”，还是形塑中国社会发展的“利之道”。隋朝大运河开凿以后及至晚唐，“农商交相养”的经济发展趋势明显，汉唐以来单一农业经济正在逐步转型为农业和工商业并重之形态。西方学者论及大运河流经之江南地区在明代中后期形成了“高水平发展陷阱”“大分流”等模式，其将历史问题经济化的同时，也忽略了中国社会发展的总体趋势是：经济全球化之下，中国帝制结构持续稳定与商品经济发展（全国性市场已出现，贸易与国际市场相连）的态势并存。在这一进程之中，大运河漕运继续维持着商业物流以及由此带来的信息、资源的流动，进一步形塑了中国社会农商并存的底色。

**（三）“变通”指运河本体、漕运制度“穷”则变、变则通的进程及其所折射出的技术更新与观念变革**

空间序列中，运河的开凿，历“小”区域而达“大”中国。微、著之间，既实现了小如“杭（杭州）越（绍兴）易位”“淮（淮安）扬（扬州）一体”的区位变化，也顺应了大若中原与江南之间的经济地位之更迭。运河的“变通”，政治层面上终以“利漕运”为目的，社会层面上则以“益平衡”为结果，同时变通本身又体现了古人的思维方式和精神追求。运河的畅通既蕴含着古人人定胜天、物尽其用的积极态度，其间也有一定程度相地而流、本乎时势的理性。面对“尊重自然和改造自然”这一问题，历代漕运政治以“人事”为重，保障畅通的代价则可能牺牲局部，甚至在变通的过程中出现了“积累莫返之害”。孟子言："观水有术，必观其澜。"运河之澜，或在于时势更迭变迁之中。

（四）"融通"是河流流动所带来的流经区域文化融合的态势

大运河作为人口迁徙、信息传播、物资流通的载体，使不同区域的文化形成叠加并彼此渗透，促使京津文化、燕赵文化、齐鲁文化、中原文化、淮扬文化、吴越文化等形成日渐密切的融合。融通并非指运河将区域文化融为一体，而是指其形成了"一气周流"的态势。一方面，运河流经的区域文化有其特定的土壤，文化类型纵非对立但必然有异，事实上，大运河流经区域也并未形成具有高度认同感和归属感的文化区域；另一方面，融合并非各种元素简单相加，也不是各种因素相互作用就会形成新的变量，而是指多元文化及运河之间融合自洽的状态。这态势在帝制时代，并不必然带来社会变革，但使中国渐趋走向社会的开放、市场的专业化并促使等级序列体系松动。

图 8－4　杭州拱宸桥和大运河

## 三、新时代大运河文化保护传承利用

2019 年，中共中央办公厅、国务院办公厅印发《大运河文化保护传承利用规划纲要》。2020 年，国家发展改革委联合国家文物局、水利部、生态环境部、文化和旅游部分别编制了文化遗产保护传承、河道水系治理管护、生态环境保护修复、文化和旅游融合发展 4 个专项规划，指导沿线省（直辖市）编制了 8 个分省规划，形成了大运河文化保护传承利用"四梁八柱"的规划体系。2021 年 7 月，国家发展改革委出台《大运河文化保护传承利用"十四五"实施方案》

（以下简称《实施方案》）。

《实施方案》以完善和充分发挥大运河文化保护传承利用协调机制、保护传承利用大运河文化为目标，改善大运河沿线区域经济社会发展和人民生活，延续壮美运河千年神韵，使之成为新时代宣传中国形象、展示中华文明、彰显文化自信的亮丽名片，充分体现了国家对大运河文化保护传承利用的高度重视。

（一）关于强化文化遗产保护传承方面

一是要加强文化遗产系统保护，包括开展文物普查、非物质文化遗产名录体系建设、文化生态保护建设、文化遗产保护条例立法等。二是要保护沿线名城、名镇、名村，包括城乡历史文化保护传承体系建立，特色乡镇打造、运河村庄培育，名城、名村、名街保护等。三是要增强文化遗产传承活力，包括形成大运河专题博物馆体系，建设大运河国家文化公园数字云平台，推动大运河世界文化遗产公开课等进校园、进社区、进企业等。四是要挖掘文化遗产时代价值，包括开展多学科、多领域大运河文物保护传承研究，非物质文化遗产调查研究，培育高水平大运河文化研究机构等。

（二）关于开展生态环境保护修复方面



一是要推动绿色生态廊道建设，包括打造大运河滨河生态屏障，建设提升一批森林公园、湿地公园、地质公园等各类自然公园，构建连续贯通的生态休闲景观长廊等。二是要优化生态空间用途管控，包括划定落实生态保护红线、组织各地出台生态空间管控细则、实行负面清单准入管理等。三是要强化生态系统保护能力，包括加大育林育草力度、加强禁捕水域执法监管、提高河湖水系连通性、保护水生生物资源、保护现有自然湿地等。四是要推进水环境污染防治，包括开展饮用水水源地保护、开展农业面源污染综合治理、开展水系水质常态化监测评价、完善船舶水污染物转移处置联合监管制度等。

（三）关于推进运河航运转型提升方面

一是要改善河道水系资源条件，包括完善大运河沿线水资源统一调度体制机制、推进北运河等适宜河段实现旅游通航等。二是要增强防洪排涝保障能力，包括分段河道综合整治，蓄滞洪区建设，河道主槽清淤疏浚、病险工程除险加固和更新改造，开展大运河各段洪水风险评估，保障重要大运河文物安全等。三是要促进岸线保护和服务提升，包括划定大运河河道管理范围和重要河段岸线功能分区、强化运河水域岸线空间管控和岸线整治修复、对已建水利工程进行改造和提质升级、对重要水利文化遗产或其代表性组成部分进行保护展示等。

（四）关于促进文化旅游融合发展方面

一是要打造精品线路和统一品牌，包括实施特色文化旅游精品线路培育工程，实施大运河文化和旅游节事品牌活动提升工程，培育一批彰显大运河文化的世界级旅游景区和度假区、国家级旅游休闲城市和街区等。二是要推动文化旅游与相关产业融合，包括建设一批以大运河文化为主题的文旅综合体、一批休闲农业精品园区、一批自驾游目的地，培育大运河沿线体育旅游产品等。三是要完善文化旅游与公共服务设施，包括健全沿线旅游交通引导标识体系、开展公共文化机构和旅游服务中心功能融合试点、推进智慧景区建设和旅游数字化转型等。

《实施方案》提出，到2025年，大运河文化保护传承利用协调机制更加完善，大运河遗产和文物保护水平迈上新台阶，大运河文化带、生态带、旅游带建设先行先试、文旅深度融合，大运河绿色生态廊道基本建成，基本形成“千年运河”统一品牌，使大运河国家文化公园成为向世界传播中华文化的重要标志。届时，大运河会水清河畅、岸绿景美，重新恢复活力、和谐、美丽，成为流动的河、安全的河、美丽的河、智慧的河、文化的河和造福人民的“幸福河”。

## 第四节　新时代水工程与水文化融合的创新实践

作为支撑社会经济发展的重要基础设施，水利工程不仅承担着具体的防洪、发电、灌溉、排涝、航运等功能，很多历经沧桑的水利工程还承载着突出的历史和文化价值。水利工程的文化价值是在历史进程中逐渐形成和不断发展的，体现在其对历史文化信息的承载和反映。

中国独特的自然气候条件，使治水成为中华文明发展必要的基础支撑，而水利工程建设则是治水的主要手段之一。一部中华民族文明史就是一部治水史，在5000年的文明历史进程中，建设了不计其数、类型丰富、形式多样的水利工程，很多至今仍在发挥功能，还有很多工程的遗址、遗迹仍被人们不断观摩学习，这些工程是中华民族宝贵的文化遗产，是水的文化价值的生动体现。

### 一、水文化在水利工程中的体现

水利工程支撑人类文明发展。从古至今，独特的自然环境与地理背景使水利成为中华文明发展的基础。考古发现的良渚文化遗址表明，早在约5000年前，人们就已经开始兴建水利工程设施进行稻作农业生产。后来的钱塘江海塘工程奠定了两浙平原社会经济发展的基础。浙江诸暨赵家镇的桔槔井灌是一种简易而有效的小型水利工程，为当地乡民的落户生存、经济发展提供了基本保障。

水利工程见证国家历史发展进程。很多水利工程在国家历史发展进程中具有重要地位，对国家的政治、军事、经济发展产生深远影响。芍陂的建设促进了春秋时期楚国的经济发展以及后来的迁都寿春。都江堰、郑国渠、灵渠的修建从经济层面助力了大秦帝国的统一。大运河的修建和发展在隋代之后对中国国家经济格局和政治、经济、文化的发展产生了深刻影响。它山堰、木兰陂、桑园围等水利工程则是国家经济重心逐渐南移的证明。

图 8-5　位于四川成都的都江堰水利工程全貌

水利工程承载民族和区域的文化记忆。大禹治水是中华民族百折不挠、战胜自然灾害的文化象征和历史符号，推动了中华民族的社会演进和融合发展。中国第一个世袭制王朝——夏朝因此而确立，对中华民族的政治经济发展以及自然地理科学认知都产生了跨时代的影响，大禹治水也因此成为中华民族共同的文化记忆。

水利工程传承优秀治水哲学和科学技术。水利工程往往承载和体现了当时的治水哲学理念和科学技术水平，一些古代水利工程成为传承优秀治水哲学和先进工程技术的典型代表。四川都江堰是中国古代“人与自然和谐”治水哲学的典型代表。郑国渠、宁夏引黄古灌区、引漳十二渠等北方多沙河流引水灌溉工程，表明中国人自古就将河流泥沙作为资源，通过淤灌肥田，改良治理盐碱地。坎儿井是西北干旱地区因地制宜创造出来的独特水利工程形式，通过暗渠蓄引地下水并输送到村庄和农田，减少输水过程中的蒸发损失。

水利工程营造了类型多样、特色突出的文化景观。水利工程还因其不同的功能和用途而营造了很多独具特色的文化景观。如北京城市河湖水系格局和园林景观的基础，就是元代郭守敬所规划的通惠河水源工程体系。此外，风景旖旎的江南和岭南水乡、宁夏平原的“塞上江南”、吐鲁番盆地的沙漠绿洲、里下河地区的垛田风貌等，都是基于水利工程的人与自然和谐共生的特色文化地理景观。

## 二、水工程与水文化融合发展的措施

### （一）完善水工程文化规划与目标管理

一是增加文化品位指标。在水利工程设计中增加文化品位指标，利用指标衡量水工程文化工作的建设成果，并通过具体的水利设计管理手段促进水工程文化品位的提升。在水工程文化规划过程中，必须结合本土文化的特性，突出地方的文化特色，避免出现“金玉其外，败絮其中”的现象，将建设目标定位为提升文化品位，旨在提升水利工程的文化内涵。二是创建水工程文化发展目标。除引进专业的设计人才外，水工程文化内涵与品位提升的开展还需要把握时机，同时在制定发展规划过程中及时拟定水工程文化品位提升的具体目标和落实措施，运用目标管理方式将水工程文化品位提升工作逐步展开落实。三是制定水工程文化建设的具体要求。目前，我国大多数水利工程项目均为单项水利项目，所以存在诸多不规范现象，比如未确立工程文化内容的建设项目与资金，极大地制约了水工程文化内涵的提升。

### （二）注重水利遗产的保护与开发

一是加大宣传力度。提高民众的文化保护意识属于我国三大重要战略体系中提出的要点，关乎未来国家和民族的核心利益。所以，加强水文化的宣传推广工作已经刻不容缓，水利遗产保护工作也迫在眉睫，必须让老百姓深刻认识到我国水文化的价值。二是完善相关政策与体制。目前，我国关于水利遗产的政策尚未完善，极大地制约了水文化工作的开展和水利遗产的保护工作。国家和地方必须加强文化遗产的保护工作，制定完善的法律法规和政策体制，为水利遗产保护工作创造有利外部条件，水利部门也需要相应地完善水文化政策制度。

### （三）拉动水工程文化消费，形成产业链

一是扩大水工程文化消费。水工程文化消费主要具备以下两个方面的特征：一方面它所满足的是消费主体的精神需要，能够在物质享受外使消费者感到充实、快乐和满足；另一方面水工程文化消费产物主要为精神文化产品或文化活动。所以，水工程文化产品与服务也必须相应地不断实时跟踪消费者偏好与需求变化，积极创新水工程文化产品和服务，培育新的消费热点。二是打通水工程文化产业链。培育文化产业，形成完整的文化产业链是全面提升我国文化软实力的必然要求。水工程文化建设过程中，必须充分利用本地资源，培育具有地区特色文化产业，打造独一无二的文化品牌，注重产品创新、技术创新和观

念创新，打通水工程文化产业链。

图 8-6 入选“水利部第四届水工程与水文化有机融合案例”的广西灵渠工程



水文化发展是水工程发展的必然趋势，如何能将水文化融入水工程之中可从以下几个方面考虑：①水文化融入水工程的开展应从规划开始，水文化融入水工程的规划需引起主管部门的重视，以便后续工作的开展；②在水文化设计工作的开展过程中，应充分考虑水工程所在地的特殊文化底蕴，由专业人员进行设计，确保工程的文化艺术、美感和设计实施的可行性；③在水文化工程施工时，应将水文化工程单独发包于拥有专业资质的单位，确保水文化工程按设计落实，同时给予水文化工程相应的施工时间，避免影响水文化工程的完成进度；④水文化工程的管理维护应以复原为主，依照原设计以文化延续为修复目标，同时适当保存水文化工程的数据，保证水文化工程的延续。

## 第五节 新时代其他主要流域水文化建设的创新实践

在新时期，中国对于水文化建设的重视程度不断提升，除了黄河、长江和大运河这些著名流域外，其他流域的水文化建设也取得了显著成果。这些成果不仅运用在水利工程的建设和管理上，更包含了对水文化的保护、传承和创新上，不仅体现在物质层面，更体现在精神层面和文化层面。通过保护和传承水利遗产，深化水文化理论研究，创新水利工程与文化的融合，普及水文化教育，以及推动水文化与社会发展的深度融合，中国的水文化建设正朝着更加全面和深入的方向发展。未来，随着水文化建设的不断推进，相信会有更多富有特色的水文化实践成果出现，为中华民族的文化繁荣贡献力量。通过这些实践，我们可以看到一个多元、开放、创新的水文化正在中国大地上蓬勃发展，成为推动社会进步和文明发展的重要力量。

## 一、水文化保护与传承

### （一）水利遗产的系统保护

在新时代的水文化建设中，对水利遗产的保护工作被提到了前所未有的高度。通过系统性的保护措施，如建立水利遗产数据库、开展水利遗产核查与认定等，确保了这些宝贵遗产得到有效的保存和合理的利用。例如，在海河流域，通过建立水文化博物馆和水文化公园，使得当地的水利遗产得到了更好的展示和传播。

### （二）水文化基础理论与实践研究

水文化基础理论与实践研究也在不断深化。通过加强对古今中外治水理念的总结提炼，构建了概念明晰、逻辑严密的水文化理论体系。珠江流域的水文化研究团队致力于对古代治水经验进行深入挖掘和总结。通过对古代水利文献的整理和研究，团队提炼出了一套适应现代水利工程的治水理念。例如，古代的“顺应自然、因势利导”的治水思想，为今天的生态水利建设提供了重要的理论支持。此外，珠江流域还建立了水文化研究中心，旨在推动水文化的基础理论研究和实践应用。

## 二、水文化创新与发展

### （一）水利工程与文化的融合

在新时期的水利工程建设中，文化元素的融入成为一个重要趋势。水利工程不仅仅是功能性的设施，更是文化传承的载体。例如，松花江流域在水利工程建设中融入了大量的文化元素。新建的水利枢纽不仅考虑了防洪、供水等功能性需求，还在设计中融入了当地的民族文化符号和艺术风格。这些水利工程不仅提升了当地的防洪能力，也成为展示当地文化特色的地标性建筑。

### （二）水文化产品的开发与推广

随着水文化建设的深入，各种水文化产品也应运而生。这些产品不仅丰富了文化市场，也成为传播水文化的重要途径。钱塘江流域通过开发以水文化为主题的旅游产品，吸引了大量游客。当地政府和旅游部门合作开发了一系列与水文化相关的旅游线路和活动，如“钱塘江水文化之旅”，让游客在欣赏自然风光的同时，了解当地的水利历史和水文化知识。此外，还推出了一系列水文化纪念品和工艺品，如以钱塘江潮为主题的各类文创产品，这些产品不仅丰富了旅游市场，也成为传播水文化的重要途径。

图 8-7　游船在夜游钱塘江

## 三、水文化教育与传播

### （一）水文化教育的普及

水文化教育是水文化建设的重要组成部分。通过将水文化知识纳入教育体系，让更多的人了解水文化的重要性。在辽河流域，学校将水文化知识纳入课程，通过举办水文化节、水文化知识竞赛等活动，提高学生对水文化的认识和兴趣。这些活动不仅让学生了解水资源的重要性，还培养他们的节水意识和环保意识。此外，学校还组织学生参观水利工程和水文化遗址，让学生亲身体验和感受水文化的魅力。

### （二）水文化传播渠道的创新

随着信息技术的发展，水文化的传播方式也在不断创新。利用网络、新媒体等现代技术手段，文化网站和在线展览，使得水文化的传播更加广泛和深入。这些在线平台不仅提供了丰富的水文化知识资源，还通过互动性强的设计，吸引了大量网民的参与。例如，淮河流域的水文化网站推出了“虚拟水文化之旅”等在线体验活动，让用户可以在家中就能游览水利工程和水文化景点。

## 四、水文化与社会发展

### （一）水文化建设与生态文明建设

水文化建设与生态文明建设紧密相连。在新时期的水文化实践中，注重水资源的合理利用和水环境的保护，推动了生态文明的发展。在塔里木河流域，通过实施一系列水环境保护项目，如湿地恢复、河流生态修复等，不仅保护了水资源，也提升了当地居民的生态文明意识。这些项目的实施，不仅改善了当地的生态环境，也成为展示生态文明建设成果的重要窗口。

### （二）水文化建设与经济社会发展

水文化建设也促进了经济社会的发展。通过发展以水文化为主题的旅游、休闲等产业，带动了当地经济的增长。例如，在鸭绿江流域，通过打造水文化特色小镇，吸引了众多游客，促进了当地经济的发展。这些特色小镇不仅保留了传统的水利设施和水文化遗迹，还开发了一系列与水文化相关的旅游项目和节庆活动，如“鸭绿江国际龙舟节”等，这些活动不仅丰富了当地的文化生活，也带动了旅游和相关产业的发展。

## 五、水文化与国际交流

### （一）水文化国际交流与合作

随着全球化的深入发展，水文化的国际交流与合作也日益频繁。通过参与国际水事活动和国际水组织平台，加强了中国水文化对外交流合作。在澜沧江流域，通过与东南亚国家的水文化交流，不仅增进了相互了解，也促进了区域水资源的共同管理和保护。通过举办国际水文化论坛、水文化交流展览等活动，澜沧江流域的水文化得到了国际社会的广泛关注和认可。

### （二）水文化在全球治理中的作用

水文化在全球水资源治理中扮演着重要角色。通过传播中国的水文化理念和治水经验，提升了中国在全球水治理中的影响力。在国际舞台上，中国的水文化成为展示国家软实力的重要窗口。

## 六、水文化的创新实践

### （一）水文化与现代科技的结合

在新时期，水文化与现代科技的结合日益紧密。通过利用人工智能、虚拟现实等现代信息技术，丰富了水文化的表现形式和传播途径。在许多流域，通过建立数字化展示平台和虚拟体验馆，让公众能够更加直观地了解水文化。

### （二）水文化的社会参与

水文化建设不仅是政府的责任，也需要社会各界的广泛参与。通过鼓励民间组织、企业和个人参与水文化活动，形成了多元化的水文化建设格局。在许多地区，通过举办水文化节庆、水文化展览等活动，激发了公众对水文化的兴趣和参与热情。

## 附：延伸阅读与实践教学设计

1. 延伸阅读

史念海：《中国的运河》，济南：山东人民出版社。

刘士林：《六千里运河 二十一座城》，上海：上海交通大学出版社。

2. 实践教学设计

实地走访杭州拱宸桥、京杭大运河博物馆等地进行研学，分组讨论“新时代下水文化的表现形式和传播方式”。

# 第九章 新时代水利遗产保护与利用

党的十八大以来，在以习近平同志为核心的党中央引领下，中国文化遗产保护传承工作取得历史性成就，文化遗产蕴含的创新创造基因被不断激活，一幅古今辉映、气势恢宏的新时代文化长卷徐徐展开。水利遗产是中华文化遗产的重要组成部分。中国治水历史悠久，水文化积淀深厚，发掘好、保护好、传承好优秀水利遗产，建设新时代水文化，是当代水利人的历史责任。

## 第一节 水利遗产的认定与分类

### 一、水利遗产的内涵和国家水利遗产的认定

水利遗产（water heritage）是人类在识水、用水、治水、管水、护水和节水等过程中创造并留下的具有价值的实物遗存和以非物质形态存在的传统文化表现形式。水利遗产主要是指中国人民在长期治水实践进程中形成的具有较高历史价值、文化价值、科技价值、社会价值、生态价值和艺术价值并由水利部认定的水利遗存，主要包括水利工程及其附属设施、附属于工程的相关文献、治水理念、人文精神、价值观念、传统治水技艺、传统

水事活动及传统习俗等。为贯彻落实习近平总书记关于文化遗产保护重要论述精神及黄河、长江、大运河文化遗产的重要指示批示，推动水利遗产的保护与利用，水利部于 2021 年 10 月 20 日正式下发《水利部办公厅关于开展国家水利遗产认定申报工作的通知》，明确定期开展国家水利遗产认定工作，逐步将一批具有重大国际国内影响力，或具有显著除害兴利功能价值，或对特定历史时期具有重大影响或突出社会贡献，以物质形态或非物质形态存在的水文化系统遗存认定为国家水利遗产，并建立完善的水利遗产保护和认定管理体系。

开展国家水利遗产认定工作是深入贯彻习近平总书记关于文化遗产保护的重要论述精神的具体行动，是对已延续利用千百年的水利遗产“在保护中发展，在发展中保护”的迫切需要，是立足新发展阶段推进水文化建设的实践要求，是继水利部颁布《水利部关于加快推进水文化建设的指导意见》后，水文化建设领域又一重要举措。通过开展国家水利遗产认定，对于保护、传承和利用水利遗产，弘扬中华优秀治水文化，不断提升水利改革发展软实力，推动新阶段水利高质量发展具有重要意义。在开展首批国家水利遗产认定中，水利部明确了认定条件、认定程序和工作要求。



（1）国家水利遗产的认定条件主要包括：

第一，在中华文明史，特别是在水利发展史上，对推动社会文明进步、社会发展稳定、人民安居乐业和精神文化传承等具有重大意义或产生重要影响；对当时社会经济和人文发展有较大的影响力，具有较高的历史价值。

第二，体现人与自然和谐共生理念，蕴涵水灾害防治、水资源利用、水生态保护、水景观欣赏等方面的知识、制度和技术，在其所处历史时期较为先进宏大，具有独特性、代表性或唯一性；在推动国家或地区社会进步和水利发展等方面具有重要价值。

第三，具备良好的保护或利用基础，当地政府或者有关管理单位制定了水利遗产保护与利用规划。

此外，首批国家水利遗产认定以水利工程为主体的物质遗产为主，要求其建成或传承历史文化不少于 100 年（1921 年以前建成）。反映中国共产党带领人民治水、具有突出革命文化属性的水利遗产认定年限不少于 50 年（1971 年以前建成）。

（2）国家水利遗产的认定程序主要包括：

第一，自主申报。国家水利遗产主要以遗产所在地的县及县级以上人民政府为主体进行申报。若申报水利遗产地域涉及跨市、县级行政区域的，可由涉及市、县级人民政府联合申报，也可由上一级人民政府申报或实施统一管理的水利工程管理单位申报。

第二，筛选推报。省级水行政主管部门对照申报要求进行筛选推报。

第三，综合评审。水利部成立专家评审组，通过现场核查等方式对各地推报项目进行综合评审。

第四，公示。确定候选项目名单并进行公示。

第五，认定。最终入选项目将被认定为国家水利遗产并授予相关标识。

同时，水利部明确要求，国家水利遗产认定后应及时制定科学可行的水利遗产保护和发展规划，做好水利遗产的有效保护和永续利用。

## 国家水利遗产标识设计入围方案

为进一步提升国家水利遗产标识质量和可识度，2023 年 10 月，水利部宣传教育中心经广泛征集、专业团队修改完善，形成 3 项国家水利遗产标识设计方案，公开向社会广泛征求意见。

**方案一：设计理念阐释**

1. 中华民族五千年悠久的文明史就是一部水利的历史，标识设计将夏禹决九川距四海治水所使用的耒耜与篆书“水”字相结合，耒耜的外形也与“遗产”的拼音首字母“Y”同构，体现出“执耜安邦，水利万民”的理念，也直观地表明了标识的功能定位与属性。

2. 篆书“水”字居中而立，“上善若水”，体现了水利遗产认证的重要性与核心性，水字造型蜿蜒流淌、连绵不断，突出了中华民族在长期治水实践中创造的灿烂、珍贵的水利遗产源远流长。

3. 标识上部好似都江堰造型，都江堰是世界灌溉工程遗产，是当今世界年代久远、唯一留存、以无坝引水为特征的宏大水利工程，在中国乃至世界都具有独特性和唯一性特质，体现了中国古代人民因势利导改造水流的治水智慧，并能够较好地体现“水利工程”遗产这一概念。

4. 对称的标识稳重、庄严，局部变化又非常灵动。整个标识使用中国古代印章作为外轮廓形，以体现中国水利遗产深厚的历史沉淀，具有极强的国家形象辨识度，同时展现了水利遗产对国家文明进程的特殊性和重要性。

**方案二：设计理念阐释**

1. 标识以大禹治水用的工具“耒耜”为核心要素，体现出“执耜安邦，水利万民”的理念。“耒耜”作为先秦时期的重要治水工具，是中国宝贵璀璨的水利遗产的组成部分，彰显了中华民族悠久的水利历史与治水文化，也显示出了水利遗产的造物之美。

2. 汉字篆体“水”字同构到“耒耜”造型的左侧，好似水利工程中倾泻而下的水流，代表了源远流长的水利文化，突出了水利遗产的延续与传承。水代表了自然，顶天立地类似人字形的“耒耜”为人造工具，体现人与自然和谐共生的中华水利文明理念。

3. 标识下部好似都江堰造型，都江堰是世界灌溉工程遗产，是当今世界年代久远、唯一留存、以无坝引水为特征的宏大水利工程，在中国乃至世界都具有独特性和唯一性特质，体现了中国古代人民因势利导改造水流的治水智慧，并能够较好地体现“水利工程”遗产这一概念。

4. 大道至简，上善若水。标识设计采用了刚柔相济的线条为视觉表现形式，线条雄浑大气，造型充满张力，彰显了标识作为国家视觉形象载体应有的庄重性，能较好地成为建立较为完善的水利遗产保护和认定管理体系的重要支撑。

**方案三：设计理念阐释**

1. 该标识以汉字“中”作为灵感源泉，汉字是中国文化的典型代表，具有极强的识别力，通过汉字体现中国独特的国家文化，将其运用在中国水利遗产标识中以体现其独特的国家形象属性。

2. 将篆书中的“水”字贯穿整个标识造型当中，结合中华太极元素，同时融合水利万物而不争的理念，在山水之间调和阴阳，源远流长，连绵不息，不仅弘扬中华优秀治水文化，也突出国家水利遗产保护和传承的特性。

3. 中华民族五千年悠久的文明史就是一部水利的历史，标识设计将耒耜与“青山”相结合，耒耜体现出“执耜安邦，水利万民”的理念，标识直观地表现出了功能属性所在，也体现出了水利遗产的悠久文化底蕴。

## 二、水利遗产的分类和构成[1]

水利遗产一般分为工程类水利遗产和非工程类水利遗产两大类。

### （一）工程类水利遗产

工程类水利遗产是指那些看得见、摸得着，具有具体形态的水利遗产，又可以分为不可移动水利遗产和可移动水利遗产。工程类水利遗产的构成宜包括工程本体及其附属的非工程类不可移动水利遗产、可移动水利遗产和非物质水利遗产。中国的不可移动水利遗产是指不可通过外力移动，且移动后会影响其价值的水利遗产。中国是典型的农业国家，历朝历代善治国者必善治水，由此形成数量众多、类型丰富且各具特色的水利工程与设施。这些水利工程与设施不仅在科学技术上拥有许多独特的创造，有的甚至代表了当时的世界水平，而且有力地促进了所在区域经济社会的发展和景观的提升。因而，不可移动水利遗产中，以水利工程与设施最能全面系统地阐释和体现其科技、历史和艺术等综合价值，它是不可移动水利遗产的核心组成。

1. 不可移动水利遗产

水利工程指为了控制、调节和利用地表水和地下水以达到兴利除害目的而修建的各类工程。

水利工程遗产主要依据水利工程的分类标准分类。就单体水工建筑物而言，可按其作用分为：①挡水建筑物，如坝、闸和堤等；②泄水建筑物，如溢洪道、泄洪隧洞等；③输水建筑物，如引水隧洞、放水涵管、渠道及渠系建筑物等；④取水建筑物，如取水塔、渠首进水闸等；⑤整治建筑物，如丁坝、顺坝等；⑥用于发电、船只过坝等的专门建筑物。现存大多数水利遗产由若干不同类型、协同工作的水工建筑物组成，既可按其功能和结构分类，也可按其服务对象分

[1] 参考蒋剑勇：《河塘湖库水文化》，中国水利水电出版社，2019年，第88-92页。

类。水利工程主要服务于灌排、防洪、航运、供排水、景观、水土保持、水力发电等，为了在分析水利遗产现状时能更清晰地反映其时空分布特征，本书采用按服务对象分类的方式。据此，水利工程遗产主要包括以下几个类型。

（1）灌排工程。是指为防止旱、涝、渍灾而兴建的水利工程。中国灌排工程起源久远，规模也十分宏大。由于地形和气候多种多样，水资源分布各具特点，中国灌排工程形式各异，丰富多彩。灌排工程遗产主要包括各历史时期修建的用以蓄水的水库和塘坝；从河流或湖泊引水的渠首工程，如引水坝、进水闸等，或指从区外引调水的渠道及附属建筑物；从低处向高处送水的抽水站；灌区内各级渠道及其构筑物，如隧洞、渡槽、倒虹吸、跌水、涵洞、节制闸、分水闸等；退泄渠内多余水量的泄水闸、泄水道、退水闸和退水渠等。

（2）防洪工程。指为控制、防御洪水以减免洪灾损失而兴建的工程。治河防洪是中国水利事业中最古老的一项内容，从传说中的大禹治水开始，中华民族在与洪水抗争的漫长历程中积累了丰富的经验，形成了丰富多样的防洪思想和技术，创造了规模宏大、完善配套的治河工程，这些都是水利文化遗产的重要组成。防洪工程主要包括各历史时期修建的堤防（如河堤、湖堤、海堤、挡潮闸等）、河道整治工程（如控导工程、护岸工程和护滩工程等）、分洪工程和水库等。



（3）航运工程。指为确保运道畅通而兴建的水利工程。中国早在2500年前已有发达的水运交通，不仅开凿了纵横交错的平原水运网，且创造了翻山运河，创造了世界最长的人工运河，这些水运工程是中国古代水利科技成就的有力见证。航运工程主要包括各历史时期修建的港口、码头、渡口、航道、防波堤、护岸、船闸和船坞等海岸、近海或内河工程。

（4）供排水工程。指为工业和生活用水服务、处理和排除污水和雨水而修建的城镇供水和排水工程，分为给水工程和排水工程。其中，给水工程指各历史时期修建的为居民和厂、矿、运输企业等供应生活、生产用水的工程，主要包括给水水源、取水构筑物（如进水管、集水井和水泵房等）、输水道、水厂和给水管网等。排水工程指各历史时期修建的为排除人类生活污水和生产中的各种废水、多余的地面水而兴建的工程，主要包括排水管系（或沟道）、废水处理厂和最终处理设施等。

（5）景观水利工程。指各历史时期于特定区域内为营造优美自然环境和游憩境域而兴建的水利工程，如承德避暑山庄河湖水系、北京昆明湖、杭州西湖和扬州瘦西湖等。

（6）水土保持工程。指具有防治山区、丘陵区、风沙区水土流失，保护、改良与合理利用水土资源，建立良好生态环境等功能的工程。主要包括山坡防护工程，如梯田、水平沟、水平阶和鱼鳞坑等；山沟治理工程，如沟头防护工程、谷坊、拦沙坝和淤地坝等；山洪排导工程，如排导沟等；小型蓄水用水工程，如小型水库和引洪漫地等。

（7）水力发电工程。主要为水电站，如云南石龙坝、吉林丰满发电站和西藏夺底沟水电站等。

（8）其他水利工程。主要包括为军事攻击与防御而修建的水利工程，如南北朝时期建于淮河干流上的浮山堰；环绕城市、宫殿、寺院等主要建筑以防止敌人和动物入侵的护城河，如北京紫禁城护城河等；依据中国传统风水而修建的水利工程等。

2. 可移动水利遗产

可移动水利遗产是相对于不可移动水利遗产而言的，它们既可伴随原生地存在，也可通过外力移动，且移动后其价值和性能不会发生改变。主要包括各历史时期重要的水文化实物、艺术品、文献、手稿、图书资料和治水历史纪念物残片等。可移动水利遗产主要包括以下几个方面。

（1）水利文化实物。一方面包括具有历史价值的水利建设过程中所用各种河工器具，如水尺、各种水工构件如杩槎等，以及近代水利科研仪器、设施设备，治水通信工具，如黄河上的羊皮筏子等；另一方面包括著名治水人物所用物品，以及具有历史价值的重大水利工程建设过程中勘测、规划、设计、施工、管理等人员所用物品。



（2）水利文化艺术品。主要包括含有水元素的陶器、瓷器、玉器、铜器等器物，以及含有水元素或者与水有关的绘画、雕塑、书法等作品。

（3）水利文献、手稿和图书资料。主要包括与水有关的古籍、舆图、信札、奏折、报刊、历史档案、会议记录、讲稿、决定、日记、笔记、合同文书、手稿、标语、题词、统计数据等。

（4）治水历史纪念物残片，即治水历史纪念物的破碎残片。

（二）非工程类水利遗产

非工程类水利遗产是一种包含了随时代变迁而容易湮没的水文化记忆，因而更应加以重视。非工程类水利遗产的构成宜包括遗产本体及其附属部分，它主要有以下几类。

（1）涉水民间文学。如大禹治水传说、永定河传说、西湖传说、晋祠水母娘娘的传说等。

（2）传统水事活动表演形式。如川江号子、湖南澧水船工号子等，陕西蓝田普化水会音乐、朝鲜族顶水舞等。

（3）传统水事活动、礼仪与节庆。如云南傣族泼水节、新疆塔吉克族引水节、四川都江堰放水节、蒋村赛龙舟、大禹祭典等。

（4）水工艺技能和治水传统知识。如坎儿井开凿技艺、龙骨水车营造技艺、分水制度、水管理乡规民约等。

（5）与上述表现形式相关的文化空间。

（6）水利机构衙署。主要指各级水行政主管部门的办公场所。级别较高的古代水利管理机构有江苏淮安漕运总督部院遗址、山东济宁河道总督部院公署，以及河北保定清河道衙门、江苏苏州太湖水利同知署等，近代水利管理机构如天津顺直水利委员会旧址。级别较低的如民国年间修建的水文测站等。

（7）水利人物居住场所。水利人物居住场所主要指各级水行政主管官员和著名治水人物长期或临时居住过的场所，如江苏淮安河道总督居所清宴园、浙江嘉兴近代水利专家汪胡桢故居等。

（8）涉水祭祀建筑。主要指用来祭祀各种水神、祭拜治水名人的寺、庙、观、祠、坛、塔等建筑，如全国各地用来祭祀龙王的龙王庙、河南武陟为求黄河安澜而建的嘉应观等，用来祭拜治水名人的如祭祀大禹的禹王庙、四川都江堰用来纪念李冰的伏龙观等。

（9）水文化石刻。水文化石刻指镌刻有与水有关的文字、图案的碑碣等石制品或摩崖石刻等。如历代刻有大量记录治水、管水、颂功、奖约或经典治水文章等内容的碑石，各种镇水神兽如镇水铁牛、镇水石兽等，治水人物雕像如大禹汉代画像等。

（10）水利纪念物。水利纪念物指承载纪念意义、与水有关的建筑或地点等，如河南省郑州市的黄河博物馆遗址、花园口决堤遗址等。

## 第二节　水利遗产的特征、功能与价值

### 一、水利遗产的特征

#### （一）治水特征

治水特征主要是指水利遗产本身具有的防洪、灌溉、供排水、漕运等特征及蕴含的治水技术及制度等。一是从治水工程设计建设、工程规模、保护面积等方面（一方面或多方面）呈现的时代领先性；二是从治水工程发挥的防洪、浇灌、供水、发电、航运等功能角度，体现的科学性和系统性。

#### （二）民生特征

民生特征主要是指水利遗产在长期演变过程中，对于保障民众安全、民生福祉、经济发展和社会稳定，改善民众生存、生产、生活条件等方面发挥作用的情况。一是广泛的利民性，即解决民众最关心、最直接、最现实的治水问题的显著性；二是民众的获得感，即民众在遗产建成后取得的获得感、幸福感和安全感。

（三）文化特征

文化特征主要是指水利遗产的历史起源和发展演变脉络。水利遗产在水利发展史或中国社会变革中产生重要影响的标志性历史事件，在理念、精神、生产生活和文学艺术等方面具有的鲜明文化传统特征和突出的历史文化价值。一是文化影响力，如是否被列入世界文化遗产、人类非物质文化遗产、世界灌溉遗产、全球重要农业文化遗产、国家级非物质文化遗产、国家行业类遗产、国家文保单位等。二是治水精神的影响力和重要性，如是否在世界范围内、在全国范围内影响显著，在一定区域、流域具有较大影响等。

（四）独特性特征

通过与国内相同或类似的水利遗产比较，该水利遗产在工程建设、技术设计、管理制度、生态景观、文学艺术、可持续性等方面具有的唯一性（如最早、最大等）、标志性、创新性、代表性和典型性。

## 二、水利遗产的功能

（一）除害兴利



一是工程效益，指水利遗产原始具有或后续历史时期拓展的除水害、兴水利的功能与效益。二是历史贡献，指遗产建设及建成后，围绕遗产发生的重要治水事件或重要治水人物的历史影响和贡献。

（二）兴业惠民

一是促进经济持续稳定发展，水利遗产对于持续推进区域、地域经济持续发展的作用；二是改善生活条件，主要是指水利遗产对于改善遗产地人民群众生活条件，提高健康水平所起到的作用；三是改善生产条件，是指水利遗产在促进遗产地生产方式转变、促进遗产地产业结构调整、促进就业等方面发挥的作用。

（三）社会治理

一是指水利遗产在保障人民生命财产安全、维持社会安全稳定运行方面所具有的功能；二是指水利遗产在加强社会共建融合、加强地域交流等方面所具有的功能；三是指水利遗产对人民生产生活带来的经济文化促进作用，人民群众对遗产的充分认可与良性互动。

（四）生态景观

一是指生态改善性，即水利遗产本体及配套设施对周边范围内水质、水量、林草覆盖率、水土流失治理等产生正向的影响；二是指生态友好设施，即从护岸护坡、生物多样性等配套生态设施与周边自然环境的协调性；三是景观价值，如国家公园、国家级旅游景区、国家水利风景区、国家森林公园、国家地质公园等。

（五）艺术鉴赏

建筑艺术层面，是指水利遗产的建筑风格美观度与环境和谐程度；附属文物古迹层面，是指水利遗产附属的碑刻、雕刻、壁画及其他固定的装饰、陈设品、衍生品等具备的艺术价值；再有，附属非物质文化遗产的价值也有高下之别。

（六）创新创造

工程技术层面，是指水利遗产对所处年代同类工程及当代水利技术进步的科技引领价值；工程管理层面，是指水利遗产对所处年代及当代水利管理体制的科学价值；文化创新层面，是指水利遗产对中华传统文化、革命文化的创新性发展、创新性转化。

（七）传承永续

一是指工程延续至今仍在活化使用且将继续发挥水利功能；二是研究传授，是指从水利遗产的历史沿革、科学技术、人文精神、发展战略等方面开展研究，如学术论文、研究项目以及史料整编、学习培训、公益科普、研讨交流等；三是文化传承方面，主要指通过文学艺术创作鉴赏、节庆文化活动开展、融媒体宣传等途径推进水文化继承弘扬、延续历史文脉。



## 三、水利遗产的价值

水利遗产是我国人民在长期治水实践进程中所形成的，具有较高历史价值、文化价值、科技价值、社会价值、生态价值和艺术价值的水利遗存。

（一）历史价值

水利遗产是人类水事活动中的遗存物，是人类治水历史和社会发展的见证，因此历史性是其显著特性，不同的历史时代、不同地域、不同民族呈现出不同的历史文化特征。水利遗产具有重要的历史价值。其中，非物质水利遗产当中有许多是记录人类水事活动的，反映了人类与水的关系。广泛流传于民间的神话、传说、史诗、歌谣、文学、故事中含有大量的水事历史题材，是水利遗产的重要内容。

（二）文化价值

水利文化的历史性、时代性，可以表征出古代的总体社会经济发展水平。一是水事活动可以体现古代社会经济状况、农业生产水平；二是通过人与水的协调关系可以透视社会政治、文化艺术和哲学思想；三是传承优秀文化成果和精神思想。水文化是中华民族文化的母体文化，融合和集聚了中华儿女优秀的劳动创造和文化成果，是民族文化的精髓。“治国者必先治水”，治水理念经提炼后可以形成治国理念，甚至可以上升为哲学思想，并对宗教信仰、道德文化、人生哲理产生深刻影响。

（三）科技价值

水利遗产的科技价值是古人在社会实践中所形成的对自然、社会的认知和创新。我国古代科学技术在世界上占有重要地位，一些水利遗产充分展示了古代社会较高的科技水平。作为世界灌溉工程遗产的都江堰水利工程利用河道自然弯道引力，解决了引水、泄洪和排沙的统一性问题，充分展示了古代水利工程设计上的科学性和创造性。赵州桥是古代拱桥建筑的典型代表，这种桥梁以其独特的构思，不仅节省材料，美观大方，而且便于行洪和通航，具有很高的科学艺术价值。水车、水磨等水利工具也体现了我国劳动人民早期利用水能进行生产实践和科学应用。

（四）社会价值

中华民族5000年筚路蓝缕的文明发展史，孕育造就了辉煌灿烂的水文化，水利遗产则是水文化乃至中华传统文化的重要精髓。水利遗产保护、利用、传承与发展，是坚定民族文化自信、文化自觉，落实文化兴国战略的时代要求，是水利系统践行社会主义核心价值观、筑牢团结奋斗共同思想道德基础的重要载体，是落实中央新时代治水思路、弘扬新时代水利精神的重要举措，对推动水利事业改革与发展具有重大而深远的意义。



（五）生态价值

水利遗产由于凝聚了人类的劳动和智慧，具有较高的历史、艺术和科学价值，是人类宝贵的物质和精神财富，具有重要的经济价值。部分遗产被列为全国重点文物保护单位（如红旗渠），本身具有突出的经济价值。水利遗产作为旅游业和经济社会发展的重要资源，正逐步受到重视，并得到开发利用。文化旅游近些年来发展迅猛，水利部门也在完善和推进水利风景区的建设，努力推进水利文化旅游的发展，水利遗产在其中发挥了重要的作用。

（六）艺术价值

艺术是人类文明的重要成果，产生于人类活动的各个方面，也包括水事活动。水利遗产当中有许多凝聚着人类精神创造的艺术成果，有的甚至成为艺术珍品。水利遗产的艺术价值主要体现在建筑设计艺术、美术工艺、风景园林、文学戏曲、景观作用等方面。我们应该“让水利遗产润泽心灵”。[1] 譬如，历史上的京杭大运河（杭州段）具有浓郁的文化艺术氛围。运河两岸的街巷弄堂大多沿河而筑，形成了一条条水巷街道，房屋多为骑楼和木楼瓦屋，古桥数量众多，造型精美，船只、码头、茶楼、河埠、仓库林立，杭剧、评话、弹词以及水上的“欢歌渔唱”等民间曲艺盛行，具有运河人家的独特韵味。

总之，水利遗产是我国人民在长期治水实践进程中所形成的，具有较高历

---

[1] 张伟昊：《让水利文化遗产润泽心灵》，人民日报，2023-03-22。

史价值、文化价值、科技价值、社会价值、生态价值和艺术价值的水利遗存。我们应该努力讲好“水利故事”，传承好“水利精神”，坚持创新管理、多方参与、多措并举，深挖水利遗产历史文化底蕴，创新打造“水文化+”，让水利遗产“活”起来、“亮”起来，在新时代治水兴水新画卷中绽放异彩。

## 第三节　水利遗产的保护与可持续发展

### 一、水利遗产保护的原则

结合遗产保护与可持续发展的实际，遗产保护与发展应遵循保护优先、合理利用；统筹兼顾、科学布局；依法依规、持续发展等基本原则。

（一）保护优先、合理利用

坚持保护优先，把水利遗产保护作为发展利用的前提，实现在保护中有序开发、在开发中落实保护。协调城市发展、产业开发、项目建设、生态保护等方面对水利遗产的利用需求，促进水利遗产合理利用、强化节约集约利用。做好与环境、生态保护、红线划定、空间规划等工作的相互衔接。

（二）统筹兼顾、科学布局

根据水利遗产的功能性和社会性特点，充分考虑水利遗产中水利设施在防洪、灌溉、供水、通航等方面要求，兼顾不同作用及不同行业的开发利用需求，科学布局水利遗产的生态空间、生活空间、生产空间，合理划定划分水利遗产保护范围的功能分区。

（三）依法依规、持续发展

按照《中华人民共和国文物保护法》《中华人民共和国环境保护法》和《中华人民共和国水法》等法律法规的要求，强调制度建设、强化整体保护、落实监管责任，确保水利遗产得到有效保护、合理利用和依法管理。做好水利遗产的保护，为远期发展做好规划，做到依法依规、持续发展。

### 二、水利遗产活化利用和可持续发展的原则

（一）合理利用

国家水利遗产的利用，应当符合《国家水利遗产保护与发展规划》要求，保持整体风貌，传承治水文化，有条件的要保持功能的正常发挥。

（二）基地建设

支持有条件的遗产运行管理单位将国家水利遗产创建为国家水情教育基地、国家水利风景区。

（三）宣传推广

遗产运行管理单位应当在管理范围内设立相应的展陈设施，宣传遗产重要

价值、保护理念、历史人文、科技工艺、景观风貌等。通过媒体平台宣传普及遗产知识，挖掘阐释遗产的时代价值、思想理念。开展水利文艺作品创作、展览、科普和爱国主义教育等活动，传播传承历史人文、科技工艺等。

（四）文旅融合

具备条件的遗产运行管理单位，可在做好遗产保护工作的前提下，依托国家水利遗产资源，开发具有治水体验、历史人文、科普教育、特色产品推广等功能的旅游项目，打造具有地域和行业特色的水利旅游线路。

（五）合作交流

鼓励开展遗产的分类、特征、价值及其保护问题与措施等方面研究，充分发挥科研机构、高校、科研院所等技术支撑平台作用，鼓励开展国内外交流合作，积极推动国家水利遗产保护发展方面的理论与技术创新。

（六）多方参与

鼓励县级以上（含县级）地方政府将国家水利遗产保护与利用纳入当地水利发展相关规划和经济社会发展规划中，在项目、资金、政策等方面给予重点支持；鼓励公民、法人和其他组织通过科学研究、技术推广、投资捐赠、科普宣传、公益活动、设立基金等方式参与国家水利遗产的保护与利用工作。



## 三、水利遗产保护与利用规划编制的一般性原则和要求

基于遗产利用现状及存在的突出问题，按照遗产保护与发展规划总体目标，统筹遗产保护与经济发展、城乡建设、生态文明建设等需求，结合实际，明确规划期内遗产发展的重点任务。

（一）促进功能活化利用

进一步激发遗产在延续文脉、传承价值、优化生活品质、促进经济社会发展等方面的功能作用，采取研究考证、普查调查、挖掘认定、列入文保重点保护建设项目、有机融入城市发展规划和业态发展等措施，因地制宜地恢复、延续遗产原有除害兴利、保障民生功能。

（二）打造遗产特色文化

结合遗产地域文化特质和时代发展要求，深入挖掘遗产区别于其他遗产的特质、特性，因地制宜打造类型独特、民族或区域特征明显的遗产特色文化，推进创造性转化、创新性发展。

（三）加强展览展示教育

充分发挥遗产资源的教化引导和对社会经济发展的促进作用，建立遗产资源展览展示、教育引导体系，在遗产保护区域内规划建设博物馆、展览馆等相应的展陈设施和场所，全面展览展示遗产发展演变历史和整体格局风貌；汇聚大专院校、科研单位、企业团体、公益组织等力量，搭建学术研究交流平台，

建立健全遗产文化教育、咨询服务体系；支持鼓励打造革命传统、爱国主义、水情教育基地、水利风景区等。

（四）推动文旅融合发展

按照构建以文塑旅、以旅彰文的文旅融合发展新格局的要求，探索“水利遗产＋”发展模式，建设名人故居、特色小镇（街区）、国家文化公园等标志性旅游目的地；打造与周边旅游景点、文化资源有机联动的特色旅游线路和文旅消费产业链；设计开发品牌文创产品，培育创新创业基地、水文化产业园等新型文化旅游产业。

（五）拓展传播弘扬渠道

通过多种形式和渠道，大力传播弘扬遗产文化。利用广播电视、报刊杂志等传统传媒和互联网、区块链、数字影像、网络直播矩阵等新兴媒体和技术，广泛传播宣传遗产相关知识；采取诗词歌赋、绘画、摄影、文艺表演、动漫制作等，开展文学艺术创作，提供多样化的遗产文化产品和服务；组织编写教材、出版读物、编排艺术表演，进机关、进校园、进基层、进企业、进乡村；参加国际文化交流，推进遗产文化走出去；建立创新攻关推进机制进行联合科研攻关，推进科研成果的转化利用。



## 第四节 水利遗产保护和利用的典型案例

中华民族五千年治水史创造了光辉灿烂的水文化，留下了弥足珍贵的水文化遗产。这些文化遗产承载着中华民族悠久的历史，凝聚着中华民族的辉煌创造，镌刻着中华民族的伟大精神，是水文化传承的重要载体，也是中华民族的文化瑰宝。保护好、传承好、利用好水文化遗产，对于传承和弘扬先进水文化，对于推动社会主义文化大发展、大繁荣，提高全民族思想道德素质和科学文化素质，对于提高国家文化软实力，促进经济社会又好又快发展，具有十分重要的意义。为满足学习需要，现遴选部分案例分享如下。

### 一、木兰陂

木兰陂位于福建省莆田市南郊，是中国著名五大古陂之一，也是木兰溪流域最早的控制性水利工程。木兰陂始建于北宋治平元年（1064年），是莆田社会经济和人民生存发展的需要，也是流域整治的必然结果。由于木兰溪特殊的地形与水文条件，它的建设一波三折，充满了悲壮色彩。自北宋后期建成以来，始终发挥蓄水、灌溉、排涝、挡潮、水运等综合效益。工程建成后，将兴化平原上近20万亩的盐碱滩涂改造成稳产良田，将数以万计的百姓从洪水和风暴潮的威胁中解脱出来，有效地推动了莆田地区的社会经济和文化发展。中华人民共和国成立后，尤其是近20年来，福建省、莆田市加大整治力度，将木兰陂打造成全国文物保护单位、国家级风景名胜区，并使其在2014年9月列入世界灌溉工程遗产名录。

木兰陂主体工程的建设，经历了钱四娘首倡，林从世续修，李宏、冯智日领导最终建成的三个阶段。千百年来，木兰溪经受了无数次风、洪、潮的考验，是至今仍发挥着引、蓄、灌、排、挡等效益的古代水利工程。它的建成，推动了木兰溪下游的大规模开发，使原本“蒲草丛生、不长禾苗”的沼泽地变身成为沃野良田的南北洋平原，使莆田出现了长期、稳定的发展与繁荣，为“文献名邦、海滨邹鲁”的逐步成形营造了坚实的基础。

新中国成立后，尤其是近些年来，莆田市政府高度重视木兰陂生态景观建设，按照防洪规划、水功能区划、水资源保护和恢复河道生态的要求，以保护加固木兰陂为核心，通过抬升重建木兰陂纪念馆、钱四娘庙，修缮回澜桥和南导流堤，建设碑廊、休闲广场等措施，形成了主题明确、功能齐全、风景秀丽、风格纯朴的水利生态景观公园，诠释水的智慧、弘扬水利精神，营造文物建筑所承载的文化内涵。

图9-1　木兰陂

## 二、灵渠

灵渠古称秦凿渠、零渠、陡河、兴安运河、湘桂运河等，是古代中国劳动人民创造的一项伟大工程。灵渠位于广西壮族自治区兴安县境内，于公元前214年凿成通航。灵渠流向由东向西，将兴安县东面的海洋河（湘江源头，流向由南向北）和兴安县西面的大溶江（漓江源头，流向由北向南）相连，是世界上最古老的运河之一，有着“世界古代水利建筑明珠”的美誉。

灵渠联接了长江和珠江两大水系，构成了遍布华东华南的水运网。自秦以来，对巩固国家的统一，加强南北政治、经济、文化的交流，密切各族人民的往来，都起到了积极作用。灵渠是秦始皇于秦三十三年（前 214）为一统中国大业而建，至今已有 2000 多年的历史，与都江堰、郑国渠齐名，是现存世界上保存最完整的古代水利工程。灵渠虽经历代修整，依然发挥着重要作用。2012 年 11 月，灵渠被列入世界文化遗产预备名单。广西壮族自治区也出台了灵渠的相关保护办法（广西壮族自治区人民政府令 第 97 号），《广西壮族自治区灵渠保护办法》已经 2013 年 12 月 25 日自治区第十二届人民政府第 21 次常务会议审议通过并予公布，自 2014 年 3 月 1 日起正式施行。

近年来在各级政府部门的支持下，兴安县加强了对灵渠本体的保护力度，以及沿岸村屯的风貌改造。早在 1988 年，灵渠就被列为全国重点文物保护单位。目前，灵渠已两次被列入《中国世界文化遗产预备名单》。作为人类宝贵的物质文化遗产，伴随灵渠而生的古桥、古亭、石刻、水街引人注目，马仔调、贺郎歌也成为国家非物质文化遗产。通过把灵渠沿途的历史、人文、自然景观、农业产业等进行串联，将打造灵渠全域生态旅游带。

郭沫若先生称灵渠“与长城南北相呼应，同为世界之奇观。”



### 三、通济堰

通济堰是一个以引灌为主、蓄泄兼备的水利工程，由长 275 米、宽 25 米、高 2.5 米的拱形拦水大坝，以及进水闸、石函、淘沙门、渠道、大小概闸、湖塘等组成。通济堰布局成竹枝状灌溉网，22.5 公里的干渠上分凿出 48 条支渠、321 条毛渠，通过干、支、斗、农、毛五级渠道、大小概闸调节分流及利用众多湖塘水泊储水，形成以引灌为主，蓄泄兼备的竹枝状水系网。通济堰拦水坝选址在碧湖盆地海拔最高处的堰头村，利用地势落差将水流引到碧湖盆地的腹地，基本实现了自流灌溉。通济堰每天能从松阴溪拦截来自松阳、遂昌两县大约 20 万立方米的地表水，渠水有条不紊地滋润着整个碧湖盆地中部、南部 3 万余亩良田。

先人熟稔了松阴溪的脾性，他们随波逐流，将桀骜不驯的松阴溪收服得顺顺当当，当年旱涝无常一去不复返，人口聚集而来，人丁逐渐兴旺，谷物丰茂，万物竞生，出现了年复一年的丰收盛景，堰头、保定、周巷、新溪、碧湖、章塘、莆塘……一座座村落如花朵般次第绽放，通济堰绘制出了一张锦绣的农耕图腾。碧湖盆地成为瓯江上游最重要的产粮区之一。

清代，“郡赋计米三千五百石，丽水占了二千五百石，以食堰利”。这里的郡，指的是今天的地级市丽水，而这里的丽水，则是今天的莲都区。由此说明，通济堰一手缔造了一处殷实的大粮仓。

从南朝直至今天，一次次地修堰，一次次地疏浚，通济堰让那么多的人千古流芳：詹南二司马、关景晖、王禔、范成大、张澈、何澹、斡罗蒽、卞王宣、梁顺大、吴仲、熊子臣、樊良枢、王亨咸、刘廷玑、清安、萧文昭等。特别是南宋的何澹，现在仍保留完好的通济堰石砌拱坝是由他主持重修的。大坝采用千株大松木嵌入河床作为坝基（松木浸泡在水底不会腐烂，有“千年不烂水底松”之说），在松木坝基上累石，又将炼出的铁水浇铸在块石预留的阴榫内，使得石头环环相扣，块石像铆钉一般钉在河床中，半里宽的石坝形成一方坚固的整体。从拼接到铆接，再到“焊接”，坝体实现了“强身健体”。这两项飞跃性的技术应用，是大坝坚不可摧的最重要原因。

## 四、大禹祭典

大禹，是我国传说中远古时代的治水英雄，是中华民族立国之祖的象征。《史记·夏本纪》记载，“帝禹东巡狩，至于会稽而崩”。大禹埋葬在绍兴，在绍兴，有关大禹的陵庙历史，延续4000多年。



祭禹之典，传说发端于夏王启。会稽之祭禹不仅历史悠久，而且包含皇帝御祭、皇帝遣使祭、地方公祭、民祭、族祭等多种形式。4000多年来，大禹陵总是俎豆千秋，玉帛相接，清庙巨丽，祭祀绵亘。历代祭禹，古礼攸隆，影响巨大。自公元前2059年左右，大禹子夏王启开端，祭会稽大禹陵已有定例，夏王启首创的祭禹祀典，是中华民族国家祭典的雏形。公元前210年，秦始皇“上会稽，祭大禹”。历代以来，由皇帝派出使者，帝沐赍礼来会稽祭禹者更多。宋太祖颁诏保护禹陵，开始将祭禹正式列为国家常典。明清两朝的祭禹仪式和制度最为完备，典礼也最为隆重，两朝祭禹活动各达20多次。明代，遣使特祭成为制度，凡是一个皇帝登基的时候，要派遣大臣到大禹陵祭祀，表示崇敬。1689年，康熙祭祀大禹，题“地平天成”。1751年，乾隆帝又亲临绍兴祭禹。民国时改为特祭，每年9月19日举行，一年一祭。1995年4月20日，浙江省人民政府和绍兴市人民政府联合举行了“1995浙江省暨绍兴市各界公祭大禹陵典礼”。这是新中国成立以来，对大禹陵的第一祭，也是20世纪30年代后期停祭以后的第一祭。承续了中华民族四千年来尊禹祀禹的传统，翻开了新中国祭禹的新的祭祀典章。此后，每年举办祭奠活动，每年一小祭、五年一公祭、十年一大祭。2006年5月，大禹祭典被国务院列入国家级非物质文化遗产保护名录，使大禹祭典开始成为两个国家级非物质文化遗产的祭典之一。2007年4月20日，文化部与浙江省政府共同主办公祭大禹陵典礼，成为中华人民共和国成立后的国家级祭祀活动。此后，浙江绍兴更加重视该民俗活动，并与文旅活动有机融合，在融媒体时代产生了更广泛深远的影响。

大禹在治水和立国的大业中所表现出来的伟大的“大禹精神”，是中华民族优秀传统文化的重要内容，成为千百年来激励一代又一代中华儿女为民族振兴、国家繁荣前赴后继、奋斗不息的精神支柱。大禹陵庙几千年祀典相继，是后人学习大禹明德、弘扬大禹精神的明证，是弘扬民族精神的重要举措，对中华民族起着无可替代的凝聚作用。大禹陵祭典的制度和礼仪，包括祭品、祭器、祭乐、祭舞和祭文等，灿如星汉，蕴含了十分丰富的民族传统文化的信息。

如今，绍兴市以公祭大禹陵典礼，带动中国兰亭书法节、绍兴风情旅游节、中国绍兴茶文化节等，实行一节带多节，整合节会资源，实现资源共享，并充分展示绍兴融江南水乡、历史文化和现代文明于一体的地域特色和风貌。

### 五、傣族泼水节

傣族泼水节又名“浴佛节”，傣语称为“桑堪比迈”（意为新年）。西双版纳傣族自治州和德宏傣族景颇族自治州的傣族又称此节日为“尚罕”和“尚键”，两名称均源于梵语，意为周转、变更和转移，指太阳已经在黄道十二宫运转一周开始向新的一年过渡。泼水节一般在傣历六月中旬（即农历清明前后十天左右）举行，是西双版纳最隆重的传统节日之一。2006 年 5 月 20 日，傣族泼水节经国务院批准列入第一批国家级非物质文化遗产名录。

傣族系“百越”族群的后裔，长期以来形成了农耕稻作文化。傣族先民对水形成了一种莫名的情愫并心存感激，傣族人民对水神、河神的祭祀就是最好的佐证。泼水节源于印度，是古婆罗门教的一种仪式，后为佛教所吸收，在 12 世纪末至 13 世纪初经缅甸随佛教传入中国云南傣族地区。随着佛教在傣族地区影响的加深，泼水作成为一种民族习俗流传下来，至今已有 700 年的历史。上海辞书出版社于 1990 年出版的《中国风俗辞典·泼水节》写道：“此节日起源于印度，后随小乘佛教传播，经缅甸、泰国和老挝传入我国傣族地区，故又称‘浴佛节’”。

傣族泼水节为期 3～4 天。第一天为“麦日”，类似于农历除夕，傣语叫“宛多尚罕”，意思是送旧。此时人们要收拾房屋，打扫卫生，准备年饭和节间的各种活动。第二天称为“恼日”，“恼”意为“空”，按习惯这一日既不属前一年，亦不属后一年，故为“空日”。第三天是元旦，叫“麦帕雅晚玛”，人们习惯把这一天视为“日子之王来临”。第四天是新年，叫“叭网玛”，敬为岁首，人们把这一天视为最美好、最吉祥的日子。

### 六、蒋村龙舟竞渡

端午节蒋村龙舟竞渡的起源和水患有关。相传，唐朝时，蒋村地区河港纵横，水网密布，人烟稀少。每当入夏，都会遭受西来山洪的侵袭。人们在入夏之际供奉龙王，将其恭请下船，巡游河港，求其不再发大水肆虐百姓，伤及河田。到了明代，西溪有位告老还乡的洪尚书，见家乡的水患不去，便带领乡亲修西溪大塘，疏沿山河、余杭塘河，开闲林港、何母港、五常港、御林港和紫金港，水患从此不再。每年的农历五月初一，乡民自发在村里请龙王，供龙王，吃龙舟酒，谢龙王。到了端午，西溪各乡村的大小龙舟都汇集到蒋村的深潭口村举行龙舟比赛，自此，蒋村龙舟声名鹊起。到了清朝，乾隆皇帝巡江南时，闻得蒋村龙舟的盛名，特意在端午节这天来到钱塘西溪深潭口村观龙舟竞渡。看得高兴，欣然口头御封河渚（今西溪）"龙舟胜会"，蒋村龙舟遂得盛名，有诗曰"涛波竞舟庆丰年，河渚破浪祈社安"。从此，蒋村"龙舟胜会"的称谓一直沿用至今。自明代开始到现在的数百年间，每年端午节的龙舟盛会是蒋村村民的一大传统习俗，端午的龙舟盛会从没间断过。

### 七、太湖溇港

溇港是一个古老而庞大的水利工程系统，是古代太湖流域劳动人民在与洪涝、干旱的较量中，开渠排水、培土造田，变滨湖湿地滩涂为膏腴沃壤的一项独特创造。这一水利系统至今已运行了近 2000 年，其独特的架构、宏大的规模、科学的设计，代表了农耕文明时代水利水运工程技术发展的最高水平，在中国水利史上的地位可与四川都江堰媲美。



据记载，鼎盛时期太湖岸线有超过 300 条溇港。由于各种原因，大量的溇港因堵塞被废弃。发端最早、持续时间最长的湖州境内的 74 条溇港因规模适度、政府重视、顺应自然等原因被保存下来，仍在发挥作用。

溇港系统不只是一项水利工程，更是催生了具有鲜明地域特色和深厚人文积淀的溇港文化景观，如古代聚落、古代水利建筑和相关传统习俗等，是先辈留下的丰厚而宝贵的历史文化遗产。

太湖溇港具有突出的历史文化价值和旅游开发潜力。2016 年，湖州政府通过了《太湖溇港水利遗产保护与利用规划》，保护对象包括南太湖堤防工程、溇港横塘、圩田系统以及其他相关遗产。同年，太湖溇港入选世界水利灌溉工程遗产名录；2017 年，太湖溇港被评为国家水利风景区；2019 年，被列入第八批全国重点文物保护单位。作为太湖溇港水利灌溉工程主要节点的义皋村，2014 年同时被列入中国传统村落和浙江省历史文化保护村落名录。

近些年来，当地政府致力于全力打造世遗溇港文化实景地、中国农耕文化智慧地、江南乡村旅游目的地。并将投资 30 亿元，打造水乡民俗风情运动区、古村落文化体验区、创意农庄休闲娱乐区、特色生态农业观光区四大功能区，将风景区建设成为集水乡观光、休闲运动、田园娱乐、古村度假多功能于一体的溇港水乡特色旅游休闲目的地。

此外，为了加强太湖溇港世界灌溉工程遗产保护、传承和利用，根据国家、浙江省等有关法律法规制定的《湖州市太湖溇港世界灌溉工程遗产保护条例》于2022年3月9日湖州市第八届人民代表大会常务委员会第四十一次会议通过，2022年5月27日获浙江省第十三届人民代表大会常务委员会第三十六次会议批准。

## 八、钱塘江古海塘

据《水经注》记载，东汉钱唐县已有海塘兴筑，唐代海塘已有相当规模。唐末以前，均以土或土石混合料筑塘，属建塘初创时期。五代时，开始改进修筑技术，创筑竹笼石塘。宋元时期，有各种塘型结构的探索，修筑规模也有很大发展。明清两代在鱼鳞石塘技术上有了更大发展，海塘结构更为稳固。至清代后期，两岸已建成较完整的海塘防御体系。近代虽然采用新材料、新技术修筑海塘，但受战争影响，海塘破损严重。中华人民共和国成立后，在修复海塘的同时，注重江道治理，逐渐使河道稳定，海塘更为安全。

钱塘江河口潮强流急，床质不耐冲刷，滩岸涨坍变化迅速频繁，海塘常因江岸崩坍、塘基淘刷而致坍溃。自宋代至明代，一直以来岸坍陆沉，无力防范，只能以宽制猛，不与海争利，采用节节退守、另建新塘的被动策略。直至明嘉靖年间（1522—1566），黄光昇在海盐创建五纵五横鱼鳞石塘，经临潮考验有效后推广，海盐塘线才得以固守不再后退。清雍正、乾隆年间（1723—1795），在海宁、仁和一带寻求“一劳永逸”之计，大力修建鱼鳞石塘积极防御，以资固守。清末至民国间由于国力衰弱，加之战争影响，海塘坍损严重。中华人民共和国成立后，采用固塘与保滩、治江相结合策略，由单纯防御转为综合治理，海塘防御能力显著提高，也为20世纪末开展标准海塘建设创造条件。

## 九、京杭大运河

中国是世界上最早开凿、使用运河进行综合运输的国家之一，其中最具代表性的就是京杭大运河。京杭大运河南北纵贯中国东部的北京、天津、河北、山东、江苏、浙江等6省（直辖市），全长约1794公里，是世界上最长的人工运河。因其开凿历史悠久、工程技术复杂、功能复杂综合、文化影响深远，且延续使用至今，成为中华民族重要的精神象征和文化名片。2014年，京杭大运河连同曾流经河南、安徽两省的隋唐运河，以及浙江杭州至宁波间的浙东运河，联合申报世界文化遗产，并成功入列世界遗产名录。

京杭大运河（浙江段）在“中国大运河”体系中占有重要地位。在已列人世界遗产名录的“中国大运河”内涵体系中，遗产河道长度、点段对象数量，占比均处前列。随着浙江地区经济社会的快速发展，运河遗产保护与利用的矛盾日益凸显；也因世界遗产项目管理的高标准与严要求，运河遗产的保护利用面临严峻挑战。浙江省及其运河沿线地区相关政府和部门，高度重视运河遗产的保护利用，按照国内外先进的保护理念，在运河遗产资源调研、世界遗产遴选申报、持续加大保护利用等方面，全面兼顾，通力合作，加强组织建设，加大法制保障，落实保护规划，积极修缮整治，全面展示宣传，共享活化成果，努力保护运河文化遗产，有力推动运河沿线生态景观修复、文化遗产保护和传统文化复兴。

2017 年，国家全面启动“大运河文化带”及“大运河国家文化公园”项目建设。2019 年 2 月，中共中央办公厅、国务院办公厅印发了《大运河文化保护传承利用规划纲要》；2019 年 10 月，京杭大运河通州城市段 11.4 公里河道已正式实现旅游通航。2021 年 6 月 26 日，京杭大运河（北京段）通航，将创造多项新的历史。截至 2022 年 4 月 28 日，京杭大运河全线水流贯通。

## 附：思考题和实践教学设计



1. 思考题

（1）水利遗产的内涵和价值。

（2）水利遗产保护和开发利用的原则。

（3）水利遗产保护和开发利用的措施。

2. 实践教学设计

（1）结合实际，选择某国家级水利风景区为目的地，进行为期 1～2 天的研学教育。

（2）结合实际，选择某项水利遗产作为探究对象，撰写一篇论文，题目自拟，篇幅为 2000～3000 字。

# 第十章 自觉践行新时代水利精神

习近平总书记指出，“一个国家、一个民族不能没有灵魂”“精神是一个民族赖以长久生存的灵魂”。国家和民族要有精神，行业同样也要有精神。行业精神如行业之灵魂，代表行业形象，彰显行业特色，引领行业未来。水利行业是一个具有悠久历史的古老行业，自大禹开始的历代治水人，不仅传承发展了丰富的治水经验和先进的治水技术，还孕育形成了独具特色的水利精神。“忠诚、干净、担当，科学、求实、创新”的新时代水利精神是在我国新时代背景下，对水利行业精神的一种新诠释和提升。它体现了水利工作者在新时代的责任担当、创新精神和为民服务的宗旨。

## 第一节　新时代水利精神的内涵

2019 年 1 月 15—16 日，全国水利工作会议审议通过了新时代水利精神。2019 年 2 月 13 日，《水利部关于印发新时代水利精神的通知》中明确了阐述了新时代水利精神表述和新时代水利精神内涵。“忠诚、干净、担当，科学、求实、创新”的新时代水利精神，是中华文明水利精神传承的体现，是新时代水利事业创新发展的实际需要，是新时代水文化建设的核心理念。

## 一、新时代水利精神的形成

新时代水利精神是立足于中华民族悠久治水史，总结我国宝贵的治水实践，适应新的时代发展需要提出来的。

中华民族悠久治水史是形成新时代水利精神的历史基石。在中华民族悠久治水史中，孕育了大禹精神、都江堰精神、红旗渠精神、九八抗洪精神等优秀治水传统和宝贵精神财富。在我国长期的治水历史中，大禹作为千百年来治水的象征人物，其伟大治绩造就了公而忘私、民族至上、民为邦本、科学创新的大禹治水精神[1]，大禹治水精神不仅是水利精神的典型代表，也是中华文化的精神象征。此后，历代治水人传承、推广、完善、革新、发展了丰富的治水经验和治水技术，还孕育了独具特色的水利精神。随着中国传统水文化的现代化转型，中国共产党治水思想的形成与实践推动了当代水利精神的塑造。红旗渠建设中铸就了“自力更生、艰苦创业、团结协作、无私奉献”的红旗渠精神，三峡工程建设中形成了“科学民主、团结协作、精益求精、自强不息”的三峡精神，南水北调工程建设中形成了“负责、务实、求精、创新”的南水北调精神。1998年，时任国务院副总理温家宝同志在总结“98洪水”经验教训时，提出了水利人在抗洪斗争中“献身、负责、求实”的精神，1999年，水利部党组决定将此作为水利行业精神。这些宝贵的精神财富构建了水利精神谱系，造就了一代又一代艰苦奋斗、勇于奉献、担当进取的水利人和一个又一个水利奇迹。



习近平总书记关于治水的重要论述是形成新时代水利精神的根本遵循。党的十八大以来，党中央高度重视治水问题，习近平总书记继承、发展了马克思主义生态观，吸收、借鉴了中国共产党治水兴水的思想和伟大实践，就治水问题发表了一系列重要讲话，提出了一系列科学理念、方针政策与工作要求。2014年3月14日，在中央财经领导小组第五次会议上，习近平总书记站在党和国家事业发展全局的战略高度，提出了“节水优先、空间均衡、系统治理、两手发力”治水思路，这一治水思路是习近平总书记关于治水的重要论述贯穿始终的思想主线。节水优先是根本方针，空间均衡是重大原则，系统治理是思想方法，两手发力是基本要求[2]。2015年5月29日，习近平总书记在主持十八届

---

[1] 贾兵强：《大禹治水精神及其现实意义》，华北水利水电学院学报（社科版），2011年第4期，第29－30页。

[2] 陈雷：《新时期治水兴水的科学指南——深入学习贯彻习近平总书记关于治水的重要论述》，中国水利，2014年第15期，第2页。

中央政治局第二十三次集体学习时，首次提出了“两个坚持、三个转变”的防灾减灾新理念，在切实落实防汛抗洪责任制、强化预报预警预演预案措施、精准开展水工程联合调度、加快数字孪生流域和数字孪生水利工程建设的要求下，充分展现了科学运用各类非工程措施，牢牢把握水旱灾害防御主动权，等等。2021年5月14日，习近平总书记在推进南水北调后续工程高质量发展座谈会上的讲话中指出，要加快构建国家水网。实践证明，必须遵循经济规律、自然规律、社会规律，科学审慎论证方案，重视生态环境保护，既讲人定胜天，也讲人水和谐。2021年10月22日，习近平总书记主持召开深入推动黄河流域生态保护和高质量发展座谈会，继长江经济带发展战略和黄河流域生态保护和高质量发展战略后，提出实施国家“江河战略”，从历史角度深刻揭示了江河在凝聚民族精神上的重要作用，对于后植文化自信、丰富民族特质、塑造民族品格具有特殊的现实意义和深远的历史意义❶。

习近平总书记提出的治水重要论述是习近平总书记立足于我国基本国情水情、水安全形式的具创新性的经验总结与理论概括，是新时代治水兴水的科学指南和根本遵循，为新时代水利精神的形成与实践提供了强大的理论支撑。



新时代水利改革发展的需要是形成新时代水利精神的现实基础。党的十九大报告清晰作出了中国特色社会主义进入新时代的重大论断，确立了习近平新时代中国特色社会主义思想的指导地位，为推动中国特色水利现代化事业不断取得新的胜利提供了前进方向。2019年1月15日，时任水利部部长鄂竟平在全国水利工作上表示，当前我国治水的主要矛盾已经发生深刻变化：从人民群众对除水害兴水利的需求与水利工程能力不足的矛盾，转变为人民群众对水资源水生态水环境的需求与水利行业监管能力不足的矛盾。其中，前一矛盾尚未根本解决并将长期存在，而后一矛盾已上升为主要矛盾和矛盾的主要方面。下一步水利工作的重心将转到“水利工程补短板、水利行业强监管”上来，这是当前和今后一个时期水利改革发展的总基调。在治水矛盾发生深刻变化、治水思路需要相应调整转变的新形势下，迫切需要进一步传承和弘扬“忠诚、干净、担当，科学、求实、创新”的新时代水利精神，为不断把中国特色水利现代化事业推向前进提供精神支撑。

此后，2019年5月，水利部印发、实施了《新时代水利人才发展创新行动方案（2019—2021年）》（以下简称《方案》），以加快建设一支高素质专业化水利人才队伍，为国家发展战略和水利改革发展提供人才支撑和保障。新时代水利改革发展总基调的确立，是从科学角度揭示了新时代治水的主要矛盾，准

❶ 水利部编写组：《深入学习贯彻习近平关于治水的重要论述》，人民出版社，2023年，第245－292页。

确把握了治水对象、治水内容、治水手段和方式的变化的事实基础上，以“要从改造自然、政府自然转向调整人的行为、纠正人的错误行为”为新时代治水方针的总概括。

党的二十大全面把握党和国家事业发展新要求、人民群众新期待，明确提出新时代新征程党的中心任务，强调坚持以中国式现代化全面推进中华民族伟大复兴，发出了为全面建设社会主义现代化国家、全面推进中华民族伟大复兴而团结奋斗的动员令。我国水利工作在水旱灾害防御、水利基础设施建设、复苏河湖生态环境方面取得了重大进展，但由于“我国发展进入战略机遇和风险挑战并存、不确定难预料因素增多的时期”，需要清醒地看到，当前水利工作存在的问题和差距。水利作为经济社会发展的重要支撑和保障，与人民群众美好生活息息相关，不论是治水思路的调整，还是水利改革发展总基调的确立和高素质专业化水利人才队伍的建设要求，充分体现了新时代水利精神在做人方面倡导“忠诚、干净、担当”和做事层面倡导“科学、求实、创新”的价值取向。为了从根本上满足人民日益增长的美好生活需要，亟须以新时代水利精神为指引，以更好地指导水利改革发展实践。



## 二、新时代水利精神的内涵

新时代水利精神充分体现了历史的传承性、发展的时代性、行业的独特性。党的十八大以来，在习近平总书记治水重要论述指引下的生动实践中，催生了具有新时代特征的水利精神品质。五千年精神传承、新时代实践创新，彰显了水利人“忠诚、干净、担当”的可贵品质，厚植了水利行业“科学、求实、创新”的价值取向。

“忠诚、干净、担当”是新时代水利干部队伍建设的本质要求，要以忠诚为本，干净为先，担当为要❶。新时代水利改革发展仍须坚持以人民为中心，坚持中国共产党的领导，忠诚拥护“两个确立”，必须深入学习贯彻习近平新时代中国特色社会主义思想，以凝心铸魂筑牢根本、锤炼品格强化忠诚、实干担当促进发展、践行宗旨为民造福、廉洁奉公树立新风为目标，努力建设忠诚干净担当、堪当民族复兴重任的高素质专业化水利干部队伍。❷

“科学、求实、创新”是新时代水利事业改革发展的价值取向，要以科学严谨的态度治水，以真抓实干的韧劲治水，以开拓创新的精神治水。❸ 体现在“节水优先、空间均衡、系统治理、两手发力”治水思路中，节水作为治水的关键

❶ 鄂竟平：《弘扬新时代水利精神 汇聚水利改革发展精神力量》，学习时报，2019-09-16。
❷ 水利部编写组：《深入学习贯彻习近平关于治水的重要论述》，人民出版社，2023年，第26-44页。
❸ 鄂竟平：《弘扬新时代水利精神 汇聚水利改革发展精神力量》，学习时报，2019-09-16。

环节，是习近平总书记立足我国基本国情水情，总结国内外治水科学经验而提出的治本之策。由于我国人多地少，水资源空间分布严重不均，需要坚持全国“一盘棋”，科学布局跨流域调水，优化全国水资源配置，促进人口经济与资源环境相均衡。水作为一切生命活动存在的根本，需要将治水作为一个整体进行思考、谋划、布局。对“山水林田湖草沙是生命共同体”“坚持山水林田湖草沙一体化保护和系统治理”重要论述的学习贯彻落实，是需要不断提高战略思维、历史思维、辩证思维、系统思维、创新思维、底线思维能力的。同时，还要科学认识坚持政府作用和市场机制“两只手”协同发力这一命题，共同推动新时代水利高质量发展。

图 10-1　我国首批山水林田湖草沙一体化保护和修复工程项目竞争性选拔入选工程广东南岭山区韩江中上游（原中央苏区）山水林田湖草沙一体化保护和修复工程项目

《水利部关于印发新时代水利精神的通知》中，对新时代水利精神内涵作出了明确诠释。新时代水利精神在做人层面倡导“忠诚、干净、担当”。“忠诚”是水利人的政治品格，水利关系国计民生。在新时代，倡导水利人忠于党、忠于祖国、忠于人民、忠于水利事业，胸怀天下、情系民生，致力于人民对优质水资源、健康水生态、宜居水环境的美好生活向往，承担起新时代水利事业的光荣使命。“干净”是水利人的道德底线。上善若水。在新时代，倡导水利人追求至清的品质，从小事做起，从自身做起，自觉抵制各种不正之风，不逾越党纪国法底线，始终保持清白做人、干净做事的形象。“担当”是水利人的职责所系。水利是艰苦行业，坚守与担当是水利人特有的品质。在新时代，倡导水利人积极投身水利改革发展主战场，立足本职岗位，履职尽责，攻坚克难，在平凡的岗位上创造不平凡的业绩。

新时代水利精神在做事层面倡导"科学、求实、创新"。"科学"是水利事业发展的本质特征。水利是一门古老的科学，治水要有科学的态度。在新时代，倡导水利工作坚持一切从实际出发，尊重经济规律、自然规律、生态规律，坚持按规律办事，不断提高水利工作的科学化、现代化水平。"求实"是水利事业发展的作风要求。水利事业不是空谈出来的，是实实在在干出来的。在新时代，倡导水利工作求水利实际之真、务破解难题之实，发扬脚踏实地、真抓实干的作风，察实情、办实事、求实效，以抓铁有痕、踏石留印的韧劲抓落实，一步一个脚印把水利事业推向前进。"创新"是水利事业发展的动力源泉。水利实践无止境，水利创新无止境。在新时代，倡导水利工作解放思想、开拓进取，全面推进理念思路创新、体制机制创新、内容形式创新，统筹解决好水灾害频发、水资源短缺、水生态损害、水环境污染的问题，走出一条有中国特色的水利现代化道路。

## 第二节 新时代水利精神的教育与传播



继往开来、与时俱进的新时代水利精神是中华水文化的精髓，是新时代水利改革发展的精神支柱，是水利行业的鲜明标志，潜移默化地影响着水利人的价值观念和行为规范，并对水利行业、水利类高校培养优秀学生起着积极的引导作用。

教育传播作为人类传播活动的一种基本形式，是通过媒介、手段、方法等各种传播形式，将知识、技能、思想、观念等教育内容、教育理念和教育精神传递给教育对象的活动过程。新时代水利精神的教育传播是加快推进水文化建设的关键一环，关乎新时代水利事业的改革发展，是水利类高校培养优秀学生的使命与责任，也是激发水利类高校学生投身水利事业的内在要求。

### 一、发挥"课程思政"的育人作用

新时代水利精神在做人层面倡导的"忠诚、干净、担当"关乎德育，新时代水利精神的教育传播是立德树人的一种重要方式。习近平总书记指出："要把立德树人的成效作为检验学校一切工作的根本标准，真正做到以文化人、以德育人，不断提高学生思想水平、政治觉悟、道德品质、文化素养，做到明大德、守公德、严私德。"[1] 水利类高校教育应充分运用"课程思政"理念，发挥"课程思政"的育人作用，将"课程思政"与新时代水利精神的传播教育有机融合

[1] 《习近平在全国教育大会上强调 坚持中国特色社会主义教育发展道路 培养德智体美劳全面发展的社会主义建设者和接班人》，党建，2018 年第 10 期，第 4－6 页。

起来，为培养水利行业优秀人才提供根本保证，引导水利类高校学生树立起正确的世界观、人生观、价值观，培育学生对水利事业的热爱。

（一）教学理念

以往水利类高校专业课教师职责主要表现为具体知识的传授，思政德育的职责主要由思政课教师承担。2019 年 3 月 18 日，习近平总书记在学校思想政治理论课教师座谈会上强调："要坚持价值性和知识性相统一，寓价值观引导于知识传授之中。"新时代背景下，课程思政建设及"全员全过程全方位育人"理念的提出，要求每一位水利类高校教师在专业课教学中应承担起不断学习、领悟、贯彻新时代水利精神的责任，坚持立德树人这一根本任务，展现新时代水利教育者的"担当"品质。

新时代水利精神是中华文明精神在水利行业的表现，为更好适应新时代水利事业的改革发展，各水利类高校应将具备"忠诚、干净、担当，科学、求实、创新"的新时代水利精神、坚定理想信念和熟练的水利专业知识、技能为高校人才培养目标，以形成德智体美劳的全面发展。同时，专业课教师要结合自身专业、新时代水利事业发展现状、行业需求，帮助学生了解新时代水利精神在水文化建设中的地位、作用，引导学生认清所学精神和知识、技能对于自身成长以及未来职业发展的积极作用，做到价值塑造、知识传授和能力培养三者的辩证统一。

（二）教学环节

对于新时代水利精神在高校中的教育传播来说，水利类高校教学团队根据高校人才培养模式、课程培养目标，结合线下、线上资源，将新时代水利精神贯彻到课程标准、教材内容、课程教育等各教学环节之中。

新时代水利精神是集传承性、时代性、独特性于一体的。各水利类高校在践行水文化建设过程中，将新时代水利精神融入进了课程标准和教材编写，推动了新时代水利精神的教育传播。其中，课程教育作为教学环节的重心，各水利类高校教学团队可利用地方水文化资源，通过课堂教学和实地教学相结合，将展现新时代水利精神的地方水文化资源、治水思想、治水案例、水利人物等融入教学内容之中。一方面，结合大禹治水、世界文化遗产都江堰、"人工天河"红旗渠、三峡水利枢纽工程、"98 抗洪"等一系列治水工程、治水事迹，充分挖掘专业课程中新时代水利精神元素；另一方面，开展互动教学模式，发挥教师的主导性和学生的主体能动性，带领学生实地走访当地具代表性的水利文化资源、水利工程等，丰富课程教育内容，提升学生对新时代水利精神的认同感。教学团队通过"润物细无声"的教学方式和生动形象的水文化素材，将社会主义核心价值观、新时代水利精神、理想信念等传递给学生，从而激发学生将这些精神融入个人的世界观、价值观、人生观之中，让学生牢固树立起强烈的担当感、使命感。

## 二、依托传统媒体与新兴媒体的协同优势

随着网络自媒体的快速发展，依托传统媒体与新兴媒体的协同优势，实现新时代水利精神教育传播平台和资源的多元化，使课程教育的表现形式更加丰富和形象化，从而增强新时代水利精神的教育传播效果。

相较于网络媒体而言，传统媒体是传统的大众传播方式。各水利类高校可以通过校报、校刊、校园广播等媒体形式发布新时代水文化建设栏目，还可借助相关的宣传片、报道、纪录片、电影等载体，深入挖掘新时代水利精神形成的历史背景、具体内涵，学生通过阅读、收听、观看，激发内心的情感共鸣。同时，各水利类高校结合水利专业特征，充分发挥现代信息化技术的优势，借助相关视频、图片、音频等多元化新媒体形式，综合解读社会热点、事件与新时代水利精神的关联，增强课程教学内容的传播性和鲜活性。各水利类高校官网、各类官方自媒体号，如微信公众号、微博、抖音等平台目前已成为水文化传播的重要途径和新时代水利教育传播的重要宣传窗口，学生通过与新兴媒体的双向互动，发挥主体能动性，在官方自媒体号上发布学习心得、发起相关话题讨论等，使新时代水利精神贯彻到学生的学习和日常生活之中。



## 三、利用校园文化营造良好传播氛围

校园文化是高校的重要标识，各水利类高校校园文化的发展离不开新时代水利精神的融入，良好的校园文化有利于推动新时代水文化建设，应充分将“忠诚、干净、担当，科学、求实、创新”的新时代水利精神融入到校园的物质文化和精神文化建设之中，为师生群体营造出丰富的校园文化氛围，从而进一步扩展水利类高校的精神视野。

利用校园环境营造新时代水利精神教育传播的良好氛围。校园环境是承载校园文化的物质基础。各水利类高校在校园环境的景观建设中，挖掘、利用中华水文化中的时代价值，通过大禹、李冰等历史水利人物塑像、优秀水利工程微缩景观、水文化长廊、水文化主题广场、教学科研基地等重要载体，在校史馆、宣传栏、高校建筑中充分展现新时代水利精神，形成具象化的水文化校园氛围。同时，各水利类高校的校园精神文化在新时代水利精神引导下，将新时代水利精神融入到校训、校风、校歌中，发挥新时代水利精神潜移默化的影响。

## 四、校内活动与校外实践相结合

各类水利高校为了贯彻落实新时代水利精神，以丰富多彩的校内活动和校外实践为载体，围绕新时代治水实践，开展多项新时代水利精神主题活动，使

学生在能够在各类校内、校外实践活动中感同身受，提高学生学习贯彻新时代水利精神的积极性、主动性，夯实学生认同、学习贯彻新时代水利精神的思想基础。

各类水利高校通过“世界水周”“中国水日”等系列活动，使学生体会“节水优先”的治水思路，形成节水意识。围绕“最美水利人”等先进典型，组织集中宣讲、演讲、征文等活动，将新时代水利精神传播到校园生活的方方面面。此外，校园社团作为大学生思想政治教育的重要平台，为广大学生提供了学习、成长的空间。水利类高校的校园社团可利用自身优势，举行与水利行业紧密相关的社团活动，在各项实践活动中激发学生对新时代水利精神的关注与理解。

同时，各水利类高校可依托校外资源，实现新时代水利精神教育传播路径中学校与社会的结合。例如，积极开展“关爱山川河流”等志愿者活动，志愿者们利用各类假期时间和所学知识，开展水文化进社区、进企业、进乡村等活动，通过讲解、实践教学等活动，进而让自身和大众更好地感受、理解、传播新时代水利精神。水利类高校学生还可以进入水利行业基层岗位进行社会实践，以水利人的职业素养严格要求自己，感受水利人的担当和精神追求。一些水利类高校还通过“引企入教”的方式，实现政府、企业、学校多元主体参与下的水利人才培养模式，使学生做到以知促行、以行求知、知行合一，实现专业知识、技能与新时代水利精神的高度融合。

## 第三节　红色水利资源的保护与利用

水兴则邦兴，水安则民安。中华儿女在治水、用水、节水的进程中孕育和发展出了独特的文明形态，造就了丰富的文化遗产，对推动精神文明建设、人民安居乐业、社会稳定发展具有重大意义。我国社会主义革命和建设时期，孕育了中国共产党治水兴水思想，创造了一大批凝聚了中华民族智慧的红色水利资源。

2021 年 10 月 9 日，水利部关于印发《水利部关于加快推进水文化建设的指导意见》的通知中提出：“保护利用好党领导人民治水的红色资源。”水利红色资源是指那些在水利工程建设和发展过程中形成的，与我国革命历史和红色文化紧密相连的物质文化和非物质文化。它们见证了我国人民在社会主义革命和建设时期的艰苦奋斗和伟大成就，如红旗渠和丹江口水利枢纽工程等体现的自力更生、艰苦创业精神，以及三门峡水利枢纽建设中展现的集体主义和英雄主义精神。这些红色资源不仅具有深刻的历史文化价值，也是进行爱国主义教育和深入学习贯彻新时代水利精神的宝贵财富，值得深入挖掘、保护和利用。

图 10-2　湖北省丹江口市丹江口水库



## 一、"人工天河"红旗渠

### (一) 红旗渠的修建

红旗渠水利工程是新中国的代表性水利工程之一，是河南省林州人民于 20 世纪 60 年代修建的一个大型水利工程，被誉为世界第八大奇迹、"人工天河""中国水长城"，总长 1500 公里，共有干支渠道 595 条。总干渠源于山西省平顺县北部的浊漳河侯壁断下，沿着太行山峦流经平顺县境内，进入林州境内，形成以红旗渠为主要水源，南谷洞、弓上水库及其他蓄水设施给予补充和调蓄的红旗渠灌区❶。红旗渠十大工程主要包括红旗渠源、红旗渠青年洞、分水闸、曙光洞、曙光渡槽、夺丰渡槽、红英汇流、桃园渡桥、空心坝、南谷洞渡槽。

历史上林州恶劣的自然生存环境是修建红旗渠的客观原因，长期的水利建设经验为修建红旗渠提供了技术保障。历史上林州十年九旱，明正统元年 (1436 年) 到 1949 年年底的 514 年间，林县曾发生大旱绝收 30 次❷。为了解决水资源短缺的现实问题，林州人民很早就开始兴修水利，如元代修建有天平渠，明代有黄华渠、永惠渠、谢公渠，清代则修建有桃园南渠、灌田渠、郭家园渠、武家泊渠、南陵阳渠等。中华人民共和国成立后，林州人民在党和政府的带领下，于 1960 年 2 月开始修建红旗渠，在水源困难、物资匮乏、技术落后的困难条件下，相信党，依靠党，凭借顽强的意志力和艰苦奋斗的精神，历经十年奋

❶ 林县志编纂委员会：《林县志》，河南人民出版社，1989 年，第 207 页。

❷ 林县志编纂委员会：《林县志》，河南人民出版社，1989 年，第 208 页。

图 10-3 红旗渠

战，于 1969 年 7 月在太行山山腰建成了红旗渠。该渠的修建彻底不仅改变了林州严重缺水的历史，带来了显著的工程效益，而且造就了红旗渠特色鲜明的红色文化资源。



（二）红旗渠红色水利资源的保护

红旗渠红色水利资源包括红旗渠水利工程、各类档案资料以及红旗渠修建过程中孕育和形成的“自力更生、艰苦创业、团结协作、无私奉献”的红旗渠精神。为赓续红色血脉、增强文化自信，党和各级政府部门对红旗渠红色水利资源进行了多方面的保护和开发工作。主要体现在红旗渠风景区的建设规划和红旗渠各类资料的挖掘和保护，以促进红色文化和红旗渠精神的传播和利用。

红旗渠风景区于 1991 年正式建立，景区包括红旗渠纪念馆、青年洞、络丝潭三部分。如今，红旗渠风景区已建设成为国家重点风景名胜区、国家 AAAAA 级旅游区、国家水利风景区、全国重点文物保护单位、国家地质公园、全国农业旅游示范点、国家水情教育基地、全国中小学爱国主义教育基地、全国爱国主义教育示范基地、全国廉政教育基地、全国研学旅游示范基地、全国中小学生研学实践教育基地、全国关心下一代党史国史教育基地等。

有关红旗渠修建的口述历史资料、文字资料、实物资料和历史影像是见证红旗渠红色水利资源的重要历史证据，挖掘、保护这些资料对深刻理解红旗渠精神有十分重要的意义。口述历史是通过对当事人的历史记忆进行采集、整理与访谈后获得的，这些当事人主要包括某一事件的亲历者、见证者、受访者和口述者。红旗渠口述历史资料承载了林州人民的集体记忆，也见证了当时林县社会发展的历程。2016 年以来，红旗渠干部学院对红旗渠口述历史档案开展了挖掘、保护和利用的工作。7 年间，红旗渠干部学院累计采访了修渠人 570 余名，形成了 20T 电子档案和 120 余万字的文稿，形成了纸质和电子的档案资料形式，并由专人建档保存[1]。其中，纸质文稿上标明有受访者信息、采访的时间和地点、整理人信息。电子档案资料通过建立工作台账、修渠人信息数据库，将图片、录音、视频资料进行分类保存。

根据红旗渠口述历史档案，目前已出版《红旗渠的故事：寻访修渠人》《太行记忆：红旗渠精神口述史》，并且在红旗渠干部学院内部形成了《巍峨山碑·杨贵篇》和《对话·红旗渠》的访谈教学，通过真人访谈对话的互动式实践教学方式对红旗渠精神进行诠释与宣扬。除口述历史资料外，红旗渠纪念馆内搜集、陈列了红旗渠修建时期的官方文件、报刊等文字资料和 320 幅历史照片，以及除险钩、马灯、卷尺、箩筐、推车等施工期间的实物资料。

（三）红旗渠红色水利资源的利用

红旗渠红色水利资源作为我国基础设施建设的重要成果，不仅促进了当地经济发展，也蕴含了丰富的红色文化资源，在当今的影响力早已超越了水利工程本身。2022 年 10 月 28 日，习近平总书记强调："红旗渠就是纪念碑，记载了林县人不认命、不服输、敢于战天斗地的英雄气概。"对红旗渠红色水利资源的利用，有助于弘扬民族精神，培育爱国主义情操，同时为我国水利工程的建设提供宝贵经验，具有极高的现实意义和历史价值。

第一，利用红旗渠精神开展党性教育和思想政治教育，增强红色教育的针对性和实效性，深化爱国主义、集体主义和社会主义教育。同时，将红旗渠精神融入新时代劳动教育，培养德智体美劳全面发展的社会主义建设者和接班人。

2011 年 3 月 27 日，习近平总书记在参加河南代表团审议时的讲话中指出："红旗渠精神是我们党的性质和宗旨的集中体现，历久弥新，永远不会过时。"河南省各县市依托红旗渠精神的生动教材，形成了河南红旗渠干部学院、红旗渠廉政教育学院和红旗渠精神营地等一众红色教育机构。2022 年 11 月至 2023 年 11 月期间，这些教育机构累计完成培训 1280 余期 28 万余人次。红旗渠精神作为中国共产党人精神谱系的重要组成部分，与社会主义核心价值观具有相同的价值意涵。通过开展红旗渠精神进机关、进企业、进社区、进农村、进校园的"五进"活动，深刻诠释红旗渠精神的价值意蕴，将红旗渠精神融入传播社会主义核心价值观的实践过程中，从而更好地发挥红旗渠精神在助推社会主义现代化国家建设、青少年思想政治教育、党的建设和乡村振兴等方面的积极作用。

2020 年 3 月 20 日，中共中央和国务院发布的《关于全面加强新时代大中小学劳动教育的意见》中指出："劳动教育是中国特色社会主义教育制度的重要内

[1] 常卓航、马凯、郝晓乐：《红旗渠非遗口述历史档案的挖掘保护与利用》，《安阳工学院学报》，2024 年第 1 期。

容，直接决定社会主义建设者和接班人的劳动精神面貌、劳动价值取向和劳动技能水平。”红旗渠纪念馆和红旗渠精神营地，正是利用红旗渠精神进行新时代劳动教育的重要基地，不仅可以让学生全方位了解红旗渠修建的原因、过程和作用，学生还可以通过营地的劳动实践活动和修渠人的劳动精神、工匠精神，亲身感悟红旗渠精神的内涵。

第二，依托红色旅游优势，提升红旗渠文化吸引力，促进地方旅游业发展。红色旅游主要是以中国共产党领导人民在革命和战争时期建树丰功伟绩所形成的纪念地、标志物为载体，以其所承载的革命历史、革命事迹和革命精神为内涵，组织接待旅游者开展缅怀学习、参观游览的主题性旅游活动。2004 年 12 月，自中共中央办公厅、国务院办公厅颁布关于印发《2004—2010 年全国红色旅游发展规划纲要》以来，全国范围内兴起了“红色旅游”浪潮。红旗渠作为我国重要红色水利资源之一，有得天独厚的红色旅游优势。红旗渠在红色旅游开发中融入了文化育人功能，将凝聚了中华优秀传统文化精神的红旗渠精神与旅游业相结合，已成为新时代高校师生深化爱国爱党情感和学习奋斗精神的重要社会大课堂。如今，红色旅游已成为林州市的支柱产业和全国红色旅游知名打卡地，被列为全国红色旅游经典景区名录、中国红色旅游景区，日益凸显出红旗渠红色旅游的文化育人价值。



第三，利用红旗渠现实题材，丰富了红色文化的题材与内容。20 世纪 60 年代，随着红旗渠的修建，推出了一大批围绕红旗渠进行创作的文学作品、影视作品、戏剧等，带动了红色文化产业的发展。如具代表性的报告文学《中国有条红旗渠》、纪实文学《山河让道：红旗渠设计施工与胜利竣工》、百个爱国主义教育示范基地丛书《人工天河红旗渠：红旗渠纪念馆》、中国 20 世纪文化遗产聚焦丛书《山腰上的记忆：红旗渠访问笔记》、“中华源・河南故事”系列丛书《“人工天河”红旗渠》等。除文学作品外，还拍摄和创作了许多纪录片、电视剧、歌舞剧和豫剧等。如中央新影于 1971 年、1975 年、1993 年先后在林州拍摄的《红旗渠》三部曲，分别叫《红旗渠》《红旗渠畔展新图》和《今日红旗渠》。其中，《红旗渠》也是我国于 1974 年参加联合国大会第六次会议上展示的影片，记录了林州人民修筑红旗渠的事迹。此外，还有 1998 年电视剧《难忘岁月——红旗渠的故事》、2002 年播出的红旗渠专题片《发现之旅——水之战》、2005 年豫剧《红旗渠》、2006 年大型音乐舞蹈史诗《红旗渠颂》，等等。这些围绕红旗渠文化符号创作的不同年代的红色文化作品，通过不同的艺术形式演绎着红旗渠红色水利资源的文化内涵，进一步夯实了红色资源传播的文化基础。

## 二、丹江口水利枢纽工程

中华人民共和国成立初期，我国兴起了水利建设高潮，兴建了大量以灌溉、供水等功能为主的水库和灌区配套工程。丹江口水利枢纽工程正是其中一项重要的水利工程。丹江口水利枢纽工程位于湖北省丹江口市，是治理、开发汉江的关键性工程，也是南水北调中线水源控制性工程。

1958年，丹江口水利枢纽初期工程开工，是新中国第一个自行勘测、设计、施工的大型水利工程，被周恩来总理誉为我国“五利俱全”的代表性水利工程。2005年9月26日，南水北调中线水源工程——丹江口水利枢纽大坝加高工程正式开工建设，南水北调中线工程是优化我国水资源配置、促进经济社会可持续发展的重大战略工程，是新时期重要的民生工程和民心工程。2014年，南水北调中线工程正式通水，枢纽工程的功能调整为以防洪、供水为主，兼顾生态、发电、航运等综合利用。

丹江口水利枢纽工程承载了我国水利工程建设“自力更生、艰苦奋斗”的发展历程，不仅对优化水资源配置、提高防洪能力、促进区域经济发展等方面具有重要意义，也是新中国水利人实践、考察、教育的圣地。该工程作为一项红色水利工程，在工程建设过程中形成的革命精神和历史文化价值是我国社会主义建设的宝贵财富。保护、利用这些文化资源，对于弘扬爱国主义精神、传承红色基因以及开展水情教育等具有重要意义。



第一，结合丹江口水利枢纽工程，加强全社会对水利枢纽工程保护的重视程度，提高公众的水素养，增强节水意识和水环境保护意识，促进可持续发展。2021年1月，丹江口水利枢纽工程被评为第四批国家水情教育基地。2022年3月30日，丹江口水利枢纽工程入选为2021—2025年第一批全国科普教育基地。2023年1月，丹江口水利枢纽工程入选了“人民治水·百年功绩”治水工程项目名单。水情教育是指关于水资源知识、节水意识、水环境保护以及水资源管理等方面的教育和宣传。其内容包括水资源的知识、节水知识与技术、水环境保护、水资源管理、应对水危机。该教育基地拥有中国最大的鱼类增殖放流站，多个科研机构在基地建立的国家级水土保持示范点，并开展了各类生态修复试验等，形成了中线源头生态科普体验基地。

丹江口水利枢纽工程水情教育基地通过其先进的教育设施和丰富的水情教育资源，致力于开展多样化的水情教育活动。该基地每年都会定期举办“世界水日”和“中国水周”的宣传活动，以此为契机向公众普及水资源的重要性和节约用水的方法。此外，基地还积极推动“小小讲解员”志愿服务项目，鼓励青少年从小培养节约用水的意识，并将这一理念带入校园，影响更多的学生。

为了更有效地传播水利知识，基地采用了多种展示手段，包括实物、模型、展板、手册、多媒体以及互动体验等，结合声、光、电、物等多种媒介，为不同群体如中小学生、大学生、水利专业人士、南水北调干部学院学员、公务来访客人以及普通市民等提供全面的水利知识教育。通过这些活动，基地不仅普及了新中国治水兴水的历史成就，还增强了公众节约水资源、保护水生态的意识，同时弘扬了水利精神，传承了水利文化。此外，丹江口水利枢纽工程国家水情教育基地还承担着展示南水北调工程这一重要战略工程的公共形象的职责，通过教育活动提升南水北调工程中线水源地的知名度、美誉度及和谐度，实现了教育、文化传承与社会价值提升的多重目标。

第二，利用丹江口水利枢纽工程红色教育基地，展示工程建设中的英雄事迹和革命精神，从而更好地深入贯彻南水北调精神新的时代价值，践行爱国主义教育。2021 年 6 月 19 日，丹江口水利枢纽工程被中宣部命名为“全国爱国主义教育示范基地”。十堰干部学院将丹江口工程展览馆、丹江口大坝和南水北调中线工程纪念园红色教学点纳入红色教学体系，旨在通过实地参观学习，让干部们更加深刻地理解南水北调工程的重大意义，激发他们的爱国热情，增强他们的责任感和使命感，从而更好地服务于国家和人民。丹江口水利枢纽工程展览馆是教育部于 2017 年首批命名的“全国中小学生研学实践教育基地”之一。该展览馆作为南水北调工程的重要组成部分，不仅是一个展示水利工程历史与成就的场所，也是传承红色文化、弘扬爱国主义精神的重要基地。展览馆内通过丰富的图片、模型、互动体验等多种方式，全面展示了丹江口水利枢纽工程的建设历程、技术特点以及在南水北调工程中的关键作用。丹江口大坝则是这一伟大工程的核心，它不仅是一项水利工程，更是一项生态工程，对于保障水资源的合理分配、促进区域经济的可持续发展具有重要意义。大坝的建设体现了中国工程技术的先进水平，同时也是中国人民智慧和勤劳的象征。南水北调中线工程纪念园则是为了纪念这一历史性工程而建立的，它不仅是对工程建设者辛勤劳动的致敬，也是对工程历史意义的一种铭记。纪念园内通过雕塑、碑文等形式，讲述了南水北调工程背后的故事，展现了中国人民为实现水资源南北调配、促进国家发展所付出的努力和牺牲。

第三，通过对红色文化资源的宣传和普及，开展红色文化旅游，促进当地经济发展。2021 年 5 月 31 日，文化和旅游部、中央宣传部、中央党史和文献研究院、国家发展改革委联合发布了“建党百年红色旅游百条精品线路”，丹江口大坝入选为“南水北调 · 活水之源”精品线路。2023 年 2 月，丹江口水利枢纽一期工程被评为“第七批中国 20 世纪建筑遗产”推介项目。丹江口市开展党史学习教育以来，发布了“丰功伟绩——丹江口大坝”之旅、“饮水思源 · 精忠报国”之旅、“职工疗休养 · 红色精气神”之旅等红色游学精品线路。“丰功伟绩——丹江口大坝”之旅突出展示了丹江口大坝的建设历程和其在国家水利工程中的重要地位。游客可以近距离感受这一伟大工程的壮观，了解其背后的历史和科技成就。“饮水思源 · 精忠报国”之旅则侧重于引导游客回顾历史，感悟先辈们的爱国情怀。通过参观历史遗迹和纪念馆，游客可以更加深刻地理解

"饮水思源"的内涵，激发爱国热情。"职工疗休养·红色精气神"之旅结合了休闲疗养和红色教育的元素，为职工提供了一个放松身心、充电学习的平台。这些线路的推出，不仅丰富了丹江口市的旅游资源，也为游客提供了深入了解中国革命历史和文化的机会，有助于传承红色基因，激发爱国情感。

## "人民治水·百年功绩"治水工程项目名单
## （117 项，按工程开工时间排序）

**新民主主义革命时期（12 项）：**东华陂　红井　新四沟　裴庄渠（幸福渠）　绥惠渠　南泥湾渠　宋公堤　雪枫堤　淮北大堤　石津灌区　沕沕水水电站　导沭整沂工程

**社会主义革命和建设时期（37 项）：**十八团渠　人民胜利渠　官厅水库　苏北灌溉总渠　佛子岭水库　荆江分洪工程　梅山水库　大伙房水库　长寿狮子滩水电站　天渠　三门峡水利枢纽工程　新安江水电站　十三陵水库　岗南水库　山美水库　位山灌区　松涛水库　岳城水库　淠史杭灌区　青铜峡水利枢纽工程　丹江口水利枢纽工程　刘家峡水电站　密云水库　万安水电站　黄土高原地区淤地坝工程　红旗渠　江都水利枢纽工程　东深供水工程　韶山灌区　景泰川电力提灌工程　乌江渡水电站　葛洲坝水利枢纽工程　沂沭泗河洪水东调南下工程　白山水电站　固海扬水工程　引滦工程　龙羊峡水电站

**改革开放和社会主义现代化建设新时期（47 项）：**鲁布革水电站　引黄济青工程　李家峡水电站　陕甘宁盐环定扬黄工程　广州抽水蓄能电站　观音阁水库　治太骨干工程　天生桥一级水电站　二滩水电站　小浪底水利枢纽工程　乌鲁瓦提水利枢纽工程　满拉水利枢纽工程　万家寨水利枢纽工程　三峡工程　江垭水利枢纽工程　引大济湟工程　引黄入晋工程　浙东千里海塘　淮河入海水道工程　木兰溪综合治理工程　长江重要堤防整治加固工程　紫坪铺水利枢纽工程　塔里木河流域近期综合治理工程　尼尔基水利枢纽工程　龙滩水利枢纽工程　百色水利枢纽工程　临淮岗洪水控制工程　水布垭水电站　小湾水电站　索风营水电站　黄河标准化堤防　南水北调东、中线一期工程　浙东引水工程　黑河流域综合治理工程　锦屏一级水电站　溪洛渡水电站　糯扎渡水电站　拉西瓦水电站　向家坝水电站　引洮供水工程　青草沙水库　石羊河流域重点治理工程　牛栏江—滇池引水工程　峡江水利枢纽工程　亭子口水利枢纽工程　坡耕地水土流失综合治理工程　渭河综合整治工程

**中国特色社会主义新时代（21 项）：**丰宁抽水蓄能电站　丰满水电站全面治理（重建）工程　两河口水电站　叶尔羌河防洪治理工程　大藤峡水利枢纽工程　红石岩堰塞湖整治工程　引汉济渭工程　拉洛水利枢纽工程　双江口水电站　松花江干流治理工程　出山店水库　黄河宁蒙河段二期防洪治理工程　国

家地下水监测工程　鄂北地区水资源配置工程（一期）　阿尔塔什水利枢纽工程　乌东德水电站　夹岩水利枢纽及黔西北供水工程　农村供水工程　引江济淮工程　白鹤滩水电站　雄安新区新安北堤防洪治理工程（一期）

（水利部：《水利部关于公布“人民治水·百年功绩”治水工程项目名单的通知》，2023 年 1 月 11 日）

## 第四节　践行新时代水利精神 做担当进取的水利人

新时代水利精神是推动水利事业发展的重要精神力量，它体现了水利工作者的责任感、使命感和担当精神。近年来，水利系统深入学习贯彻习近平新时代中国特色社会主义思想，在坚持初心和使命的基础上，不断推动创新，以水利改革和发展为核心，深入实施《新时代公民道德建设实施纲要》和《新时代爱国主义教育实施纲要》，积极培养和实践社会主义核心价值观，不断加强思想道德建设。在这一过程中，涌现出许多表现卓越、品德高尚的先进人物和团队，他们得到了群众的广泛认可，并具有鲜明的时代特色和强烈的示范作用。

自 2016 年起，中国水利部开展了“践行核心价值观　争做最美水利人”主题实践活动。2024 年 1 月 2 日，水利部精神文明建设指导委员会公布了第四届“最美水利人”获奖名单，设有“最美水利人”特别奖、“最美水利人”集体奖、“最美水利人”个人奖和“最美水利人”提名奖。不仅如此，近年来，各省市水利部门也积极开展了“最美水利人”的评选宣传活动，如“最美浙江人·最美水利人”活动。不论是“水花朵朵开”志愿服务者团队、黄委龙门水文站水文职工群体等“最美水利人”集体，还是为水利事业献出了宝贵生命的倪峰等水利人，都是践行新时代水利精神的典型代表。通过对最美水利人先进事迹和高尚品德的广泛宣传，可以有效地发挥他们的示范引领作用，为水利行业的发展注入强大的精神动力，使水利人学有榜样、赶有目标、做有标杆，同时也有助于在全社会范围内营造尊重水利、支持水利的良好氛围，为水利事业提供源源不断的正能量。

### 一、“最美浙江人·最美水利人”“水花朵朵开”志愿服务者团队

2023 年 3 月 22 日，杭州举行了世界水日主题宣传暨首届“最美浙江人·最美水利人”发布活动。毛永强、石建荣（已故）、朱奚冰、郑雄伟、胡永成、姜丽君、梅道亮、崔柏昱、蔡良琪、潘建谓、“水花朵朵开”志愿服务者团队、浙江省水文管理中心水情预报部团队入选“最美浙江人·最美水利人”个人（团队）名单。

中国水利博物馆作为展示中国水利文化和历史的重要场所，其“水花朵朵开”志愿服务者团队是一支致力于传承和普及水利知识、弘扬水利精神的志愿者组织，是水利文化传播的重要力量，以其年轻活力和对水资源保护的热情，成为推动社会节水意识提升的重要力量。不仅在青少年群体中产生了深远的影响，也在整个社会中引起了广泛的关注和认可。

这个志愿服务者团队由一群热爱水利事业、具有奉献精神的志愿者组成。团队利用自己的专业知识和热情，通过各种形式的活动，如展览讲解、教育活动、社区服务等，为参观者提供详尽的解说服务，向公众传播水利的重要性和相关知识，帮助人们更好地理解水利工程的工作原理、历史演变以及在现代社会中的作用。此外，志愿服务者团队还会定期举办主题讲座、互动体验活动，以及参与到水资源保护和节水宣传中，提高公众对水资源重要性的认识，倡导科学用水、节约用水的生活方式。这种以青年为主体的志愿服务模式，为社会节水护水工作注入了新的生机和动力。通过这些活动，志愿服务者团队不仅丰富了中国水利博物馆的教育功能，也为推动社会对水利事业的关注和支持做出了积极贡献。



## 二、“最美水利人”倪峰

“最美水利人”为国家的水利事业做出了巨大的贡献，他们的身影遍布在河流、湖泊、水库、水电站等各个角落，用自己的智慧和汗水，为国家的水资源管理和保护做出了不可磨灭的贡献。在洪水泛滥、干旱缺水等自然灾害面前，“最美水利人”总是冲在最前线，用自己的专业知识和实践经验，为灾区人民提供最及时、最有效的帮助。

2024 年 1 月 2 日，《水利部精神文明建设指导委员会关于发布第四届“最美水利人”的通报》中，授予了倪峰同志第四届“最美水利人”特别奖。倪峰，1982 年 3 月出生，生前任吉林省吉林市水利水电规划院高级工程师，以精湛的业务技能和勤奋的工作态度著称。倪峰同志连续多年任吉林省吉林市防汛抗旱指挥部外派专家组成员，业务精通，经验丰富，朴实厚道，做事踏实，为人低调。他是把国内先进的水利设计理念引入该院的先行者之一，通过不懈努力完成了多项设计任务，并在西藏自治区的重点项目中展现了出色的业务能力。此外，他在工作中始终以身作则，传承经验，带领团队完成了众多重要水利项目设计，为单位赢得了良好声誉。倪峰不仅在工作中表现出色，更是一位乐于助人、低调谦和的人。他总是愿意承担工作中的困难部分，并乐意与新同事分享经验，帮助他们成长。在家庭方面，尽管面临重重困难，他始终乐观坚强，从不让家庭问题影响工作，展现出了担当责任的品质。

2015年以来，倪峰累计参加抗洪抢险20余次，外派帮助解决抗洪抢险水毁修复等问题300余个。2023年8月3日21时许，青松林场附近突降暴雨，有100余名群众被转移至青松林场办公楼楼顶，通信中断、情况不明、形势危急。面对险情，他在连续开展现场勘查、研判汛情、分析决策40多个小时的情况下，发扬连续作战、不怕疲劳的精神，赶赴现场参与解救被洪水围困职工群众，突遇特大山洪，不幸牺牲，年仅41岁。倪峰的事迹，是对共产党员优秀品质的最好诠释。他忠实践行习近平新时代中国特色社会主义思想，展现了共产党员应有的担当精神和无私奉献精神，在抗洪救灾的关键时刻，忠于党、服务人民、尽职尽责。无论是在工作中还是在生活中，倪峰同志始终忠诚于党和人民，关心群众、舍己为人，谱写了感人至深的英雄赞歌。

## 附：延伸阅读与实地教学

1. 延伸阅读

中华人民共和国水利部：《砥砺70年奋进新时代——新中国水利70年》，北京：中国水利水电出版社，2019年。

河南省林州市红旗渠志编纂委员会：《红旗渠志》，北京：三联书店，1995年。

水利部南水北调工程管理司：《中国南水北调工程》，北京：中国水利水电出版社，2021年。

2. 实地教学

实地走访中国水利博物馆。

# 主 要 参 考 文 献


**一、著作**

《浙江通志》编纂委员会，2021. 钱塘江专志［M］. 杭州：浙江人民出版社.

董文虎，刘冠美，2015. 水与水工程文化［M］. 北京：中国水利水电出版社.

符宁平，闫彦，2011. 浙江特色水教育［M］. 北京：中国水利水电出版社.

河南省林州市红旗渠志编纂委员会，1995. 红旗渠志［M］. 北京：生活·读书·新知三联书店.

靳怀堾，2015. 中华水文化通论（水文化大学生读本）［M］. 北京：中国水利水电出版社.

蒋剑勇，2019. 河塘湖库水文化［M］. 北京：中国水利水电出版社.

琅玕（清），1970. 海塘新志［M］. 台北：成文出版社.

李可可，2015. 水文化研究生读本［M］. 北京：中国水利水电出版社.

李宗新，闫彦，2012. 中华水文化文集［M］. 北京：中国水利水电出版社.

林县志编纂委员会，1989. 林县志［M］. 郑州：河南人民出版社.

鲁西奇，林昌丈，2011. 宋代农田水利规章的结构及其成立：以处州《通济堰规》为中心［M］//吴松弟，连晓鸣，洪振宁，走入历史的深处：中国东南地域文化国际学术研讨会论文集. 上海：上海人民出版社.

鲁西奇，2012. 人群·聚落·地域社会：中古南方史地初探［M］. 厦门：厦门大学出版社.

宁欣，1986. 唐代敦煌地区农业水利问题初探［M］//北京大学中国古史研究中心，敦煌吐鲁番文献研究论集　第三辑. 北京：北京大学出版社.

饶明奇，2013. 中国水利法制史研究［M］. 北京：法律出版社.

饶明奇，王国永，2015. 水与制度文化［M］. 北京：中国水利水电出版社.

史鸿文，王瑞平，陈超，2015. 图说水与风俗礼仪［M］. 北京：中国水利水电出版社.

《浙江通志·运河专志》编纂委员会，2021. 运河专志［M］. 杭州：浙江人民出版社.

水利部编写组，2023. 深入学习贯彻习近平关于治水的重要论述［M］. 北京：人民出版社.

谭徐明，2017. 中国古代物质文化史·水利［M］. 北京：开明出版社.

陶存焕，周潮生，2021. 明清钱塘江海塘［M］. 北京：中国水利水电出版社.

王瑞平，史鸿文，邱艳艳，2015. 水与民风习俗［M］. 北京：中国水利水电出版社.

向柏松，2015. 图说中华水崇拜［M］. 北京：中国水利水电出版社.

中国水利文学艺术协会，2008. 中华水文化概论［M］. 郑州：黄河水利出版社.

左其亭，2015. 水文化职工培训读本［M］. 北京：中国水利水电出版社.

**二、论文**

常卓航，马凯，郝晓乐，2024. 红旗渠非遗口述历史档案的挖掘保护与利用［J］. 安阳工学院学报，(1)：11-14.

陈雷，2009. 弘扬和发展先进水文化　促进传统水利向现代水利转变［J］. 中国水利，(22)：17-22.

陈雷，2014. 新时期治水兴水的科学指南：深入学习贯彻习近平总书记关于治水的重要论述［J］. 中国水利，(15)：1-3.
陈松友，卢亮亮，2020，自治、法治与德治：中国乡村治理体系的内在逻辑与实践指向［J］. 行政论坛，(1)：17-23.
鄂竟平，2019. 弘扬新时代水利精神　汇聚水利改革发展精神力量［N］. 学习时报，2019-09-16.
葛剑雄，2008. 水文化与河流文明［J］. 社会科学战线，(1)：108-110.
郝亚光，2020. 公共性建构视角下"民间河长制"生成的历史逻辑：基于"深度中国调查"的事实分析［J］. 河南大学学报（社会科学版），(2)：15-21.
贾兵强，2011. 大禹治水精神及其现实意义［J］. 华北水利水电学院学报（社科版），(4)：28-31.
金安平，王格非，2022. 水治理中的国家与社会"共治"：以明清水利碑刻为观察对象［J］. 北京行政学院学报，(3)：28-39.
靳怀堾，2016. 漫谈水文化内涵［J］. 中国水利，(11)：60-64.
李并成，2020. 敦煌文献中所见唐五代时期的水利官吏［J］. 历史地理研究，(1)：109-119.
李宗新，1989. 应该开展对水文化的研究［J］. 治淮，(4)：37.
李宗新，2011. 试论水文化之魂：水精神［J］. 水利发展研究，(3)：79-84.
任路，2019. 家户国家：中国国家纵横治理结构的传统及其内在机制［J］. 东南学术，(1)：40-49.
沈大伟，王英，2023. 张謇科学治水思想的核心内容研究［J］. 水利经济，(5)：71-77，99-100.
王增福，2017. 中华优秀传统文化的历史作用与时代价值［N］. 学习时报，2017-07-24.
王战扬，2023. 宋代中央水政机构及其权力演变研究［J］. 中国史研究，(1)：121-133.
彦橹，2014. 构建水利行业核心价值体系是水文化建设的根本任务［J］. 中国水文化，(2)：34-35.
赵娓妮，2020. 清代地方官民的岁时祭祀及其重心［J］. 四川大学学报（哲学社会科学版），(5)：60-69.
郑晓云，2013. 水文化的理论与前景［J］. 思想战线，(4)：1-8.

# 后　记

本书为浙江省普通本科高校“十四五”首批新工科、新医科、新农科、新文科重点建设教材项目成果，也是全国“十四五”时期水利类专业重点建设教材。在编写和修改过程中，曾邀请了水利部、中国水利水电出版社、河海大学、华北水利水电大学、三峡大学、南京信息工程大学、常州大学和浙江省水利系统长期从事水文化研究和实践的专家学者进行了广泛的讨论，充分吸收大家提出的宝贵意见和建议。本书的立项申报、撰写方案编制、写作大纲设计和总编纂由项目负责人浙江水利水电学院教授、浙江水文化研究院常务副院长张祝平具体负责。张祝平认真完成了各章节的初稿修订、全书的统稿及修改定稿工作，浙江水利水电学院马克思主义学院院长王伟英参与了统稿和修订工作。全书插图和部分延伸阅读资料由浙江水文化研究院岳法家负责收集和整理。全书各篇章在项目组指导下按编写提纲撰写，各章节具体执笔人均为浙江水利水电学院和浙江水文化研究院长期从事水文化课程教学和研究的专家学者，他们分别是：杨洋（第一章）、李小朋（第二章）、江略（第三章）、黄正福（第四章）、梅沁芳（第五章）、杨旭东（第六章）、杨丽婷（第七章）、王军（第八章）、雷水莲（第九章）、罗张悦（第十章）。

本书的出版得到了中国水利水电出版社支持，水利部门户网和各地水利系统相关单位为本书提供了文献和图像资料支持，在此一并致谢！